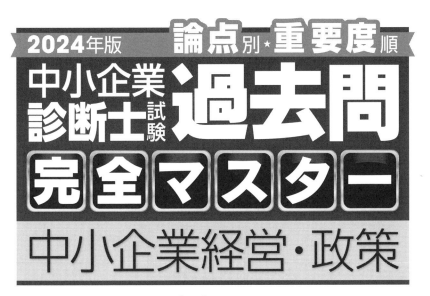

2024年版

論点別★重要度順

中小企業診断士試験

過去問完全マスター

中小企業経営・政策

過去問完全マスター製作委員会 [編]

7

7: SME MANAGEMENT AND GOVERNMENT POLICY

同友館

はじめに

1. 中小企業診断士試験が受験生に求めているもの

中小企業診断士試験は，受験生に対して中小企業診断士として活動するための基礎的能力を持っているかを問う試験である。

1次試験では，考える力の土台となる幅広い知識を一定水準で持っているかを問い，2次試験では，企業を実際に診断・助言する上で必要になる情報整理力（読む力）・情報分析・考察力（考える力）・社長にわかりやすく伝える力（書く力・話す力）を持っているかを問うている。

これらは表面上で問われている能力であるが，実はあと2つの隠れた能力を問われている。

それは，「計画立案・実行能力」と「要点把握力」である。

中小企業診断士には，一定の期限までにその企業を分析・診断し，効果的な助言を行うことが求められる。

そのためには，診断助言計画を立案した上で，実行し，その結果を検証し，改善策を立案・実行する能力が必要である（計画立案・実行能力）。

また，自分にとって未知の業種・業態の企業を診断・助言する際には，できるだけ短期間でその企業に関する専門知識を得て，社長とある程度対等に論議できるように準備する能力も必要である（要点把握力）。

したがって，中小企業診断士試験では，1次試験で多岐にわたる領域を短期間で要領よく要点を把握し合格レベルに近づける力が問われており，試験制度全体では1年に1回しか実施しないことで，学習計画を立て効果的に学習を進める能力を問うているといえる。

2. 本書の特徴

本書は，中小企業診断士試験の1次試験受験生に対して，上述した「計画立案・実行能力」と「要点把握力」向上をサポートするためのツールである。

1次試験は7科目の幅広い領域から出題され，合格には平均6割以上の得点が求められるが，1年間で1次試験・2次試験の両方の勉強をするためには最大でも8か月くらいしか1次試験に時間を割くことはできないため，すべての科目のすべての領域

を勉強することは非効率である。

　したがって，受験生はいかに早く出題傾向を把握し，頻出な論点を繰り返し解くことができるかが重要となる。

　では，出題傾向や重要な論点はどのように把握すればよいのか？

　そのためには，過去問題を複数年度確認する必要がある。

　しかし，これまでの市販や受験予備校の過去問題集は年度別に編集されているので，同一論点の一覧性を確保したい場合や論点別に繰り返し解くツールが欲しい場合は，受験生自身が過去問題を出題項目ごとに並べ替えたツールを自ら作成する必要があった。

　これには時間も労力もかかるため，「市販の問題集で論点別にまとめたものがあったらいいのに…」と考える受験生も多かった。

　本書はそのようなニーズに対して応えたものである。

　原則として平成26年度から令和5年度までの1次試験過去問題を収録し，中小企業診断協会の1次試験出題要項を参考にして並び替えたことで，受験生が短期間に頻出の論点を容易に把握し，繰り返し解き，自分の苦手な論点を徹底的に克服することができるよう工夫した。**本科目では問題ランクCの問題と解説のうち，直近3年度分については本に掲載し，それ以外は一部を除き電子ファイルにしている。「過去問完全マスター」ホームページ〔URL：https://jissen-c.jp/〕からダウンロードできる**（最初に，簡単なアンケートがあります）。

　受験生の皆さんは，本書を活用して1次試験を効率よく突破し，2次試験のための勉強に最大限時間を確保してもらいたいというのが，本プロジェクトメンバーの願いである。

本書の使い方

1. 全体の出題傾向を把握する

　巻末に経年の出題傾向を俯瞰して把握できるよう，**「出題範囲と過去問題の出題実績対比」**を添付した。

　問題を解く前にこの一覧表で頻出論点を把握し，頻出な部分から取り組むことをお勧めする。

　また，実際に問題に取り組んでいく際，各章ごとに**「取組状況チェックリスト」**に日付と出来栄えを記入し，苦手論点を把握・克服する方法を推奨するが，出題領域のどの部分が苦手なのかという全体感の把握には活用できない。

したがって，この一覧表をコピーし，自分が苦手な論点をマーカーなどでマークしておけば，苦手論点の全体把握ができるようになる。

2. 各章の冒頭部分を読む

以下のような各章の冒頭部分に，出題項目ごとの頻出論点に関するポイントと出題傾向を記載している。まずは，この部分を読み，頻出論点の内容と傾向を把握してほしい。

1. 国民所得概念と国民経済計算

1－① 国民所得概念と国民経済計算

▶▶ 出題項目のポイント

この項目では，診断先企業を取り巻く環境の1つである経済環境のうち，一国の経済の規模を把握するための指標の基礎についての理解を問われる。

一国の経済を測定する国民経済計算とその構成要素の1つである国民所得勘定，そして，国民所得勘定の三面等価の原則，GDP を中心とした国民所得指標に関する知

3. 問題を解く

各章の論点別に問題を解き，解説や各章の冒頭部分の説明を読み，論点別に理解を深める。取り組む優先順位がわかるように，各問題の冒頭には「**頻出度**」をベースに執筆者が「**重要度**」を加味して設定した「**問題ランク**」をA～Cで記載している。「頻出度」は，原則として平成26年度から令和5年度の過去10年間で3回以上出題されている論点はA，2回出題されている論点はB，1回しか出題されていない論点をCとしている。ただし，平成13年度からの出題回数も一部加味している場合もある。

また，「重要度」は，論点の基礎となる問題や良問と判断した問題ほど重要であるとしている。取り組む順番はAから始めてB，Cと進めることが最も効率よく得点水準を高めることになる。

4. 解説を読む・参考書を調べる

頻出論点の問題を解き，解説を読むことを繰り返していくと，類似した内容を何度

も読むことになる。結果，その内容が頭に定着しやすくなる。これが本書の目指すところである。

　解説については，初学者にもわかりやすいように配慮しているが，市販や受験予備校の参考書のような丁寧さは紙面の都合上，実現することができない。また，本書の解説についてはわかりやすさを優先しているため，厳密さにはこだわっていない。

　なかなか理解が進まない場合もあるかもしれないが，そのような場合は，自分がわからない言葉や論点がわかりやすく書いてある受験予備校や市販の参考書を読んで理解を深めることも必要になる。

　この「興味を持って調べる」という行為が脳に知識を定着させることにもなるので，ぜひ，積極的に調べるという行為を行ってほしい。調べた内容は，本書の解説ページの余白などにメモしておけば，本書をサブノート化することができ，再び調べるという手間を省略できる。

5.　取組状況チェックリストを活用する

　各章の冒頭部分に，「取組状況チェックリスト」を挿入してある。これは，何月何日に取り組んだのかを記載し，その時の結果を記しておくことで，自分がどの論点を苦手としているのかを一覧するためのツールである。結果は各自の基準で設定してよいが，たとえば，「解答の根拠を説明できるレベル＝◎」「選択肢の選択だけは正解したレベル＝△」「正解できないレベル＝×」という基準を推奨する。

　何度解いても◎となる論点や問題は頭に定着しているので試験直前に見直すだけでよい。複数回解いて△な論点は本番までに◎に引き上げる。何度解いても×な論点は試験直前までに△に引き上げるという取組目安になる。

　時間がない場合は，問題ランクがCやBで×の論点は思い切って捨てるという選択をすることも重要である。逆にランクがAなのに×や△の論点は試験直前まで徹底的に取り組み，水準を上げておく必要がある。

■取組状況チェックリスト（例）

1.　国民所得概念と国民経済計算							
問題番号	ランク	1回目		2回目		3回目	
令和元年度　第1問	A	1／1	×	2／1	△	3／1	◎

【注意】

中小企業経営・中小企業政策については，法律の改正や制度の改廃，情報の変化が激しいため，過去問学習に不向きであるとの考え方もあるが，頻出論点については不変である部分が多く，他の科目と同様，論点別学習は有効であるといえる。

ただし，繰り返し出題される論点は限られているため，**本書では，他の科目のように，全問を掲載することはせず，必要と思われる問題にフォーカスした編集を行った。また，法律・制度改正や白書のデータ改変に合わせて，過去問を改題している。**したがって，本書掲載の問題は最新の受験対策に対応しているので，安心して学習していただきたい。

なお，受験年の4月以降に発表となる改正事項については，以下のホームページで随時情報提供していく。

「過去問完全マスター」ホームページ

https://jissen-c.jp/

（おことわり）

中小企業診断協会は2023年9月11日，令和6年度より，中小企業診断士第1次試験における出題内容の表記を変更する旨を発表しました。この変更は，あくまでも表記の変更であり，従前の試験科目の範囲を変更するものではないとしています。本書は，従前の出題内容の表記を用いていますので，ご留意ください。

また，本書では，令和5年度第1次試験については，2023年8月5日，6日開催の試験問題についてのみ扱っています。沖縄地区における再試験問題は含まれていません。

目　　次

Ⅰ．中小企業政策

Ⅱ．中小企業経営

Ⅰ．中小企業政策

第1章

中小企業基本法

▶▶ 出題項目のポイント

　中小企業基本法は，我が国中小企業政策の方向性を定めた法律である。したがって，すべての中小企業政策は，中小企業基本法の基本方針に従って展開されている。

　中小企業基本法の出題項目は大きく，「基本理念・基本方針」と「中小企業者の定義」に分かれる。「基本理念・基本方針」は，平成11年に大きな改正があり，中小企業基本法の制定時（昭和38年）と異なっている。イメージでいうと「大企業と比べて弱い立場にある中小企業を一律で支援しよう」という考え方から「頑張る中小企業を応援しよう」という考え方に変わったということである。この考え方に基づき，頑張る企業に向けた施策を用意するとともに，いざ危機に陥った時にはセーフティネットを用意している。また，支援対象となる「中小企業」を具体的に定義しているのも中小企業基本法である。業種ごとに資本金基準と従業員基準を設けているのが特徴である。同時に小規模企業者の定義も定め，小規模企業者に対する政策も行おうとしている。

　最近は小規模企業者を重点的に支援するため，平成25年に中小企業基本法をはじめとする関連法規の改正，平成26年には小規模基本法制定，小規模支援法改正なども行われた。特に小規模基本法の基本原則，基本方針については，中小企業基本法と区別できるようにしていただきたい（ただし，中小企業基本法の理解を最優先にすること）。

▶▶ 出題の傾向と勉強の方向性

　平成13年に現在のようなマークシート方式に試験方法が改正されて以降，毎年出題されている。つまり，中小企業基本法を学習するということは，確実に点数を上乗せできることを意味する。出題範囲も「基本理念・基本方針」と「中小企業者の定義」（小規模企業者の定義を含む）に集中し，学習範囲をかなり限定することができる。過去問ベースの出題が繰り返されているのも特徴である。したがって，中小企業基本法の出題は確実に正解できるレベルを目指さなければならない。

　まず，最優先は「中小企業者の定義」（小規模企業者の定義を含む）を確実に覚えることである。また，最近は特定の業種を指定して定義に該当するかを問う問題（例：印刷業は「製造業その他」に分類されることを理解していないと解けない問題）も増えている。本書で出題パターンを押さえることが重要である。次に「基本理念・基本方針」であるが，これも過去問ベースに押さえておけばよい。そして，過去問で問われたキーワードを覚えて，空欄穴埋め対策をしておけば十分といえる。

　とにかく，この分野は確実に得点することに尽きることを肝に銘じてほしい。

■取組状況チェックリスト

1. 中小企業基本法

基本理念・基本方針

問題番号	ランク	1回目		2回目		3回目	
令和4年度 第18問（設問3）	A	/		/		/	
令和3年度 第20問（設問1）	A	/		/		/	
令和3年度 第20問（設問2）	A	/		/		/	
令和2年度 第14問（設問2）	A	/		/		/	
令和元年度 第13問（設問2）	A	/		/		/	
平成30年度 第14問（設問2）	A	/		/		/	
平成30年度 第14問（設問3）	A	/		/		/	
平成28年度 第14問（設問2）	A	/		/		/	
平成28年度 第14問（設問3）	A	/		/		/	
平成26年度 第14問（設問1）	A	/		/		/	
平成26年度 第14問（設問2）	A	/		/		/	

小規模企業活性化法

問題番号	ランク	1回目		2回目		3回目	
令和5年度 第19問（設問3）	A	/		/		/	
令和2年度 第14問（設問3）	A	/		/		/	
平成27年度 第14問（設問1）	A	/		/		/	
平成26年度 第15問	A	/		/		/	

中小企業者の範囲

問題番号	ランク	1回目		2回目		3回目	
令和5年度 第19問（設問1）	A	/		/		/	
令和4年度 第18問（設問1）	A	/		/		/	
令和4年度 第18問（設問2）	A	/		/		/	
令和3年度 第19問（設問1）	A	/		/		/	
令和3年度 第19問（設問2）	A	/		/		/	
令和2年度 第14問（設問1）	A	/		/		/	
令和元年度 第13問（設問1）	A	/		/		/	
平成30年度 第14問（設問1）	A	/		/		/	
平成29年度 第13問	A	/		/		/	
平成28年度 第14問（設問1）	A	/		/		/	
平成27年度 第13問	A	/		/		/	
平成26年度 第13問	A	/		/		/	

用語の定義

問題番号	ランク	1回目		2回目		3回目	
令和5年度 第19問（設問2）	C	/		/		/	

基本理念・基本方針	ランク	1回目	2回目	3回目
	A	／	／	／

■**令和 4 年度　第 18 問（設問 3）**

次の文章を読んで，下記の設問に答えよ。

　中小企業基本法では，第 2 条で①中小企業者の範囲と②小規模企業者の範囲を定めている。また，第 5 条では③中小企業に関する施策の基本方針を示している。

（設問 3）

　文中の下線部③に関する記述として，最も不適切なものはどれか。

　　ア　事業の転換の円滑化

　　イ　創造的な事業活動の促進

　　ウ　地域の多様な主体との連携の推進

　　エ　取引の適正化

解答	ウ

■解説

　中小企業基本法の基本方針に関する出題である。基本方針を知るには，条文を見るのが近道である。

○中小企業基本法第5条（基本方針）

　政府は，次に掲げる基本方針に基づき，中小企業に関する施策を講ずるものとする。

　一　中小企業者の経営の革新及び創業の促進並びに<u>創造的な事業活動の促進</u>を図ること。

　二　中小企業の経営資源の確保の円滑化を図ること，中小企業に関する<u>取引の適正化</u>を図ること等により，中小企業の経営基盤の強化を図ること。

　三　経済的社会的環境の変化に即応し，中小企業の経営の安定を図ること，<u>事業の転換の円滑化</u>を図ること等により，その変化への適応の円滑化を図ること。

　四　中小企業に対する資金の供給の円滑化及び中小企業の自己資本の充実を図ること。

　　ア：適切である。同法第5条3号の内容である。

　　イ：適切である。同法第5条1号の内容である。

　　ウ：不適切である。同法第8条（小規模企業に対する中小企業施策の方針）1号の内容である。詳細は，令和2年度第14問（設問3）の解説を参照されたい。

　　エ：適切である。同法第5条2号の内容である。

　条文の細かい内容が問われているので，受験対策としては令和元年度第13問（設問2）の内容をベースに押さえることを優先されたい。

　よって，ウが正解である。

基本理念・基本方針	ランク	1回目	2回目	3回目
	A	／	／	／

■令和3年度　第20問（設問1）

次の文章を読んで，下記の設問に答えよ。

　1963年の中小企業基本法制定時においては，中小企業とは「過小過多」であり，「画一的な弱者」であるとして認識されていた。

　このような認識の下，同法は，中小企業と大企業との間の生産性・賃金などに存在する「諸格差の是正」の解消を図ることを政策理念としていた。同法では，　A　を，諸格差を是正するための具体的な目標としており，この目標を達成するための政策手段を規定し，具体的に実現を図ることとしていた。

　1999年12月に公布された改正中小企業基本法では，中小企業を「多様な事業の分野において特色ある事業活動を行い，多様な就業の機会を提供し，個人がその能力を発揮しつつ事業を行う機会を提供することにより我が国経済の基盤を形成するもの」と位置付けて，それまでの「画一的な弱者」という中小企業像を払拭した。

　新たな政策理念として，「多様で活力ある中小企業の成長発展」を提示している。この新たな政策理念を実現するため，独立した中小企業の自主的な努力を前提としつつ，(1)　B　，(2)　C　，(3)経済的社会的環境の変化への適応の円滑化，の3つを政策の柱としている。

（設問1）

　文中の空欄Aに入る語句として，最も適切なものはどれか。

　　ア　「自己資本の充実」と「競争力の強化」

　　イ　「自己資本の充実」と「取引条件の向上」

　　ウ　「生産性の向上」と「競争力の強化」

　　エ　「生産性の向上」と「取引条件の向上」

解答	エ

■解説

1963年（昭和38年）に制定された旧中小企業基本法（以下，「旧法」という）に関する出題である。本試験では，選択肢の一部として旧法の用語が使われることがあるので，本問の知識を知っておいても損はない。

旧法制定時，中小企業とは「過小過多（企業規模が小さく，企業数が多すぎて過当競争に陥っている状況）」であり，「画一的な弱者（一律でかわいそうな存在）」であるとして認識されていた。その認識のもと，旧法において中小企業政策が以下のように体系化された。

＜旧法の体系＞
●政策理念：中小企業と大企業との間の生産性・賃金などに存在する「諸格差の是正」の解消
●政策目標：「生産性の向上」と「取引条件の向上」（空欄Aに該当）
●政策目標を達成する政策手段：「中小企業構造の高度化等」（生産性の向上の手段）
　　　　　　　　　　　　　　　「事業活動の不利の補正」（取引条件の向上の手段）

「中小企業構造の高度化等」は主に高度化事業，「事業活動の不利の補正」は主に下請代金支払遅延等防止法をイメージするとよい。

しかし，高度成長期を経て経済が成熟化する中で諸格差が縮小し，開廃業率も逆転して「過多性」が消失すると「格差の是正」そのものを政策目標にする意義は希薄化した。また，大企業に劣らない成果を上げる中小企業も出現するなど中小企業の「多様性」が増大したことから，中小企業を一律に弱者として保護することは不適切な状況となった。そのため，新たな政策理念に基づく中小企業政策を再構築する意図から，1999年（平成11年）に中小企業基本法が抜本的に改正された。

よって，空欄Aには「「生産性の向上」と「取引条件の向上」」が入り，エが正解である。

基本理念・基本方針	ランク	1回目	2回目	3回目
	A	／	／	／

■令和 3 年度　第 20 問（設問 2）

次の文章を読んで，下記の設問に答えよ。

1963 年の中小企業基本法制定時においては，中小企業とは「過小過多」であり，「画一的な弱者」であるとして認識されていた。

このような認識の下，同法は，中小企業と大企業との間の生産性・賃金などに存在する「諸格差の是正」の解消を図ることを政策理念としていた。同法では，

　　A　　を，諸格差を是正するための具体的な目標としており，この目標を達成するための政策手段を規定し，具体的に実現を図ることとしていた。

1999 年 12 月に公布された改正中小企業基本法では，中小企業を「多様な事業の分野において特色ある事業活動を行い，多様な就業の機会を提供し，個人がその能力を発揮しつつ事業を行う機会を提供することにより我が国経済の基盤を形成するもの」と位置付けて，それまでの「画一的な弱者」という中小企業像を払拭した。

新たな政策理念として，「多様で活力ある中小企業の成長発展」を提示している。この新たな政策理念を実現するため，独立した中小企業の自主的な努力を前提としつつ，(1)　B　　，(2)　C　　，(3)経済的社会的環境の変化への適応の円滑化，の 3 つを政策の柱としている。

（設問 2）

文中の空欄 B と C に入る語句の組み合わせとして，最も適切なものはどれか。

ア　B：経営の革新及び創業の促進　　C：経営基盤の強化

イ　B：経営の革新及び創業の促進　　C：事業承継の円滑化

ウ　B：公正な市場環境の整備　　C：経営基盤の強化

エ　B：公正な市場環境の整備　　C：事業承継の円滑化

解答	ア

■解説

中小企業基本法の基本方針に関する出題である。基本方針を知るには，条文を見るのが近道である。

○中小企業基本法第5条（基本方針）

政府は，次に掲げる基本方針に基づき，中小企業に関する施策を講ずるものとする。

一　中小企業者の<u>経営の革新及び創業の促進</u>並びに創造的な事業活動の促進を図ること。

二　中小企業の経営資源の確保の円滑化を図ること，中小企業に関する取引の適正化を図ること等により，中小企業の<u>経営基盤の強化</u>を図ること。

三　経済的社会的環境の変化に即応し，中小企業の経営の安定を図ること，事業の転換の円滑化を図ること等により，その変化への適応の円滑化を図ること。

四　中小企業に対する資金の供給の円滑化及び中小企業の自己資本の充実を図ること。

設問文にある「3つを政策の柱」とは，上記の1〜3号までを指す。4号は融資，投資，税制特例など資金に関する施策の方針であり，3つの柱を支える横断的な施策の方針として，その重要性から規定されたものである。

なお，選択肢ウとエにある「公正な市場環境の整備」は中小企業憲章の基本原則の1つである。選択肢イとエにある「事業承継の円滑化」は小規模企業振興基本計画の重点施策の「事業承継・円滑な廃業」からヒントを得て選択肢に含めた可能性があるが詳細は不明である。

よって，空欄Bには「経営の革新及び創業の促進」，空欄Cには「経営基盤の強化」が入り，アが正解である。

基本理念・基本方針	ランク	1回目	2回目	3回目
	A	/	/	/

■令和2年度　第14問（設問2）

次の文章を読んで，下記の設問に答えよ。

「①中小企業基本法」第三条の基本理念において，小規模企業は「地域の特色を生かした事業活動を行い，就業の機会を提供するなどして地域における経済の安定並びに 　　　 に寄与するとともに，創造的な事業活動を行い，新たな産業を創出するなどして将来における我が国の経済及び社会の発展に寄与するという重要な意義を有する」と規定されている。

それを踏まえ，第八条では，②「小規模企業」に対する中小企業施策の方針が具体的に示されている。

（設問2）

文中の空欄に入る語句として，最も適切なものはどれか。

　　ア　活力ある経済と豊かな国民生活

　　イ　雇用基盤の維持及び国民の豊かな生活基盤の形成

　　ウ　地域住民の生活の向上及び交流の促進

　　エ　挑戦と創意工夫の積み重ねによる社会の変革

解答	ウ

■解説

　中小企業基本法の基本理念のうち小規模企業についての出題である。従来，基本理念は中小企業について規定（第3条第1項）されていたが，2013年（平成25年）の改正（通称：小規模企業活性化法）により第2項が追加され，小規模企業の位置づけについても規定された。

　本問については，条文を見るのが近道であるので，以下に示す。

○中小企業基本法第3条第2項

　中小企業の多様で活力ある成長発展に当たっては，小規模企業が，地域の特色を生かした事業活動を行い，就業の機会を提供するなどして地域における経済の安定並びに<u>地域住民の生活の向上及び交流の促進</u>に寄与するとともに，創造的な事業活動を行い，新たな産業を創出するなどして将来における我が国の経済及び社会の発展に寄与するという重要な意義を有するものであることに鑑み，独立した小規模企業者の自主的な努力が助長されることを旨としてこれらの事業活動に資する事業環境が整備されることにより，小規模企業の活力が最大限に発揮されなければならない。

　基本理念の条文からの空欄穴埋め問題は頻繁に出題されているので，過去問で出題された語句は最低限押さえておくこと。

　よって，空欄には「地域住民の生活の向上及び交流の促進」が入り，ウが正解である。

基本理念・基本方針	ランク	1回目		2回目		3回目	
	A	／		／		／	

■**令和元年度　第 13 問（設問 2）**
　次の文章を読んで，下記の設問に答えよ。

　①中小企業基本法は，中小企業施策について，基本理念・②基本方針等を定めるとともに，国及び地方公共団体の責務等を規定することにより，中小企業施策を総合的に推進し，国民経済の健全な発展及び国民生活の向上を図ることを目的としている。

（設問 2）
　文中の下線部②は中小企業基本法の第 5 条に記されている。これに関して，最も不適切なものはどれか。

　　ア　経営の革新及び創業の促進を図ること

　　イ　経済的社会的環境の変化への適応の円滑化を図ること

　　ウ　地域における多様な需要に応じた事業活動の活性化を図ること

　　エ　中小企業の経営基盤の強化を図ること

解答	ウ

■解説

　中小企業基本法の基本方針に関する出題である。基本方針を知るには，条文を見るのが近道である。

○中小企業基本法第5条（基本方針）

　政府は，次に掲げる基本方針に基づき，中小企業に関する施策を講ずるものとする。

　一　中小企業者の経営の革新及び創業の促進並びに創造的な事業活動の促進を図ること。

　二　中小企業の経営資源の確保の円滑化を図ること，中小企業に関する取引の適正化を図ること等により，中小企業の経営基盤の強化を図ること。

　三　経済的社会的環境の変化に即応し，中小企業の経営の安定を図ること，事業の転換の円滑化を図ること等により，その変化への適応の円滑化を図ること。

　四　中小企業に対する資金の供給の円滑化及び中小企業の自己資本の充実を図ること。

ア：適切である。同法第5条1号の内容である。この基本方針を具体化した施策の一例として，中小企業等経営強化法の経営革新計画がある。

イ：適切である。同法第5条3号の内容である。この基本方針を具体化した施策の一例として，セーフティネット保証制度や中小企業倒産防止共済制度がある。

ウ：不適切である。同法第8条1号の内容である。同法第8条は，小規模企業に対する中小企業施策の方針を示している。

エ：適切である。同法第5条2号の内容である。この基本方針を具体化した施策の一例として，中小企業組合制度や下請代金支払遅延等防止法がある。

　よって，ウが正解である。

基本理念・基本方針	ランク	1回目		2回目		3回目	
	A	/		/		/	

■平成 30 年度　第 14 問（設問 2）

次の文章を読んで，下記の設問に答えよ。

　中小企業基本法は，中小企業施策について，基本理念・基本方針等を定めている。同法の基本理念では，中小企業を「多様な事業の分野において特色ある事業活動を行い，多様な就業の機会を提供し，個人がその能力を発揮しつつ事業を行う機会を提供することにより　　A　　」と位置付けている。

　また，小規模企業は，「　　B　　事業活動を行い，就業の機会を提供する」など，地域経済の安定・地域住民の生活の向上及び交流の促進に寄与するとともに，「　　C　　事業活動を行い，新たな産業を創出する」など，将来における我が国経済社会の発展に寄与する，という 2 つの重要な意義を有するとしている。

（設問 2）

　文中の空欄 A に入る語句として，最も適切なものはどれか。

　　ア　国民経済の健全な発展に寄与している

　　イ　国民生活の向上に寄与している

　　ウ　我が国の経済の基盤を形成している

　　エ　我が国の経済の多様な需要に対応している

解答	ウ

■解説

　中小企業基本法の基本理念のうち中小企業についての出題である。基本理念を知るには，条文を見るのが近道であるので，以下に示す。

○中小企業基本法第3条第1項

　中小企業については，多様な事業の分野において特色ある事業活動を行い，多様な就業の機会を提供し，個人がその能力を発揮しつつ事業を行う機会を提供することにより<u>我が国の経済の基盤を形成している</u>ものであり，特に，多数の中小企業者が創意工夫を生かして経営の向上を図るための事業活動を行うことを通じて，新たな産業を創出し，就業の機会を増大させ，市場における競争を促進し，地域における経済の活性化を促進する等我が国経済の活力の維持及び強化に果たすべき重要な使命を有するものであることにかんがみ，独立した中小企業者の自主的な努力が助長されることを旨とし，その経営の革新及び創業が促進され，その経営基盤が強化され，並びに経済的社会的環境の変化への適応が円滑化されることにより，その多様で活力ある成長発展が図られなければならない。

　基本理念の条文からの空欄穴埋め問題は頻繁に出題されているので，過去問で出題された語句は最低限押さえておくこと。

　よって，空欄Aには「我が国の経済の基盤を形成している」が入り，ウが正解である。

基本理念・基本方針	ランク	1回目		2回目		3回目	
	A	/		/		/	

■平成30年度　第14問（設問3）

次の文章を読んで，下記の設問に答えよ。

中小企業基本法は，中小企業施策について，基本理念・基本方針等を定めている。同法の基本理念では，中小企業を「多様な事業の分野において特色ある事業活動を行い，多様な就業の機会を提供し，個人がその能力を発揮しつつ事業を行う機会を提供することにより　A　」と位置付けている。

また，小規模企業は，「　B　事業活動を行い，就業の機会を提供する」など，地域経済の安定・地域住民の生活の向上及び交流の促進に寄与するとともに，「　C　事業活動を行い，新たな産業を創出する」など，将来における我が国経済社会の発展に寄与する，という2つの重要な意義を有するとしている。

（設問3）

文中の空欄BとCに入る語句の組み合わせとして，最も適切なものはどれか。

　　ア　B：創意工夫を生かした　　　　C：環境の変化に応じた

　　イ　B：創意工夫を生かした　　　　C：創造的な

　　ウ　B：地域の特色を生かした　　　C：環境の変化に応じた

　　エ　B：地域の特色を生かした　　　C：創造的な

解答	エ

■解説

　中小企業基本法の基本理念のうち小規模企業についての出題である。従来，基本理念は中小企業について規定（第3条第1項）されていたが，平成25年の改正（通称：小規模企業活性化法）により第2項が追加され，小規模企業の位置づけについても規定された。

　本問については，条文を見るのが近道であるので，以下に示す。

○中小企業基本法第3条第2項

　中小企業の多様で活力ある成長発展に当たっては，小規模企業が，地域の特色を生かした事業活動を行い，就業の機会を提供するなどして地域における経済の安定並びに地域住民の生活の向上及び交流の促進に寄与するとともに，創造的な事業活動を行い，新たな産業を創出するなどして将来における我が国の経済及び社会の発展に寄与するという重要な意義を有するものであることに鑑み，独立した小規模企業者の自主的な努力が助長されることを旨としてこれらの事業活動に資する事業環境が整備されることにより，小規模企業の活力が最大限に発揮されなければならない。

　基本理念の条文からの空欄穴埋め問題は頻繁に出題されているので，過去問で出題された語句は最低限押さえておくこと。

　よって，空欄Bには「地域の特色を生かした」，空欄Cには「創造的な」が入り，エが正解である。

基本理念・基本方針	ランク	1回目		2回目		3回目	
	A	/		/		/	

■平成28年度　第14問（設問2）

次の文章を読んで，下記の設問に答えよ。

中小企業基本法は，中小企業施策について，基本理念・基本方針などを定めている。その第三条には基本理念が示され，中小企業を「多様な事業の分野において特色ある事業活動を行い，多様な就業の機会を提供し，個人がその能力を発揮しつつ事業を行う機会を提供することにより我が国の経済の基盤を形成しているもの」と位置付けている。

特に，「多数の中小企業者が　A　経営の向上を図るための事業活動を行うことを通じて，新たな産業を創出し，就業の機会を増大させ，　B　，地域における経済の活性化を促進する等我が国経済の活力の維持及び強化に果たすべき重要な使命を有するもの」としている。

（設問2）

文中の空欄Aに入る語句として，最も適切なものはどれか。

　ア　経営資源を活用して

　イ　個性を発揮して

　ウ　潜在力を発揮して

　エ　創意工夫を生かして

解答	エ

■解説

　中小企業基本法の基本理念からの出題である。基本理念を知るには，条文を見るのが近道であるので，以下に示す。

○中小企業基本法第3条第1項

　中小企業については，多様な事業の分野において特色ある事業活動を行い，多様な就業の機会を提供し，個人がその能力を発揮しつつ事業を行う機会を提供することにより我が国の経済の基盤を形成しているものであり，特に，多数の中小企業者が<u>創意工夫を生かして</u>経営の向上を図るための事業活動を行うことを通じて，新たな産業を創出し，就業の機会を増大させ，市場における競争を促進し，地域における経済の活性化を促進する等我が国経済の活力の維持及び強化に果たすべき重要な使命を有するものであることにかんがみ，独立した中小企業者の自主的な努力が助長されることを旨とし，その経営の革新及び創業が促進され，その経営基盤が強化され，並びに経済的社会的環境の変化への適応が円滑化されることにより，その多様で活力ある成長発展が図られなければならない。

　この語句が空欄として出題されたのはこの設問が初めてであるので，今後は確実に押さえておく必要がある。

　よって，空欄Aには「創意工夫を生かして」が入り，エが正解である。

基本理念・基本方針	ランク	1回目		2回目		3回目	
	A	／		／		／	

■平成 28 年度　第 14 問（設問 3）

次の文章を読んで，下記の設問に答えよ。

　中小企業基本法は，中小企業施策について，基本理念・基本方針などを定めている。その第三条には基本理念が示され，中小企業を「多様な事業の分野において特色ある事業活動を行い，多様な就業の機会を提供し，個人がその能力を発揮しつつ事業を行う機会を提供することにより我が国の経済の基盤を形成しているもの」と位置付けている。

　特に，「多数の中小企業者が　A　経営の向上を図るための事業活動を行うことを通じて，新たな産業を創出し，就業の機会を増大させ，　B　，地域における経済の活性化を促進する等我が国経済の活力の維持及び強化に果たすべき重要な使命を有するもの」としている。

（設問 3）

　文中の空欄 B に入る語句として，最も適切なものはどれか。

　　ア　新たな市場を創造し

　　イ　公正な市場環境を整え

　　ウ　市場における競争を促進し

　　エ　市場の格差を是正し

解答	ウ

■解説

　中小企業基本法の基本理念からの出題である。基本理念を知るには，条文を見るのが近道であるので，以下に示す。

○中小企業基本法第3条第1項

　中小企業については，多様な事業の分野において特色ある事業活動を行い，多様な就業の機会を提供し，個人がその能力を発揮しつつ事業を行う機会を提供することにより我が国の経済の基盤を形成しているものであり，特に，多数の中小企業者が創意工夫を生かして経営の向上を図るための事業活動を行うことを通じて，新たな産業を創出し，就業の機会を増大させ，<u>市場における競争を促進し</u>，地域における経済の活性化を促進する等我が国経済の活力の維持及び強化に果たすべき重要な使命を有するものであることにかんがみ，独立した中小企業者の自主的な努力が助長されることを旨とし，その経営の革新及び創業が促進され，その経営基盤が強化され，並びに経済的社会的環境の変化への適応が円滑化されることにより，その多様で活力ある成長発展が図られなければならない。

　上記条文の下線部が，中小企業基本法が中小企業に期待している役割である。本問をベースとして確実に覚えていただきたい。

　よって，空欄Bには「市場における競争を促進し」が入り，ウが正解である。

基本理念・基本方針	ランク	1回目	2回目	3回目
	A	/	/	/

■平成 26 年度　第 14 問（設問 1）

次の中小企業基本法の基本理念に関する文章を読んで，下記の設問に答えよ。

中小企業基本法では，中小企業を「多様な事業の分野において　A　を行い，多様な就業の機会を提供し，個人がその能力を発揮しつつ事業を行う機会を提供することにより我が国の経済の基盤を形成しているもの」と位置付けている。

特に，多数の中小企業者が創意工夫を生かして経営の向上を図るための事業活動を行うことを通じて，①新たな産業の創出，②就業の機会の増大，③　B　，④　C　など，我が国経済の活力の維持と強化に果たすべき重要な役割を担うことを期待している。

（設問 1）

文中の空欄 A に入る語句として，最も適切なものはどれか。

　　ア　経営資源の確保

　　イ　経営の革新

　　ウ　経済的社会的環境への対応

　　エ　特色ある事業活動

解答	エ

■解説

中小企業基本法の基本理念からの出題である。基本理念を知るには，条文を見るのが近道であるので，以下に示す。

○中小企業基本法第3条第1項

中小企業については，多様な事業の分野において<u>特色ある事業活動</u>を行い，多様な就業の機会を提供し，個人がその能力を発揮しつつ事業を行う機会を提供することにより我が国の経済の基盤を形成しているものであり，特に，多数の中小企業者が創意工夫を生かして経営の向上を図るための事業活動を行うことを通じて，新たな産業を創出し，就業の機会を増大させ，市場における競争を促進し，地域における経済の活性化を促進する等我が国経済の活力の維持及び強化に果たすべき重要な使命を有するものであることにかんがみ，独立した中小企業者の自主的な努力が助長されることを旨とし，その経営の革新及び創業が促進され，その経営基盤が強化され，並びに経済的社会的環境の変化への適応が円滑化されることにより，その多様で活力ある成長発展が図られなければならない。

上記条文の前半に中小企業の位置づけが規定されている。覚えていなかったとしても，前後の文章のつながりから適切な語句は何かを考えて自分なりの判断をしていただきたい。特に選択肢イ，ウは基本方針の学習で学ぶキーワードであるので，選択肢アとエの二者択一までは持っていきたい。

なお，小規模企業活性化法により，第2項が追加され，小規模企業について「地域の特色を生かした事業活動を行い，就業の機会を提供するなどして地域における経済の安定並びに地域住民の生活の向上及び交流の促進に寄与するとともに，創造的な事業活動を行い，新たな産業を創出するなどして将来における我が国の経済及び社会の発展に寄与する」と位置づけられたことも押さえておきたい。

よって，空欄Aには「特色ある事業活動」が入り，エが正解である。

基本理念・基本方針	ランク	1回目	2回目	3回目
	A	／	／	／

■**平成26年度 第14問（設問2）**

次の中小企業基本法の基本理念に関する文章を読んで，下記の設問に答えよ。

中小企業基本法では，中小企業を「多様な事業の分野において ☐ A ☐ を行い，多様な就業の機会を提供し，個人がその能力を発揮しつつ事業を行う機会を提供することにより我が国の経済の基盤を形成しているもの」と位置付けている。

特に，多数の中小企業者が創意工夫を生かして経営の向上を図るための事業活動を行うことを通じて，①新たな産業の創出，②就業の機会の増大，③ ☐ B ☐ ，④ ☐ C ☐ など，我が国経済の活力の維持と強化に果たすべき重要な役割を担うことを期待している。

（設問2）

文中の空欄BとCに入る語句の組み合わせとして，最も適切なものを下記の解答群から選べ。

    a　企業の社会貢献の推進
    b　市場における競争の促進
    c　地域における経済の活性化
    d　豊かな国民生活の実現

〔解答群〕
  ア　aとb
  イ　aとd
  ウ　bとc
  エ　bとd
  オ　cとd

解答	ウ

■解説

　中小企業基本法の基本理念からの出題である。基本理念を知るには，条文を見るのが近道であるので，以下に示す。

○中小企業基本法第3条第1項

　中小企業については，多様な事業の分野において特色ある事業活動を行い，多様な就業の機会を提供し，個人がその能力を発揮しつつ事業を行う機会を提供することにより我が国の経済の基盤を形成しているものであり，特に，多数の中小企業者が創意工夫を生かして経営の向上を図るための事業活動を行うことを通じて，<u>新たな産業を創出し</u>，<u>就業の機会を増大させ</u>，<u>市場における競争を促進し</u>，<u>地域における経済の活性化</u>を促進する等我が国経済の活力の維持及び強化に果たすべき<u>重要な使命</u>を有するものであることにかんがみ，独立した中小企業者の自主的な努力が助長されることを旨とし，その経営の革新及び創業が促進され，その経営基盤が強化され，並びに経済的社会的環境の変化への適応が円滑化されることにより，その多様で活力ある成長発展が図られなければならない。

　上記条文の下線部が，中小企業基本法が中小企業に期待している役割である。本問をベースとして確実に覚えていただきたい。

　よって，bとcが適切であり，ウが正解である。

小規模企業活性化法	ランク	1 回目		2 回目		3 回目	
	A	／		／		／	

■**令和 5 年度　第 19 問（設問 3）**

次の文章を読んで，下記の設問に答えよ。

　中小企業基本法は，中小企業施策について，基本理念・基本方針などを定めるとともに，国及び地方公共団体の責務などを規定することにより，中小企業施策を総合的に推進し，国民経済の健全な発展及び国民生活の向上を図ることを目的としている。

（設問 3）

　以下の記述の空欄 A と B に入る語句の組み合わせとして，最も適切なものを下記の解答群から選べ。

　この法律においては，「小規模企業」が有する意義も示されている。具体的には，　A　に寄与するとともに，　B　に寄与するという 2 つの重要な意義を，小規模企業は有しているとされている。

〔解答群〕

　ア　A：高齢化，過疎化，環境問題など地域社会が抱える課題の解決
　　　B：雇用の大部分を支え，暮らしに潤いを与えること

　イ　A：高齢化，過疎化，環境問題など地域社会が抱える課題の解決
　　　B：将来における我が国の経済及び社会の発展

　ウ　A：地域における経済の安定並びに地域住民の生活の向上及び交流の促進
　　　B：雇用の大部分を支え，暮らしに潤いを与えること

　エ　A：地域における経済の安定並びに地域住民の生活の向上及び交流の促進
　　　B：将来における我が国の経済及び社会の発展

<table>
<tr><td>解答</td><td>エ</td></tr>
</table>

■解説

　2013年（平成25年）に改正された中小企業基本法（この改正法の通称が「小規模企業活性化法」である）の基本理念（第3条第2項）に関する出題である。したがって，「小規模企業活性化法」の出題として分類した。

　この一連の改正によって，中小企業基本法の基本理念（第3条）に，以下の規定（第3条第2項）が追加された。

○中小企業基本法第3条第2項

　中小企業の多様で活力ある成長発展に当たっては，小規模企業が，地域の特色を生かした事業活動を行い，就業の機会を提供するなどして地域における経済の安定並びに地域住民の生活の向上及び交流の促進に寄与するとともに，創造的な事業活動を行い，新たな産業を創出するなどして将来における我が国の経済及び社会の発展に寄与するという重要な意義を有するものであることに鑑み，独立した小規模企業者の自主的な努力が助長されることを旨としてこれらの事業活動に資する事業環境が整備されることにより，小規模企業の活力が最大限に発揮されなければならない。

　なお，受験対策上，条文番号を覚える必要はない（すべての解説において共通）。

　よって，空欄Aには「地域における経済の安定並びに地域住民の生活の向上及び交流の促進」，空欄Bには「将来における我が国の経済及び社会の発展」が入り，エが正解である。

小規模企業活性化法	ランク	1回目	2回目	3回目
	A	／	／	／

■令和2年度　第14問（設問3）

次の文章を読んで，下記の設問に答えよ。

「①中小企業基本法」第三条の基本理念において，小規模企業は「地域の特色を生かした事業活動を行い，就業の機会を提供するなどして地域における経済の安定並びに□□□□に寄与するとともに，創造的な事業活動を行い，新たな産業を創出するなどして将来における我が国の経済及び社会の発展に寄与するという重要な意義を有する」と規定されている。

それを踏まえ，第八条では，②「小規模企業」に対する中小企業施策の方針が具体的に示されている。

（設問3）

文中の下線部②に関する記述として，最も不適切なものはどれか。

ア　経営の発達及び改善に努めるとともに，金融，税制，情報の提供その他の事項について必要な考慮を払うこと。

イ　生産性の格差の是正並びに自己資本の充実を図ること。

ウ　地域の多様な主体との連携の推進によって，地域における多様な需要に応じた事業活動の活性化を図ること。

エ　着実な成長発展を実現するための適切な支援を受けられるよう必要な環境の整備を図ること。

<table>
<tr><td>解答</td><td>イ</td></tr>
</table>

■解説

　小規模企業活性化法（平成 25 年 9 月 20 日施行）により改正された中小企業基本法第 8 条に関する出題である。

　中小企業基本法第 8 条（小規模企業に対する中小企業施策の方針）を知るには，条文を見るのが近道である。

○中小企業基本法第 8 条

　国は，次に掲げる方針に従い，小規模企業者に対して中小企業に関する施策を講ずるものとする。

　　一　小規模企業が地域における経済の安定並びに地域住民の生活の向上及び交流の促進に寄与するという重要な意義を有することを踏まえ，適切かつ十分な経営資源の確保を通じて地域における小規模企業の持続的な事業活動を可能とするとともに，地域の多様な主体との連携の推進によって地域における多様な需要に応じた事業活動の活性化を図ること。

　　二　小規模企業が将来における我が国の経済及び社会の発展に寄与するという重要な意義を有することを踏まえ，小規模企業がその成長発展を図るに当たり，その状況に応じ，着実な成長発展を実現するための適切な支援を受けられるよう必要な環境の整備を図ること。

　　三　経営資源の確保が特に困難であることが多い小規模企業者の事情を踏まえ，小規模企業の経営の発達及び改善に努めるとともに，金融，税制，情報の提供その他の事項について，小規模企業の経営の状況に応じ，必要な考慮を払うこと。

ア：適切である。中小企業基本法第 8 条第 3 号に規定されている。

イ：不適切である。「生産性の格差の是正」は平成 11 年改正前の中小企業基本法第 1 条（政策の目標），「自己資本の充実」は現行の中小企業基本法第 5 条（基本方針）に規定されている。

ウ：適切である。中小企業基本法第 8 条第 1 号に規定されている。

エ：適切である。中小企業基本法第 8 条第 2 号に規定されている。

　よって，イが正解である。

小規模企業活性化法	ランク	1回目	2回目	3回目
	A	／	／	／

■平成 27 年度　第 14 問（設問 1）

次の文章を読んで，下記の設問に答えよ。

　小規模事業者は，地域の経済や雇用を支える極めて重要な存在であり，経済の好循環を全国津々浦々まで届けていくためには，その活力を最大限に発揮させることが必要不可欠である。

　平成 25 年の通常国会において，「　A　」が成立したが，　B　の基本理念にのっとりつつ，小規模企業に焦点を当て，「　A　」をさらに一歩進める観点から，平成 26 年の通常国会において「小規模企業振興基本法（小規模基本法）」および「　C　による小規模事業者の支援に関する法律の一部を改正する法律（小規模支援法）」が成立した。

（設問 1）

文中の空欄 A と B に入る語句の組み合わせとして，最も適切なものはどれか。

　　ア　A：小規模企業活性化法　　　　B：中小企業基本法

　　イ　A：小規模企業活性化法　　　　B：中小企業憲章

　　ウ　A：中小企業経営力強化支援法　B：中小企業基本法

　　エ　A：中小企業経営力強化支援法　B：中小企業憲章

解答	ア

■解説

　小規模企業活性化法に関する出題である。小規模企業活性化法は，中小企業基本法をはじめ，中小企業信用保険法，小規模企業共済法など関連法規の改正法の通称であり，2013 年（平成 25 年）9 月 20 日に施行された。

　小規模企業に焦点が当てられた背景として，中小企業のうち約 9 割を占める小規模企業の企業数が大きく減少していることがある。このまま減少傾向にあると，地域の雇用及び住民生活の両面において，地域社会に与える影響は大きいからである。

　そこで，2013 年（平成 25 年）に中小企業基本法等を改正（この改正法の通称が小規模企業活性化法である）して，中小企業基本法第 3 条第 2 項（基本理念）で「小規模企業の活力が最大限に発揮されなければならない」こと，中小企業基本法第 8 条で「小規模企業の着実な成長発展を支援する」ことなどが規定された。

　その流れをさらに確実にするため，2014 年（平成 26 年）に「小規模企業振興基本法（小規模基本法）」および「商工会及び商工会議所による小規模事業者の支援に関する法律の一部を改正する法律（小規模支援法）」が成立した。

　なお，中小企業経営力強化支援法は正式には「中小企業の海外における商品の需要の開拓の促進等のための中小企業の新たな事業活動の促進に関する法律等の一部を改正する法律」といい，2012 年（平成 24 年）8 月 30 日に施行された。正式名称からわかるように，中小企業等経営強化法（当時は中小企業新事業活動促進法）等の改正を「中小企業経営力強化支援法」と通称している。主な内容として，経営革新等支援機関（認定支援機関）制度や海外展開に伴う資金調達支援が規定された。海外展開に伴う資金調達支援の例として，日本政策金融公庫の債務保証（スタンドバイ・クレジット制度），日本貿易保険の保険付与などがある。

　よって，空欄 A には「小規模企業活性化法」，空欄 B には「中小企業基本法」が入り，アが正解である。

小規模企業活性化法	ランク	1回目	2回目	3回目
	A	／	／	／

■平成 26 年度　第 15 問

　小規模企業は，地域の経済や雇用を支える存在として重要な役割を果たすとともに，その成長によって日本経済全体を発展させる重要な意義を有している。

　しかし，小規模企業は，資金や人材等の経営資源の確保が特に困難であることが多いこと等を背景に，近年，企業数・雇用者数ともに他の規模の企業と比べても減少している。このような状況を踏まえ，平成 25 年に「小規模企業活性化法」が施行され，中小企業基本法等の一部が改正された。

　小規模企業活性化法に関連する記述として，<u>最も不適切なもの</u>はどれか。

ア　関係する個別法律において，小規模企業の範囲の弾力化が図られた。

イ　小規模企業が有する重要な意義のひとつとして「地域住民の生活の向上及び交流の促進に寄与する」ことが，中小企業基本法に明記された。

ウ　中小企業基本法の「基本理念」に，「小規模企業の活力が最大限に発揮されなければならない」ことが規定された。

エ　中小企業基本法の「施策の方針」に，「小規模企業の規模拡大を支援する」ことが明記された。

解答	エ

■解説

　小規模企業活性化法に関する出題である。小規模企業活性化法は，中小企業基本法をはじめ，中小企業信用保険法，小規模企業共済法など関連法規の改正法の通称であり，2013年（平成25年）9月20日に施行された。

ア：適切である。「関係する個別法律」とは，「小規模企業共済法」「中小企業信用保険法」「小規模事業者支援促進法」をいう。小規模企業の範囲の弾力化とは，宿泊業と娯楽業について，従来は従業員5人以下の事業者を「小規模企業」としていたのを，従業員20人以下まで範囲を拡大したことをいう（ただし，前述の3法に限る）。その結果，小規模企業共済，小規模事業者経営改善資金融資制度（マル経融資），信用保証協会の無担保無保証人保証（特別小口保証）等について，小規模企業の範囲が拡大した。中小企業基本法の小規模企業の定義は変更されていないので，注意すること。

イ：適切である。中小企業基本法第3条（基本理念）が改正となり，新たに第2項において「中小企業の多様で活力ある成長発展に当たっては，小規模企業が，地域の特色を生かした事業活動を行い，就業の機会を提供するなどして地域における経済の安定並びに<u>地域住民の生活の向上及び交流の促進に寄与する</u>とともに，創造的な事業活動を行い，新たな産業を創出するなどして将来における我が国の経済及び社会の発展に寄与するという重要な意義を有するものであることに鑑み，独立した小規模企業者の自主的な努力が助長されることを旨としてこれらの事業活動に資する事業環境が整備されることにより，<u>小規模企業の活力が最大限に発揮されなければならない</u>」と規定された。

ウ：適切である。上記の中小企業基本法第3条第2項の最後尾を参照のこと。

エ：不適切である。中小企業基本法第8条が改正となり，小規模企業の「着実な成長発展」を支援することが明記された。「規模拡大」の支援ではない。要は小さくてもいいので，持続することが重要ということである。小規模企業は「着実な成長発展」，中小企業は「多様で活力ある成長発展」を目指している。

　よって，エが正解である。

中小企業者の範囲	ランク	1回目		2回目		3回目	
	A	/		/		/	

■**令和5年度　第19問（設問1）**

　次の文章を読んで，下記の設問に答えよ。

　中小企業基本法は，中小企業施策について，基本理念・基本方針などを定めるとともに，国及び地方公共団体の責務などを規定することにより，中小企業施策を総合的に推進し，国民経済の健全な発展及び国民生活の向上を図ることを目的としている。

（設問1）

　この法律では，中小企業者の範囲が定められている。中小企業者の範囲に含まれる企業に関する正誤の組み合わせとして，最も適切なものを下記の解答群から選べ。

　　a　従業員数200人，資本金1億円の広告制作業

　　b　従業員数500人，資本金2億円の建築リフォーム工事業

〔解答群〕

　　ア　a：正　　　b：正

　　イ　a：正　　　b：誤

　　ウ　a：誤　　　b：正

　　エ　a：誤　　　b：誤

解答	ウ

■解説

　中小企業基本法の中小企業者の定義に関する出題である。まず，以下の表を諳んじられるくらいに覚えることが，得点への近道である。

○中小企業者の定義

業種	資本金額	従業員数
製造業その他	3億円以下	300人以下
卸売業	1億円以下	100人以下
小売業	5千万円以下	50人以下
サービス業	5千万円以下	100人以下

※資本金額，従業員数，いずれかの基準が満たされればよい。

　　a：不適切である。「広告制作業」を中小企業者の定義（サービス業）に当てはめると，資本金基準，従業員基準ともに満たしていないので，中小企業者には該当しない。

　　b：適切である。「建築リフォーム工事業」を中小企業者の定義（製造業その他）に当てはめると，資本金基準を満たしており，中小企業者に該当する。なお，資本金基準，従業員基準，いずれかの基準が満たされれば中小企業者に該当する。

　本問では，広告制作業を「サービス業」，建築リフォーム工事業を「製造業その他」に分類できるかが正解への分かれ道である。特に建築リフォーム工事業のような建設業は繰り返し本試験で問われている業種であるので，絶対に覚えておくこと。

　よって，「a：誤，b：正」となり，ウが正解である。

中小企業者の範囲	ランク	1回目	2回目	3回目
	A	／	／	／

■令和4年度　第18問（設問1）

次の文章を読んで，下記の設問に答えよ。

中小企業基本法では，第2条で①中小企業者の範囲と②小規模企業者の範囲を定めている。また，第5条では③中小企業に関する施策の基本方針を示している。

（設問1）

文中の下線部①に含まれる企業に関する正誤の組み合わせとして，最も適切なものを下記の解答群から選べ。

　　a　従業員数500人，資本金3億円の製造業

　　b　従業員数150人，資本金6,000万円のサービス業

〔解答群〕

　ア　a：正　　b：正

　イ　a：正　　b：誤

　ウ　a：誤　　b：正

　エ　a：誤　　b：誤

解答	イ

■解説

　中小企業基本法の中小企業者の定義に関する出題である。まず，以下の表を諳んじ
られるくらいに覚えることが，得点への近道である。

○中小企業者の定義

業種	資本金額	従業員数
製造業その他	3億円以下	300人以下
卸売業	1億円以下	100人以下
小売業	5千万円以下	50人以下
サービス業	5千万円以下	100人以下

※資本金額，従業員数，いずれかの基準が満たされればよい。

　　a：適切である。中小企業者の定義（製造業その他）に当てはめると，資本金基
　　　準を満たしており，中小企業者に該当する。なお，資本金基準，従業員基準，
　　　いずれかの基準が満たされれば中小企業者に該当する。

　　b：不適切である。中小企業者の定義（サービス業）に当てはめると，資本金基
　　　準，従業員基準ともに満たしていないので，中小企業者には該当しない。

よって，「a：正，b：誤」となり，イが正解である。

中小企業者の範囲	ランク	1回目		2回目		3回目	
	A	／		／		／	

■令和 4 年度　第 18 問（設問 2）

次の文章を読んで，下記の設問に答えよ。

中小企業基本法では，第 2 条で①中小企業者の範囲と②小規模企業者の範囲を定めている。また，第 5 条では③中小企業に関する施策の基本方針を示している。

（設問 2）

文中の下線部②に含まれる企業に関する正誤の組み合わせとして，最も適切なものを下記の解答群から選べ。

　　a　従業員数 30 人，資本金 300 万円の製造業

　　b　従業員数 10 人の個人経営の小売業

〔解答群〕

　ア　a：正　　b：正

　イ　a：正　　b：誤

　ウ　a：誤　　b：正

　エ　a：誤　　b：誤

解答	エ

■解説

　中小企業基本法の小規模企業者の定義に関する出題である。まず，以下の表を諳んじられるくらいに暗記することが，得点への近道である。

○小規模企業者の定義

業種	従業員数
製造業その他	20人以下
商業・サービス業	5人以下

　　a：不適切である。小規模企業者の定義（製造業その他）に当てはめると，従業員基準を満たしていないため，小規模企業者には該当しない。なお，小規模企業者の判定においては，資本金の記載は本問を解くうえでは全く不要であり，解答の際は惑わされないこと。

　　b：不適切である。「小売業」を小規模企業者の定義（商業）に当てはめると，従業員基準を満たしていないため，小規模企業者には該当しない。

　よって，「a：誤，b：誤」となり，エが正解である。

中小企業者の範囲	ランク	1回目	2回目	3回目
	A	╱	╱	╱

■令和3年度　第19問（設問1）
　次の文章を読んで，下記の設問に答えよ。

　中小企業基本法では，中小企業者と小規模企業者の範囲を規定している。中小企業基本法の中小企業者の範囲は，中小企業施策における基本的な政策対象の範囲を定めた「原則」であり，各法律や支援制度における「中小企業者」の範囲と異なることがある。

（設問1）
　中小企業基本法における「中小企業者」の範囲に含まれる企業として，最も適切なものはどれか。

　　ア　資本金8千万円，常時使用する従業員数80人の持ち帰り・配達飲食サービス業は，中小企業者の範囲に含まれる。

　　イ　資本金1億円，常時使用する従業員数150人の宿泊業は，中小企業者の範囲に含まれる。

　　ウ　資本金2億円，常時使用する従業員数200人の飲食料品卸売業は，中小企業者の範囲に含まれる。

　　エ　資本金3億円，常時使用する従業員数300人の運輸業は，中小企業者の範囲に含まれる。

解答	エ

■解説

　中小企業基本法の中小企業者の定義に関する出題である。まず，以下の表を諳んじられるくらいに覚えることが，得点への近道である。

○中小企業者の定義

業種	資本金額	従業員数
製造業その他	3億円以下	300人以下
卸売業	1億円以下	100人以下
小売業	5千万円以下	50人以下
サービス業	5千万円以下	100人以下

※資本金額，従業員数，いずれかの基準が満たされればよい。

ア：不適切である。「持ち帰り・配達飲食サービス業」を中小企業者の定義（小売業）に当てはめると，資本金基準，従業員基準ともに満たしていないので，中小企業者には該当しない。

イ：不適切である。「宿泊業」を中小企業者の定義（サービス業）に当てはめると，資本金基準，従業員基準ともに満たしていないので，中小企業者には該当しない。

ウ：不適切である。「飲食料品卸売業」を中小企業者の定義（卸売業）に当てはめると，資本金基準，従業員基準ともに満たしていないため，中小企業者には該当しない。

エ：適切である。「運輸業」を中小企業者の定義（製造業その他）に当てはめると，資本金基準，従業員基準ともに満たしており，中小企業者に該当する。なお，資本金基準，従業員基準，いずれかの基準が満たされれば中小企業者に該当する。

　本問では，飲食業を「小売業」，宿泊業を「サービス業」，運輸業を「製造業その他」に分類できるかが正解への分かれ道である。特に飲食業，運輸業は繰り返し本試験で問われている業種であるので，絶対に覚えておくこと。

　よって，エが正解である。

中小企業者の範囲	ランク	1回目		2回目		3回目	
	A	/		/		/	

■**令和3年度　第19問（設問2）**
次の文章を読んで，下記の設問に答えよ。

　中小企業基本法では，中小企業者と小規模企業者の範囲を規定している。中小企業基本法の中小企業者の範囲は，中小企業施策における基本的な政策対象の範囲を定めた「原則」であり，各法律や支援制度における「中小企業者」の範囲と異なることがある。

（設問2）
　中小企業基本法における「小規模企業者」の範囲に含まれる企業として，最も適切なものはどれか。

　　ア　資本金200万円，常時使用する従業員数15人の駐車場業は，小規模企業者の範囲に含まれる。

　　イ　資本金300万円，常時使用する従業員数15人の無店舗小売業は，小規模企業者の範囲に含まれる。

　　ウ　資本金2,000万円，常時使用する従業員数15人の飲食業は，小規模企業者の範囲に含まれる。

　　エ　資本金3,000万円，常時使用する従業員数15人の建設業は，小規模企業者の範囲に含まれる。

解答	エ

■解説

中小企業基本法の小規模企業者の定義に関する出題である。まず，以下の表を諳んじられるくらいに覚えることが，得点への近道である。

○小規模企業者の定義

業種	従業員数
製造業その他	20 人以下
商業・サービス業	5 人以下

ア：不適切である。「駐車場業」を小規模企業者の定義（サービス業）に当てはめると，従業員基準を満たしていないため，小規模企業者には該当しない。なお，駐車場業は日本標準産業分類の大分類では不動産業に該当するが，駐車場業を除く不動産業は「製造業その他」に分類される。

イ：不適切である。「無店舗小売業」を小規模企業者の定義（商業）に当てはめると，従業員基準を満たしていないため，小規模企業者には該当しない。

ウ：不適切である。「飲食業」を小規模企業者の定義（商業）に当てはめると，従業員基準を満たしていないため，小規模企業者には該当しない。

エ：適切である。「建設業」を小規模企業者の定義（製造業その他）に当てはめると，従業員基準を満たしており，小規模企業者には該当する。

本問では，駐車場業を「サービス業」，飲食業を「商業」（「商業」は，卸売業，小売業を指す），建設業を「製造業その他」に分類できるかが正解への分かれ道である。具体的な業種名で出題されたとしても，上記表の何の業種に該当するかを見極めなければならない。特に飲食業，建設業は繰り返し本試験で問われている業種であるので，絶対に覚えておくこと。

よって，エが正解である。

中小企業者の範囲	ランク	1回目		2回目		3回目	
	A	／		／		／	

■**令和2年度　第14問（設問1）**

次の文章を読んで，下記の設問に答えよ。

「①中小企業基本法」第三条の基本理念において，小規模企業は「地域の特色を生かした事業活動を行い，就業の機会を提供するなどして地域における経済の安定並びに□□□□に寄与するとともに，創造的な事業活動を行い，新たな産業を創出するなどして将来における我が国の経済及び社会の発展に寄与するという重要な意義を有する」と規定されている。

それを踏まえ，第八条では，②「小規模企業」に対する中小企業施策の方針が具体的に示されている。

（設問1）

文中の下線部①に基づく，「小規模企業者」の範囲に関する記述の正誤の組み合わせとして，最も適切なものを下記の解答群から選べ。

a　常時使用する従業員数が20人のパン製造業（資本金1千万円）は，小規模企業者に該当する。

b　常時使用する従業員数が10人の広告代理業（資本金5百万円）は，小規模企業者に該当する。

c　常時使用する従業員数が8人の野菜卸売業（資本金1百万円）は，小規模企業者に該当する。

〔解答群〕

ア　a：正　　b：正　　c：誤

イ　a：正　　b：誤　　c：誤

ウ　a：誤　　b：正　　c：正

エ　a：誤　　b：誤　　c：正

解答	イ

■解説

　中小企業基本法の小規模企業者の定義に関する出題である。まず，以下の表を諳んじられるくらいに覚えることが，得点への近道である。

○小規模企業者の定義

業種	従業員数
製造業その他	20人以下
商業・サービス業	5人以下

　a：適切である。「パン製造業」を小規模企業者の定義（製造業その他）に当てはめると，従業員基準を満たしており，小規模企業者には該当する。

　b：不適切である。「広告代理業」を小規模企業者の定義（サービス業）に当てはめると，従業員基準を満たしていないため，小規模企業者には該当しない。

　c：不適切である。「野菜卸売業」を小規模企業者の定義（商業）に当てはめると，従業員基準を満たしていないため，小規模企業者には該当しない。

　よって，「a：正，b：誤，c：誤」となり，イが正解である。

中小企業者の範囲	ランク	1回目		2回目		3回目	
	A	／		／		／	

■**令和元年度　第13問（設問1）**

次の文章を読んで，下記の設問に答えよ。

　①中小企業基本法は，中小企業施策について，基本理念・②基本方針等を定めるとともに，国及び地方公共団体の責務等を規定することにより，中小企業施策を総合的に推進し，国民経済の健全な発展及び国民生活の向上を図ることを目的としている。

（設問1）

　文中の下線部①に基づく，中小企業者の範囲に関する記述の正誤の組み合わせとして，最も適切なものを下記の解答群から選べ。

　　a　従業員数120人の教育サービス業（資本金8千万円）は，中小企業に該当する。

　　b　従業員数150人の衣料品卸売業（資本金1億2千万円）は，中小企業に該当する。

　　c　従業員数200人の電子部品製造業（資本金5億円）は，中小企業に該当する。

〔解答群〕

　　ア　a：正　　　b：正　　　c：誤

　　イ　a：正　　　b：誤　　　c：正

　　ウ　a：誤　　　b：正　　　c：誤

　　エ　a：誤　　　b：誤　　　c：正

解答	エ

■解説

　中小企業基本法の中小企業者の定義に関する出題である。まず，以下の表を諳んじられるくらいに覚えることが，得点への近道である。

　○中小企業者の定義

業種	資本金額	従業員数
製造業その他	3億円以下	300人以下
卸売業	1億円以下	100人以下
小売業	5千万円以下	50人以下
サービス業	5千万円以下	100人以下

　※資本金額，従業員数，いずれかの基準が満たされればよい。

　a：不適切である。「教育サービス業」を中小企業者の定義（サービス業）に当てはめると，資本金基準，従業員基準ともに満たしていないので，中小企業には該当しない。

　b：不適切である。「衣料品卸売業」を中小企業者の定義（卸売業）に当てはめると，資本金基準，従業員基準ともに満たしていないため，中小企業には該当しない。

　c：適切である。「電子部品製造業」を中小企業者の定義（製造業その他）に当てはめると，資本金基準は満たしていないが，従業員基準は満たしており，中小企業に該当する。

　よって，「a：誤，b：誤，c：正」となり，エが正解である。

中小企業者の範囲	ランク	1回目		2回目		3回目	
	A	/		/		/	

■平成30年度　第14問（設問1）

次の文章を読んで，下記の設問に答えよ。

　中小企業基本法は，中小企業施策について，基本理念・基本方針等を定めている。同法の基本理念では，中小企業を「多様な事業の分野において特色ある事業活動を行い，多様な就業の機会を提供し，個人がその能力を発揮しつつ事業を行う機会を提供することにより　A　」と位置付けている。

　また，小規模企業は，「　B　事業活動を行い，就業の機会を提供する」など，地域経済の安定・地域住民の生活の向上及び交流の促進に寄与するとともに，「　C　事業活動を行い，新たな産業を創出する」など，将来における我が国経済社会の発展に寄与する，という2つの重要な意義を有するとしている。

（設問1）

　文中の下線部の中小企業基本法に基づく，中小企業者と小規模企業者の範囲に関する記述の正誤の組み合わせとして，最も適切なものを下記の解答群から選べ。

　　a　資本金1億円で従業員数が50人の食品卸売業者は中小企業者の範囲に含まれ，資本金1千万円で従業員数5人の食品卸売業者は小規模企業者の範囲に含まれる。

　　b　資本金5億円で従業員数が200人の食品製造業者は中小企業者の範囲に含まれ，資本金1千万円で従業員数30人の食品製造業者は小規模企業者の範囲に含まれる。

〔解答群〕

　ア　a：正　　b：正

　イ　a：正　　b：誤

　ウ　a：誤　　b：正

　エ　a：誤　　b：誤

解答	イ

■解説

中小企業基本法の中小企業者と小規模企業者の定義に関する出題である。

まず，以下の表を諳んじられるくらいに覚えることが，得点への近道である。

○中小企業者の定義

業種	資本金額	従業員数
製造業その他	3億円以下	300人以下
卸売業	1億円以下	100人以下
小売業	5千万円以下	50人以下
サービス業	5千万円以下	100人以下

※資本金額，従業員数，いずれかの基準が満たされればよい。

○小規模企業者の定義

業種	従業員数
製造業その他	20人以下
商業・サービス業	5人以下

a：適切である。中小企業者の定義（卸売業），小規模企業者の定義（商業）に当てはめると，中小企業者，小規模企業者ともに該当する。なお，中小企業者の判定においては，資本金基準，従業員基準ともに満たす必要はなく，どちらか一方の基準を満たせばよい。また，小規模企業者の判定においては，資本金の記載は本問を解くうえでは全く不要であり，解答の際は惑わされないこと。

b：不適切である。中小企業者の定義（製造業その他），小規模企業者の定義（製造業その他）に当てはめると，中小企業者に該当するが，小規模企業者には該当しない。

よって，「a：正，b：誤」となり，イが正解である。

中小企業者の範囲	ランク	1回目	2回目	3回目
	A	／	／	／

■平成 29 年度　第 13 問

　中小企業基本法に基づく，中小企業の範囲に含まれる企業として，最も適切なものはどれか。

　　ア　従業員数 60 人の飲食店（資本金 6 千万円）

　　イ　従業員数 150 人の飲食料品卸売業（資本金 1 億 5 千万円）

　　ウ　従業員数 200 人の一般貨物自動車運送業（資本金 2 億円）

　　エ　従業員数 500 人の食料品製造業（資本金 5 億円）

解答	ウ

■解説

　中小企業基本法の中小企業者の定義に関する出題である。まず，以下の表を諳んじられるくらいに覚えることが，得点への近道である。

○中小企業者の定義

業種	資本金額	従業員数
製造業その他	3億円以下	300人以下
卸売業	1億円以下	100人以下
小売業	5千万円以下	50人以下
サービス業	5千万円以下	100人以下

※資本金額，従業員数，いずれかの基準が満たされればよい。

ア：不適切である。「飲食店」を中小企業者の定義（小売業）に当てはめると，資本金基準，従業員基準ともに満たしていないので，中小企業には該当しない。

イ：不適切である。「飲食料品卸売業」を中小企業者の定義（卸売業）に当てはめると，資本金基準，従業員基準ともに満たしていないので，中小企業には該当しない。

ウ：適切である。「一般貨物自動車運送業」を中小企業者の定義（製造業その他）に当てはめると，資本金基準，従業員基準ともに満たしており，中小企業に該当する。

エ：不適切である。「食料品製造業」を中小企業者の定義（製造業その他）に当てはめると，資本金基準，従業員基準ともに満たしていないので，中小企業には該当しない。

よって，ウが正解である。

中小企業者の範囲	ランク	1回目		2回目		3回目	
	A	／		／		／	

■平成 28 年度　第 14 問（設問 1）

次の文章を読んで，下記の設問に答えよ。

中小企業基本法は，中小企業施策について，基本理念・基本方針などを定めている。その第三条には基本理念が示され，中小企業を「多様な事業の分野において特色ある事業活動を行い，多様な就業の機会を提供し，個人がその能力を発揮しつつ事業を行う機会を提供することにより我が国の経済の基盤を形成しているもの」と位置付けている。

特に，「多数の中小企業者が　A　経営の向上を図るための事業活動を行うことを通じて，新たな産業を創出し，就業の機会を増大させ，　B　，地域における経済の活性化を促進する等我が国経済の活力の維持及び強化に果たすべき重要な使命を有するもの」としている。

（設問 1）

中小企業基本法に基づく，中小企業者の範囲や小規模企業者の範囲に関する記述として，最も適切なものはどれか。

ア　従業員数 10 人，個人経営のパン製造小売業は，小規模企業者の範囲に含まれる。

イ　従業員数 30 人，株式会社で資本金が 5 百万円の金型製造業は，小規模企業者の範囲に含まれる。

ウ　従業員数 50 人，株式会社で資本金が 5 千万円の農業法人は，中小企業者の範囲に含まれる。

エ　従業員数 100 人，株式会社で資本金が 8 千万円の情報機器小売業は，中小企業者の範囲に含まれる。

解答	ウ

■解説

　中小企業基本法の中小企業者と小規模企業者の定義に関する出題である。まず，以下の表を諳んじられるくらいに覚えることが，得点への近道である。

○中小企業者の定義

業種	資本金額	従業員数
製造業その他	3億円以下	300人以下
卸売業	1億円以下	100人以下
小売業	5千万円以下	50人以下
サービス業	5千万円以下	100人以下

※資本金額，従業員数，いずれかの基準が満たされればよい。

○小規模企業者の定義

業種	従業員数
製造業その他	20人以下
商業・サービス業	5人以下

ア：不適切である。「パン製造小売業」を小規模企業者の定義（商業・サービス業）に当てはめると，従業員基準を満たしていないので，小規模企業者には該当しない。

イ：不適切である。「金型製造業」を小規模企業者の定義（製造業その他）に当てはめると，従業員基準を満たしていないので，小規模企業者には該当しない。

ウ：適切である。「農業」を中小企業者の定義（製造業その他）に当てはめると，資本金基準，従業員基準ともに満たしており，中小企業に該当する。

エ：不適切である。「情報機器小売業」を中小企業者の定義（小売業）に当てはめると，資本金基準，従業員基準ともに満たしていないので，中小企業には該当しない。

　よって，ウが正解である。

中小企業者の範囲	ランク	1回目		2回目		3回目	
	A	／		／		／	

■平成 27 年度　第 13 問

　中小企業基本法の定義に基づく中小企業者に関する記述として，<u>最も不適切なもの</u>はどれか。

　　ア　従業員数 60 人で資本金が 6 千万円の食料品小売業は中小企業に該当し，従業員数 3 人で資本金 100 万円の食料品小売業は小規模企業に該当する。

　　イ　従業員数 80 人で資本金が 2 億円の化粧品卸売業は中小企業に該当し，従業員数 5 人で資本金が 500 万円の化粧品卸売業は小規模企業に該当する。

　　ウ　従業員数 80 人で資本金が 3 千万円の飲食業は中小企業に該当し，従業員数 5 人で資本金 500 万円の飲食業は小規模企業に該当する。

　　エ　従業員数 500 人で資本金が 2 億円の機械器具製造業は中小企業に該当し，従業員数 20 人で資本金が 3 千万円の機械器具製造業は小規模企業に該当する。

解答	ア

■解説

　中小企業基本法の中小企業者と小規模企業者の定義に関する出題である。まず，以下の表を諳んじられるくらいに覚えることが，得点への近道である。

○中小企業者の定義

業種	資本金額	従業員数
製造業その他	3億円以下	300人以下
卸売業	1億円以下	100人以下
小売業	5千万円以下	50人以下
サービス業	5千万円以下	100人以下

※資本金額，従業員数，いずれかの基準が満たされればよい。

○小規模企業者の定義

業種	従業員数
製造業その他	20人以下
商業・サービス業	5人以下

　ア：不適切である。中小企業者の定義（小売業），小規模企業者の定義（商業）に当てはめると，中小企業者には該当しないが，小規模企業者に該当する。

　イ：適切である。中小企業者の定義（卸売業），小規模企業者の定義（商業）に当てはめると，中小企業者，小規模企業者ともに該当する。

　ウ：適切である。「飲食業」を中小企業者の定義（小売業），小規模企業者の定義（商業）に当てはめると，中小企業者，小規模企業者ともに該当する。

　エ：適切である。中小企業者の定義（製造業その他），小規模企業者の定義（製造業その他）に当てはめると，中小企業者，小規模企業者ともに該当する。

　本問では，飲食業を「小売業」に分類できるかが正解への分かれ道である。具体的な業種名で出題されたとしても，上記表の何の業種に該当するかを見極めなければならない。飲食業は繰り返し本試験で問われている業種であるので，絶対に覚えておくこと。

　よって，アが正解である。

中小企業者の範囲	ランク	1回目	2回目	3回目
	A	／	／	／

■平成 26 年度　第 13 問

　中小企業基本法の定義に基づく中小企業者に関する記述の正誤について，最も適切なものの組み合わせを下記の解答群から選べ。

　　a　従業員数 80 人で資本金が 8 千万円の飲食業は，中小企業に該当する。

　　b　従業員数 150 人で資本金が 1 億 5 千万円の食品卸売業は，中小企業に該当する。

　　c　従業員数 200 人で資本金が 2 億円の建設業は，中小企業に該当する。

〔解答群〕

　　ア　a：正　b：正　c：誤

　　イ　a：正　b：誤　c：正

　　ウ　a：誤　b：正　c：誤

　　エ　a：誤　b：誤　c：正

解答	エ

■解説

中小企業基本法の中小企業者の定義に関する出題である。

まず，以下の表を諳んじられるくらいに覚えることが，得点への近道である。

○中小企業者の定義

業種	資本金額	従業員数
製造業その他	3億円以下	300人以下
卸売業	1億円以下	100人以下
小売業	5千万円以下	50人以下
サービス業	5千万円以下	100人以下

※資本金額，従業員数，いずれかの基準が満たされればよい。

a：不適切である。「飲食業」を中小企業者の定義（小売業）に当てはめると，資本金基準，従業員基準ともに満たしていないので，中小企業には該当しない。

b：不適切である。中小企業者の定義（卸売業）に当てはめると，資本金基準，従業員基準ともに満たしていないため，中小企業には該当しない。

c：適切である。「建設業」を中小企業者の定義（製造業その他）に当てはめると，資本金基準，従業員基準ともに満たしており，中小企業に該当する。

本問では，飲食業を「小売業」，建設業を「製造業その他」に分類できるかが正解への分かれ道である。具体的な業種名で出題されたとしても，上記表の何の業種に該当するかを見極めなければならない。飲食業，建設業は繰り返し本試験で問われている業種であるので，絶対に覚えておくこと。

よって，「a：誤，b：誤，c：正」となり，エが正解である。

用語の定義	ランク	1回目	2回目	3回目
	C	／	／	／

■令和5年度　第19問（設問2）

　次の文章を読んで，下記の設問に答えよ。

　中小企業基本法は，中小企業施策について，基本理念・基本方針などを定めるとともに，国及び地方公共団体の責務などを規定することにより，中小企業施策を総合的に推進し，国民経済の健全な発展及び国民生活の向上を図ることを目的としている。

（設問2）

　以下の記述の空欄AとBに入る語句の組み合わせとして，最も適切なものを下記の解答群から選べ。

　この法律において「経営の革新」とは，新商品の開発又は生産，新役務の開発又は提供，商品の新たな生産又は販売の方式の導入，役務の新たな提供の方式の導入，新たな経営管理方法の導入その他の新たな事業活動を行うことにより，　A　ことをいう。

　また，「創造的な事業活動」とは，経営の革新又は創業の対象となる事業活動のうち，　B　又は著しく創造的な経営管理方法を活用したものをいう。

〔解答群〕

　ア　A：新たな価値を創造する

　　　B：著しい新規性を有する技術

　イ　A：新たな価値を創造する

　　　B：創意工夫を凝らして生み出す経営資源

　ウ　A：その経営の相当程度の向上を図る

　　　B：著しい新規性を有する技術

　エ　A：その経営の相当程度の向上を図る

　　　B：創意工夫を凝らして生み出す経営資源

解答	ウ

■解説

　中小企業基本法第2条に規定する用語の定義に関する出題である。中小企業基本法の基本方針（第5条第1号）に「中小企業者の経営の革新及び創業の促進並びに創造的な事業活動の促進を図ること」とあるが，基本方針に使われている用語のうち，「経営の革新」と「創造的な事業活動」の定義が以下のとおり規定されている。

○中小企業基本法第2条第2項

　この法律において「経営の革新」とは，新商品の開発又は生産，新役務の開発又は提供，商品の新たな生産又は販売の方式の導入，役務の新たな提供の方式の導入，新たな経営管理方法の導入その他の新たな事業活動を行うことにより，その経営の相当程度の向上を図ることをいう。

○中小企業基本法第2条第3項

　この法律において「創造的な事業活動」とは，経営の革新又は創業の対象となる事業活動のうち，著しい新規性を有する技術又は著しく創造的な経営管理方法を活用したものをいう。

　参考として，中小企業等経営強化法の「経営革新」は，同法第2条第9項で「事業者が新事業活動を行うことにより，その経営の相当程度の向上を図ることをいう」と規定されている。そして，「新事業活動」を同法第2条第7項で「新商品の開発又は生産，新役務の開発又は提供，商品の新たな生産又は販売の方式の導入，役務の新たな提供の方式の導入，技術に関する研究開発及びその成果の利用その他の新たな事業活動をいう」と規定している。

　中小企業基本法の「経営の革新」では「新たな経営管理方法の導入」，中小企業等経営強化法の「新事業活動」では「技術に関する研究開発及びその成果の利用」という言葉が使われており，内容が微妙に異なっていることに注意すること。

　よって，空欄Aには「その経営の相当程度の向上を図る」，空欄Bには「著しい新規性を有する技術」が入り，ウが正解である。

第2章

主な中小企業支援関連法規

▶▶ 出題項目のポイント

　主な中小企業支援関連法規として,「中小企業等経営強化法」,「農商工等連携促進法」,「地域未来投資促進法」,「中心市街地活性化法」(都市計画法を含む),「地域商店街活性化法」を取り上げた。なぜなら,これらの法律の支援スキームは,ほぼ同じだからである。基本型として,以下を押さえていただきたい。

〈基本スキーム〉
　1　基本方針策定（国）
　2　1に基づく（事業）計画策定（主に事業者が策定。時にNPOなどもある）
　3　計画の申請（申請先は国,都道府県など）
　4　計画の認定・承認（国,都道府県などが認定・承認）
　5　支援措置の活用（※支援機関ごとに審査あり）

　法律によって基本スキームに別ステップが加わることがあるが,この基本スキームを押さえることで理解の手間はかなり削減できるであろう。計画策定という面倒な手間があるように見えるが,裏を返すと計画策定してPDCAを回せるような頑張る企業を応援しようという国の方針（中小企業基本法を思い出していただきたい）の表れと理解するとよいであろう。

▶▶ 出題の傾向と勉強の方向性

　まず最優先は中小企業等経営強化法である。ほぼ毎年出題されており,試験要項でも取り上げられている重要法規である。ここで,法体系を学び,各種支援策の前提となる計画認定・承認の要件を押さえることで,他の法規の勉強とのシナジーが期待できる。そして,法規ごとに何がどう違うのかを押さえることが重要である。

　なお,支援措置の内容であるが,よく見ると同じような支援策（補助金,低利融資,保証枠拡大など）があることが理解できよう。ここは,過去問をベースに押さえて深みにはまらないことが肝要である。

　いずれにせよ,各法規ともに重要項目であり,確実に正解したい分野である。本書で取り上げられた事項は必ず理解し,覚えなければならない。

■取組状況チェックリスト

1. 主な中小企業支援関連法規

中小企業等経営強化法（法体系）

問題番号	ランク	1回目		2回目		3回目	
平成 30 年度　第 16 問（設問 1）	A	/		/		/	
平成 23 年度　第 14 問（設問 2）	A	/		/		/	

中小企業等経営強化法（創業）

問題番号	ランク	1回目		2回目		3回目	
平成 20 年度　第 21 問（設問 2）	C*	/		/		/	

中小企業等経営強化法（経営革新）

問題番号	ランク	1回目		2回目		3回目	
令和 4 年度　第 20 問（設問 1）	A	/		/		/	
令和 4 年度　第 20 問（設問 2）	A	/		/		/	
令和元年度　第 14 問（設問 1）	A	/		/		/	
令和元年度　第 14 問（設問 2）	A	/		/		/	
平成 30 年度　第 16 問（設問 2）	A	/		/		/	
平成 30 年度　第 16 問（設問 3）	A	/		/		/	
平成 28 年度　第 29 問	A	/		/		/	
平成 26 年度　第 27 問	A	/		/		/	

中小企業等経営強化法（経営力向上）

問題番号	ランク	1回目		2回目		3回目	
令和 4 年度　第 24 問	A	/		/		/	
令和 2 年度　第 21 問	A	/		/		/	
令和元年度　第 23 問	A	/		/		/	
平成 29 年度　第 15 問（設問 1）	A	/		/		/	
平成 29 年度　第 15 問（設問 3）	A	/		/		/	

中小企業等経営強化法（事業継続力強化）							
問題番号	ランク	1回目		2回目		3回目	
令和2年度 第15問（設問1）	B	/		/		/	
令和2年度 第15問（設問2）	B	/		/		/	
令和2年度 第15問（設問3）	B	/		/		/	

中小企業等経営強化法（先端設備等導入）							
問題番号	ランク	1回目		2回目		3回目	
令和5年度 第24問（設問1）	C	/		/		/	
令和5年度 第24問（設問2）	C	/		/		/	

中小企業等経営強化法（ものづくり基盤技術）							
問題番号	ランク	1回目		2回目		3回目	
令和3年度 第22問（設問2）	C*	/		/		/	

農商工等連携促進法							
問題番号	ランク	1回目		2回目		3回目	
平成28年度 第20問（設問1）	B	/		/		/	
平成28年度 第20問（設問2）	B	/		/		/	

地域未来投資促進法							
問題番号	ランク	1回目		2回目		3回目	
令和元年度 第24問（設問1）	B	/		/		/	
令和元年度 第24問（設問2）	B	/		/		/	

中心市街地活性化法							
問題番号	ランク	1回目		2回目		3回目	
平成24年度 第26問	C*	/		/		/	

地域商店街活性化法							
問題番号	ランク	1回目		2回目		3回目	
平成22年度 第22問（設問1）	C*	/		/		/	
平成22年度 第22問（設問2）	C*	/		/		/	

＊印の問題と解説は，「過去問完全マスター」のHP（URL：https://jissen-c.jp/）よりダウンロードできます。

中小企業等経営 強化法（法体系）	ランク	1回目	2回目	3回目
	A	／	／	／

■平成 30 年度　第 16 問（設問 1）

次の文章を読んで，下記の設問に答えよ。

　平成 28 年 7 月に，「中小企業の新たな事業活動の促進に関する法律（中小企業新事業活動促進法）」を改正する　A　が施行された。

　「中小企業新事業活動促進法」は，中小企業の新たな事業活動の促進を柱とした法律であるが，　A　は「新たな事業活動」に加えて，これまで支援対象となっていなかった「　B　」を支援し，中小企業の生産性向上を図るために，様々な支援を規定している。

　A　では，「経営革新」を「事業者が新事業活動を行うことにより，その"経営の相当程度の向上"を図ること」と定義している。ここで，"経営の相当程度の向上"とは，(1)「付加価値額」または「一人当たりの付加価値額」の伸び率，(2)「　C　」の伸び率の 2 つの指標が，　D　で，相当程度向上することをいう。

（設問 1）

文中の空欄 A と B に入る語句の組み合わせとして，最も適切なものはどれか。

　　ア　A：中小企業経営革新法　　　　B：新連携

　　イ　A：中小企業経営革新法　　　　B：本業の成長

　　ウ　A：中小企業等経営強化法　　　B：新連携

　　エ　A：中小企業等経営強化法　　　B：本業の成長

解答	エ

■解説

中小企業等経営強化法の法体系に関する出題である。

中小企業等経営強化法（空欄Aに該当）は，中小企業新事業活動促進法の改正法である。その旧中小企業新事業活動促進法は，もともとは，中小企業経営革新支援法，中小企業の創造的事業活動の促進に関する臨時措置法，新事業創出促進法の三法を統合してできた法律である。そのため，中小企業等経営強化法では，さまざまな支援策がパッケージ化されている。

具体的には，中小企業等経営強化法では，主に次の取組を支援するとしている。

1　創業
2　経営革新
3　経営力向上
4　事業継続力強化
5　先端設備等導入

旧中小企業新事業活動促進法では，上記1〜2までを支援するとしており，旧法の名称にもあるとおり，「新たな事業活動」を支援対象としていた。しかし，中小企業の生産性は低いままで，大企業との格差も拡大傾向にあった。そのため，各中小企業が稼ぐ中心となっている本業の成長（空欄Bに該当）を図ることで，中小企業の生産性を高めることを目標として，上記3の「経営力向上」の支援が2016年（平成28年）7月の改正法によって新設された。本業の成長を図る「経営力向上」の支援が新設されたことにより，必ずしも「新たな事業活動」のみを支援するわけではなくなったことから，法律の名称も「中小企業等経営強化法」と改題された。

なお，2019年（令和元年）7月16日に施行された改正法（通称：中小企業強靭化法）によって事業継続力強化計画の認定制度が新設された。そして，2020年（令和2年）10月1日に施行された改正法（通称：中小企業成長促進法）により新連携等が廃止され，新連携計画（異分野連携新事業分野開拓計画）と中小ものづくり高度化法の特定研究開発等計画は，経営革新計画に統合された。

よって，空欄Aには「中小企業等経営強化法」，空欄Bには「本業の成長」が入り，エが正解である。

中小企業等経営強化法（法体系）	ランク	1回目		2回目		3回目	
	A	/		/		/	

■平成 23 年度　第 14 問（設問 2）改題

次の文章を読んで，下記の設問に答えよ。

　中小企業等経営強化法は，中小企業等の経営強化を図る法律であり，中小企業基本法が掲げる理念を具体化するための作用法であるという位置づけを有している。

　中小企業等経営強化法における「新事業活動」とは，(1)新商品の開発又は生産，(2)　A　の開発又は提供，(3)商品の新たな生産又は　B　の方式の導入，(4)役務の新たな提供の方式の導入，(5)技術に関する研究開発及びその成果の利用その他の新たな事業活動をいう。

（設問 2）

　文中の空欄 A と B に入る最も適切なものの組み合わせはどれか。

　　ア　A：新役務　　B：販売

　　イ　A：新役務　　B：流通

　　ウ　A：新技術　　B：販売

　　エ　A：新技術　　B：流通

解答	ア

■解説

　中小企業等経営強化法は，中小企業等の経営強化を支援するための法律である。新事業活動についての理解を促進するため，平成23年度の出題であるが，特別に掲載した。

　中小企業基本法の基本方針に「中小企業者の経営の革新及び創業の促進並びに創造的な事業活動の促進を図ること」とあったことを思い出していただきたいが，この基本方針を施策という形で具体化した代表施策がこの中小企業等経営強化法である。

　中小企業等経営強化法第2条第7項で，「新事業活動」は次の5つに分類されている。

1　新商品の開発又は生産
2　<u>新役務</u>の開発又は提供
3　商品の新たな生産又は<u>販売</u>の方式の導入
4　役務の新たな提供の方式の導入
5　技術に関する研究開発及びその成果の利用その他の新たな事業活動

　新事業活動は，自社にとって新たな事業活動であれば，他社で採用されている技術・方式等も原則として対象となる。ただし，業種ごとに同業の中小企業等（地域性の高いものについては同一地域における同業他社）における当該技術・方式等の導入状況を判断し，それぞれについて既に相当程度普及している技術・方式等の導入については対象外となる。

　中小企業が環境変化に対応するためには，新しい事業活動を常に実行していく必要がある。そして，「新事業活動」を5つに分類し，低利融資や信用保証の別枠化などの支援策を用意して，これらの取組を支援しているのである。

　よって，空欄Aには「新役務」，空欄Bには「販売」が入り，アが正解である。

中小企業等経営 強化法（経営革新）	ランク	1回目	2回目	3回目
	A	／	／	／

■令和 4 年度　第 20 問（設問 1）

次の文章を読んで，下記の設問に答えよ。

「経営革新支援事業」は，経営の向上を図るために新たな事業活動を行う経営革新
計画の承認を受けると，日本政策金融公庫の特別貸付制度や信用保証の特例など多様
な支援を受けることができるものである。

対象となるのは，事業内容や<u>経営目標</u>を盛り込んだ計画を作成し，新たな事業活動
を行う特定事業者である。

（設問 1）

文中の下線部の経営目標に関する以下の記述の空欄 A と B に入る語句の組み合わ
せとして，最も適切なものを下記の解答群から選べ。

　　　A　　の事業期間において付加価値額または従業員一人当たりの付加価値額が年
率 3％以上伸び，かつ　　B　　が年率 1.5％以上伸びる計画となっていること。

〔解答群〕

　ア　A：1 から 3 年　　　B：売上高

　イ　A：1 から 3 年　　　B：給与支給総額

　ウ　A：3 から 5 年　　　B：売上高

　エ　A：3 から 5 年　　　B：給与支給総額

解答	エ

■解説

中小企業等経営強化法の経営革新に関する出題である。

本問では経営革新計画の承認要件について問われているが，過去に繰り返し出題されている事項であるので，確実に押さえておく必要がある。

まず，大前提として，以下の経営革新計画の承認基準を覚えること。

〈経営革新計画　承認基準〉

事業期間終了時	「付加価値額」または「1人当たりの付加価値額」の伸び率（年率平均3%以上）	「給与支給総額」の伸び率（年率平均1.5%以上）
3年計画の場合	9%以上	4.5%以上
4年計画の場合	12%以上	6%以上
5年計画の場合	15%以上	7.5%以上

※1　上記はすべて事業期間終了時における経営指標の目標伸び率である。
※2　両方の指標を満たさなければならない。

なお，上記の表を覚えるテクニックとして，以下のように考えるとよい。

1　経営革新計画の計画年数（3年，4年，5年）を覚える。
2　付加価値額は，計画年数のそれぞれの数字を3倍した数字と覚える。（例：3年計画であれば，3年×3＝9となり，9%以上という基準と一致する。）
3　給与支給総額は付加価値額の半分と覚える。

よって，空欄Aには「3から5年」，空欄Bには「給与支給総額」が入り，エが正解である。

中小企業等経営強化法（経営革新）	ランク	1回目		2回目		3回目	
	A	/		/		/	

■令和4年度　第20問（設問2）

次の文章を読んで，下記の設問に答えよ。

「経営革新支援事業」は，経営の向上を図るために新たな事業活動を行う経営革新計画の承認を受けると，日本政策金融公庫の特別貸付制度や信用保証の特例など多様な支援を受けることができるものである。

対象となるのは，事業内容や<u>経営目標</u>を盛り込んだ計画を作成し，新たな事業活動を行う特定事業者である。

（設問2）

文中の下線部の経営目標で利用される「付加価値額」として，最も適切なものはどれか。

　　ア　営業利益

　　イ　営業利益　＋　人件費

　　ウ　営業利益　＋　人件費　＋　減価償却費

　　エ　営業利益　＋　人件費　＋　減価償却費　＋　支払利息等

　　オ　営業利益　＋　人件費　＋　減価償却費　＋　支払利息等　＋　租税公課

解答	ウ

■解説

　中小企業等経営強化法の経営革新に関する出題である。

　本問では経営革新計画の承認要件の１つである付加価値額の定義について問われている。具体的に付加価値額を計算させるのは本試験で初めてであるが，基本を押さえていれば難しくない。付加価値額の定義は，過去に繰り返し出題されている事項であり，ものづくり補助金等の要件にも関わるので，確実に押さえておく必要がある。

　付加価値額の定義は，以下のとおりである。

●付加価値額＝<u>営業利益＋人件費＋減価償却費</u>

　また，関連学習として，給与支給総額の定義も押さえておきたい（細かな部分は覚えるのに負担がかかるので，大まかに「<u>給与所得</u>」と押さえればよい）。

●給与支給総額＝役員・従業員に支払う給料，賃金，賞与，給与所得とされる手当
　　（残業手当，休日出勤手当，家族（扶養）手当，住宅手当等）の合計。
　　　※給与所得とされない手当（退職手当等），福利厚生費は含まない。

　なお，経常利益の基準は，2020年（令和２年）10月１日に施行された改正法（通称：中小企業成長促進法）により廃止され，代わりに給与支給総額の基準が加わった。

　よって，ウが正解である。

中小企業等経営 強化法（経営革新）	ランク	1回目		2回目		3回目	
	A	／		／		／	

■令和元年度　第 14 問（設問 1）

　経営革新支援事業は，中小企業者が，経営の向上を図るために経営革新計画の承認を受けると，<u>多様な支援</u>を受けることができるものである。

　経営革新支援事業に関する下記の設問に答えよ。

（設問 1）

　経営革新支援事業に該当する中小企業者の取り組みとして，最も適切なものはどれか。

　　ア　役務の新たな提供方式の導入に関する取り組み

　　イ　自社の既存商品の改良に関する取り組み

　　ウ　従業員の技能・技術の向上に資する取り組み

　　エ　労働条件改善・向上のための取り組み

解答	ア

■解説

　中小企業等経営強化法に関する出題である。本問で問われている「経営革新支援事業に該当する中小企業者の取り組み」とは，中小企業等経営強化法第2条第7項に定める「新事業活動」のことである。

　同法で，「新事業活動」は次の5つに分類されている。

〈新事業活動の定義〉

1　新商品の開発又は生産

2　新役務の開発又は提供

3　商品の新たな生産又は販売の方式の導入

4　役務の新たな提供の方式の導入

5　技術に関する研究開発及びその成果の利用その他の新たな事業活動

　ただし，業種ごとに同業の中小企業（地域性の高いものについては同一地域における同業他社）における当該技術・方式等の導入状況を判断し，それぞれについて既に相当程度普及している技術・方式等の導入については対象外となる。

　経営革新計画の承認基準として，①事業内容が新事業活動であること，②計画の目標が，付加価値額または従業員1人当たりの付加価値額が年率3%以上伸び，かつ給与支給総額が年率1.5%以上伸びる計画（3〜5年間の事業期間に限る）となっていること，の2つが求められている。

　　ア：適切である。上記4の取組である。

　　イ：不適切である。既存商品の改良は既存事業の範囲に止まるものであり，新事業活動ではない。自社にとって「新たな事業」であることが求められる。

　　ウ：不適切である。この取組は新事業活動の定義に当てはまらない。そもそも新規事業，既存事業にかかわらず企業が当然実施すべき取組である。

　　エ：不適切である。この取組は新事業活動の定義に当てはまらない。そもそも新規事業，既存事業にかかわらず企業が当然実施すべき取組である。

　よって，アが正解である。

中小企業等経営 強化法（経営革新）	ランク	1回目		2回目		3回目	
	A	╱		╱		╱	

■令和元年度　第 14 問（設問 2）

　経営革新支援事業は，中小企業者が，経営の向上を図るために経営革新計画の承認を受けると，多様な支援を受けることができるものである。

　経営革新支援事業に関する下記の設問に答えよ。

（設問 2）

　文中の下線部に関する具体的な支援内容として，最も不適切なものはどれか。

　　ア　経営革新に取り組む人材への補助金

　　イ　信用保証の特例

　　ウ　政府系金融機関の特別利率による融資制度

　　エ　販路開拓コーディネート事業

解答	ア

■解説

　中小企業等経営強化法の経営革新の支援措置（経営革新支援事業）の内容に関する出題である。経営革新計画の承認を受けると，以下のような支援策が受けられる。ただし，別途，利用を希望する支援策の実施機関による審査が必要となる。

〈経営革新計画の承認を受けた場合の支援措置〉
　(1)　政府系金融機関の特別利率による融資制度等（海外展開に伴う資金調達支援を含む）
　(2)　信用保証の特例
　(3)　中小企業投資育成株式会社法の特例
　(4)　販路開拓コーディネート事業

ア：不適切である。そもそも国として補助事業（補助金）は実施していない（都道府県単独の事業として補助事業を実施している都道府県もあるが，問われているのは国の事業である「経営革新支援事業」であるので，不適切な選択肢となる）。
イ：適切である。信用保証協会から債務保証を受ける場合に，保証限度額が別枠化される特例がある。
ウ：適切である。日本政策金融公庫が基準利率より低い利率で融資を行う。
エ：適切である。中小企業者の，マーケティング企画からテストマーケティング活動，売上拡大のためのフォローアップまでを支援する事業であり，中小企業基盤整備機構が実施している。商社・メーカー等出身の販路開拓の専門家が，想定市場（首都圏・近畿圏）の企業に同行訪問するなどして，市場へのアプローチ等を支援する。経営革新計画の承認を受けた中小企業者等や首都圏・近畿圏を市場とする優れた新商品・新サービスの販路開拓を目指す中小企業者等が支援対象となる。

　よって，アが正解である。

中小企業等経営 強化法（経営革新）	ランク	1回目	2回目	3回目
	A	/	/	/

■平成 30 年度　第 16 問（設問 2）

次の文章を読んで，下記の設問に答えよ。

平成 28 年 7 月に，「中小企業の新たな事業活動の促進に関する法律（中小企業新事業活動促進法）」を改正する ☐ A ☐ が施行された。

「中小企業新事業活動促進法」は，中小企業の新たな事業活動の促進を柱とした法律であるが， ☐ A ☐ は「新たな事業活動」に加えて，これまで支援対象となっていなかった「 ☐ B ☐ 」を支援し，中小企業の生産性向上を図るために，様々な支援を規定している。

☐ A ☐ では，「経営革新」を「事業者が新事業活動を行うことにより，その"経営の相当程度の向上"を図ること」と定義している。ここで，"経営の相当程度の向上"とは，(1)「付加価値額」または「一人当たりの付加価値額」の伸び率，(2)「 ☐ C ☐ 」の伸び率の 2 つの指標が， ☐ D ☐ で，相当程度向上することをいう。

（設問 2）

文中の下線部「経営革新」に関する記述として，最も不適切なものはどれか。

ア　具体的な数値目標を含んだ経営革新計画の作成が要件となる。

イ　支援対象には，業種による制約条件がある。

ウ　都道府県等が，承認企業に対して進捗状況の調査を行う。

エ　任意グループや組合等の柔軟な連携体制での経営革新計画の実施が可能である。

解答	イ

■解説

　中小企業等経営強化法の経営革新に関する出題である。本問では経営革新支援事業のスキームについて問われている。基本事項であるので，確実に押さえておく必要がある。

　　ア：適切である。付加価値額または従業員 1 人当たりの付加価値額が年率平均 3 ％以上伸び，かつ，給与支給総額が年率平均 1.5 ％以上伸びることが承認要件となっている。

　　イ：不適切である。「経営革新」に業種による制約条件はない。

　　ウ：適切である。計画の進捗状況や政策効果を検証するために，フォローアップ調査（計画実施中，計画終了後等）が適宜実施される。

　　エ：適切である。組合および任意グループも経営革新計画の申請をすることができ，承認されれば支援対象となる。なお，任意グループは「異分野」である必要はない。

　なお，2021 年（令和 3 年）8 月 2 日に中小企業等経営強化法の改正法が施行され，経営革新計画の支援対象が「特定事業者」に改正された。特定事業者とは以下をいう。

〈特定事業者の定義〉

業種	従業員
製造業その他	500 人以下
卸売業	400 人以下
小売業	300 人以下
サービス業	

※サービス業のうち，ソフトウェア業，情報処理サービス業，旅館業は従業員数 500 人以下。

　この改正は，中小企業から中堅企業への成長途上にある企業群に支援施策の対象を拡大することで，規模拡大を通じた労働生産性の向上を促進し，中堅企業に成長させて海外で競争できる企業を増やすことを意図している。特定事業者の定義はぜひ押さえておきたい。

　よって，イが正解である。

中小企業等経営 強化法（経営革新）	ランク	1回目	2回目	3回目
	A	／	／	／

■平成 30 年度　第 16 問（設問 3）　改題

次の文章を読んで，下記の設問に答えよ。

平成 28 年 7 月に，「中小企業の新たな事業活動の促進に関する法律（中小企業新事業活動促進法）」を改正する　A　が施行された。

「中小企業新事業活動促進法」は，中小企業の新たな事業活動の促進を柱とした法律であるが，　A　は「新たな事業活動」に加えて，これまで支援対象となっていなかった「　B　」を支援し，中小企業の生産性向上を図るために，様々な支援を規定している。

　A　では，「経営革新」を「事業者が新事業活動を行うことにより，その“経営の相当程度の向上”を図ること」と定義している。ここで，“経営の相当程度の向上”とは，(1)「付加価値額」または「一人当たりの付加価値額」の伸び率，(2)「　C　」の伸び率の 2 つの指標が，　D　で，相当程度向上することをいう。

（設問 3）

文中の空欄 C と D に入る語句の組み合わせとして，最も適切なものはどれか。

ア　C：営業利益　　　　D：1 年～3 年

イ　C：営業利益　　　　D：3 年～5 年

ウ　C：給与支給総額　　D：1 年～3 年

エ　C：給与支給総額　　D：3 年～5 年

解答	エ

■解説

中小企業等経営強化法の経営革新に関する出題である。

本問では経営革新計画の承認要件について問われているが，過去に繰り返し出題されている事項であるので，確実に押さえておく必要がある。

まず，大前提として，以下の経営革新計画の承認基準を覚えること。

〈経営革新計画　承認基準〉

事業期間終了時	「付加価値額」または「1人当たりの付加価値額」の伸び率（年率平均3%以上）	「給与支給総額」の伸び率（年率平均1.5%以上）
3年計画の場合	9%以上	4.5%以上
4年計画の場合	12%以上	6%以上
5年計画の場合	15%以上	7.5%以上

※1　上記はすべて事業期間終了時における経営指標の目標伸び率である。
※2　両方の指標を満たさなければならない。

なお，上記の表を覚えるテクニックとして，以下のように考えるとよい。

1　経営革新計画の計画年数（3年，4年，5年）を覚える。
2　付加価値額は，計画年数のそれぞれの数字を3倍した数字と覚える。（例：3年計画であれば，3年×3＝9となり，9%以上という基準と一致する。）
3　給与支給総額は付加価値額の半分と覚える。

よって，空欄Cには「給与支給総額」，空欄Dには「3年〜5年」が入り，エが正解である。

中小企業等経営強化法（経営革新）	ランク	1回目		2回目		3回目	
	A	/		/		/	

■平成28年度　第29問

　新たな事業活動を行うことで経営の向上を図りたいと考える中小製造業のX社は，経営革新支援事業に関する支援を受けるため，経営革新計画を作成した。3年後の損益に関わる経営計画は下表のとおりである。この場合，経営革新計画の数値目標となる「付加価値額」として，最も適切なものを下記の解答群から選べ（単位：百万円）。

（単位：百万円）

売上高	1,000
売上原価	850
売上総利益	150
販売費及び一般管理費	100
営業利益	50
営業外収益	5
営業外費用	15
経常利益	40
特別利益	2
特別損失	17
税引前当期純利益	25
法人税等	10
当期純利益	15
（参考）人件費	50
（参考）減価償却費	10

〔解答群〕

ア　75

イ　90

ウ　100

エ　110

オ　150

解答	エ

■解説

　中小企業等経営強化法の経営革新に関する出題である。本問では経営革新計画の承認要件の1つである付加価値額の定義について問われている。計算問題も過去に出題されており，確実に押さえておく必要がある。

　付加価値額の定義は，以下のとおりである。
- 付加価値額＝営業利益＋人件費＋減価償却費

　また，関連学習として，給与支給総額の定義も押さえておきたい。
- 給与支給総額＝役員・従業員に支払う給料，賃金，賞与，給与所得とされる手当（残業手当，休日出勤手当，家族（扶養）手当，住宅手当等）の合計。
  ※給与所得とされない手当（退職手当等），福利厚生費は含まない。

　なお，経常利益の基準は，2020年（令和2年）10月1日に施行された改正法（通称：中小企業成長促進法）により廃止され，代わりに給与支給総額の基準が加わった。

　本問では，付加価値額の構成要素である，営業利益，人件費，減価償却費を表から確実にピックアップする必要がある。ピックアップすると，表の上から順に，営業利益（50），人件費（50），減価償却費（10）となる。合計すると，50＋50＋10＝110となる。

　よって，エが正解である。

中小企業等経営 強化法（経営革新）	ランク	1回目		2回目		3回目	
	A	／		／		／	

■平成 26 年度　第 27 問　改題

次の文章の空欄に入る語句として，最も適切なものを下記の解答群から選べ。

中小企業等経営強化法では「経営革新」を，「事業者が新事業活動を行うことにより，その経営の相当程度の向上を図ること」と定義している。

この法律に基づいて，中小企業者が「経営革新計画」の承認を受けると，低利の融資制度や信用保証の特例など多様な支援を受けることができる。

経営革新計画として承認されるためには，事業期間（3 年間～5 年間）終了時における経営指標の「伸び率」が要件のひとつとなる。経営革新計画の目標として採用される複数の経営指標のうち，[　　　]の目標伸び率は，5 年計画であれば，7.5％以上である。

〔解答群〕

　ア　給与支給総額

　イ　経常利益

　ウ　従業員 1 人当たり付加価値額

　エ　付加価値額

解答	ア

■解説

中小企業等経営強化法の経営革新に関する出題である。

本問では経営革新計画の承認要件について問われているが，過去に繰り返し出題されている事項であるので，確実に押さえておく必要がある。

まず，大前提として，以下の経営革新計画の承認基準を覚えること。

〈経営革新計画　承認基準〉

事業期間終了時	「付加価値額」または「1人当たりの付加価値額」の伸び率（年率平均3%以上）	「給与支給総額」の伸び率（年率平均1.5%以上）
3年計画の場合	9%以上	4.5%以上
4年計画の場合	12%以上	6%以上
5年計画の場合	15%以上	7.5%以上

※1　上記はすべて事業期間終了時における経営指標の目標伸び率である。
※2　両方の指標を満たさなければならない。

上記の表を覚えておけば確実に正解できる。上記の表を見ると，5年間の計画とした場合の計画終了時の給与支給総額（空欄に該当）の伸び率は7.5%以上が求められている。

なお，上記の表を覚えるテクニックとして，以下のように考えるとよい。

1　経営革新計画の計画年数（3年，4年，5年）を覚える。
2　付加価値額は，計画年数のそれぞれの数字を3倍した数字と覚える。（例：3年計画であれば，3年×3＝9となり，9%以上という基準と一致する。）
3　給与支給総額は付加価値額の半分と覚える。

よって，空欄には「給与支給総額」が入り，アが正解である。

中小企業等経営強化法（経営力向上）	ランク	1回目		2回目		3回目	
	A	／		／		／	

■令和4年度　第24問

　中小企業・小規模事業者等による経営力向上に係る取り組みを支援するため，平成28年7月に「中小企業等経営強化法」が施行された。

　この法律に関する記述として，最も適切なものはどれか。

　　ア　生産性向上策を企業規模別に「経営力向上計画」として策定している。

　　イ　生産性向上策を業種ごとに「事業分野別指針」として策定している。

　　ウ　販路開拓の方向性を企業規模別に「経営力向上計画」として策定している。

　　エ　販路開拓の方向性を業種ごとに「事業分野別指針」として策定している。

<table>
<tr><td>解答</td><td>イ</td></tr>
</table>

■解説

　中小企業等経営強化法の経営力向上の基本スキームに関する出題である。以下，基本スキームは必ず押さえること。

〈基本スキーム〉

1　基本方針の策定（国）

2　事業分野別指針の策定（国）

3　上記1，2に基づく「経営力向上計画」を策定（特定事業者等が策定）

　　※「特定事業者等」とは，<u>従業員数2,000人以下の会社</u>，個人事業主，医業・歯科医業を主たる事業とする法人（医療法人等），社会福祉法人，特定非営利活動法人（NPO法人），組合等（事業協同組合，企業組合，協業組合等）をいう。2021年（令和3年）8月2日に中小企業等経営強化法の改正法が施行され，経営力向上計画の支援対象が「特定事業者等」に改正された。

4　計画の申請（国へ申請）

5　計画の認定（国）

6　支援措置の活用（※支援機関ごとに審査あり）

　ア：不適切である。中小企業等経営強化法では，<u>生産性向上策</u>（営業活動，財務，人材育成，IT投資等）を<u>業種ごと</u>に「事業分野別指針」として策定している。基本スキームの上記2を参照。

　イ：適切である。選択肢アの解説を参照。

　ウ：不適切である。選択肢アの解説を参照。

　エ：不適切である。選択肢アの解説を参照。

よって，イが正解である。

中小企業等経営強化法（経営力向上）	ランク	1回目		2回目		3回目	
	A	／		／		／	

■令和2年度　第21問　改題

次の文中の下線部に関する記述として，最も適切なものを下記の解答群から選べ。

「中小企業等経営強化法」は，自社の生産性向上など特定事業者等による経営力向上に係る取り組みを支援する法律である。この法律の<u>認定事業者</u>は，税制や金融支援等の措置を受けることができる。

〔解答群〕

ア　事業者は事業分野別指針に沿って，「経営力向上計画」を作成し，国の認定を受ける。

イ　事業者は事業分野別指針に沿って，「生産性向上計画」を作成し，国の認定を受ける。

ウ　事業者は中小サービス事業者の生産性向上のためのガイドラインに沿って，「経営力向上計画」を作成し，国の認定を受ける。

エ　事業者は中小サービス事業者の生産性向上のためのガイドラインに沿って，「生産性向上計画」を作成し，国の認定を受ける。

解答	ア

■解説

中小企業等経営強化法の経営力向上の基本スキームに関する出題である。以下，基本スキームは必ず押さえること。

〈基本スキーム〉

1　基本方針の策定（国）

2　事業分野別指針の策定（国）

3　上記1，2に基づく「経営力向上計画」を策定（特定事業者等が策定）
　　※「特定事業者等」とは，従業員数2,000人以下の会社，個人事業主，医業・歯科医業を主たる事業とする法人（医療法人等），社会福祉法人，特定非営利活動法人（NPO法人），組合等（事業協同組合，企業組合，協業組合等）をいう。2021年（令和3年）8月2日に中小企業等経営強化法の改正法が施行され，経営力向上計画の支援対象が「特定事業者等」に改正された。

4　計画の申請（国へ申請）

5　計画の認定（国）

6　支援措置の活用（※支援機関ごとに審査あり）

ア：適切である。なお，事業分野別指針は，生産性向上策（営業活動，財務，人材育成，IT投資等）を業種ごとに作成したものである。

イ：不適切である。受験対策上，「生産性向上計画」は存在しないと考えてよい。なお，「中小企業等経営強化法」に基づき，中小企業者が一定期間内に労働生産性を一定程度向上させるため，先端設備等を導入する計画（「先端設備等導入計画」という）は存在する。なお，「生産性向上特別措置法」が廃止され，2021年（令和3年）6月16日に中小企業等経営強化法に移管・恒久化された。

ウ：不適切である。事業分野別指針に沿って「経営力向上計画」を作成する。なお，「中小サービス事業者の生産性向上のためのガイドライン」とは，サービス業の労働生産性向上のための方策を示したもので，2015年（平成27年1月）に経済産業省が制定した。

エ：不適切である。選択肢イ・ウの解説を参照。

よって，アが正解である。

中小企業等経営 強化法（経営力向上）	ランク	1回目		2回目		3回目	
	A	／		／		／	

■令和元年度　第 23 問　改題

次の文中の空欄 A と B に入る語句の組み合わせとして，最も適切なものを下記の解答群から選べ。

中小企業等の生産性を高めるための政策的な枠組みである「　A　」が平成 28 年7 月に施行された。この法律では，生産性向上策（営業活動，財務，人材育成，IT投資等）を業種ごとに「　B　」として策定している。製造業の他，卸・小売，外食・中食，旅館業，医療，介護，建設等で策定済みである。

支援措置として，金融支援，中小企業経営強化税制（即時償却等），事業承継等に係る登録免許税・不動産取得税の特例，業法上の許認可の承継の特例等の法的支援，補助金との連動を行っている。

〔解答群〕

ア　A：産業競争力強化法　　　B：産業振興指針

イ　A：産業競争力強化法　　　B：事業分野別指針

ウ　A：中小企業等経営強化法　B：産業振興指針

エ　A：中小企業等経営強化法　B：事業分野別指針

解答	エ

■解説

　中小企業等経営強化法（空欄Aに該当）の経営力向上に関する出題である。2016年（平成28年）7月1日に同法が施行された際に新設された経営力向上支援のスキームについて問われている。

〈基本スキーム〉

1　基本方針の策定（国）

2　事業分野別指針の策定（国）……空欄Bに該当

3　上記1，2に基づく「経営力向上計画」を策定（特定事業者等が策定）

　　※「特定事業者等」とは，従業員数2,000人以下の会社，個人事業主，医業・歯科医業を主たる事業とする法人（医療法人等），社会福祉法人，特定非営利活動法人（NPO法人），組合等（事業協同組合，企業組合，協業組合等）をいう。2021年（令和3年）8月2日に中小企業等経営強化法の改正法が施行され，経営力向上計画の支援対象が「特定事業者等」に改正された。

4　計画の申請（国へ申請）

5　計画の認定（国）

6　支援措置の活用（※支援機関ごとに審査あり）

　よって，空欄Aには「中小企業等経営強化法」，空欄Bには「事業分野別指針」が入り，エが正解である。

中小企業等経営 強化法（経営力向上）	ランク	1回目		2回目		3回目	
	A	／		／		／	

■平成 29 年度　第 15 問（設問 1）　改題

次の文章を読んで，下記の設問に答えよ。

平成 28 年 7 月に中小企業等経営強化法が施行された。この法律では，主務大臣が事業分野ごとに生産性向上の方法などを示した指針を策定する。

特定事業者等が，この法律に基づき　A　を申請し，認定されることによって，各種金融支援を受けることができる。なお，　A　の申請時に提出する指標としては，原則として　B　が基本となる。

（設問 1）

文中の空欄 A に入る語句として，最も適切なものはどれか。

　ア　経営革新計画

　イ　経営力向上計画

　ウ　事業継続計画

　エ　事業承継計画

解答	イ

■解説

　中小企業等経営強化法の経営力向上に関する出題である。平成28年7月1日に同法が施行された際に新設された経営力向上支援のスキームについて問われている。

〈基本スキーム〉

1　基本方針の策定（国）
2　事業分野別指針の策定（国）
3　上記1，2に基づく「経営力向上計画」を策定（特定事業者等が策定）
　　※「特定事業者等」とは，従業員数2,000人以下の会社，個人事業主，医業・歯科医業を主たる事業とする法人（医療法人等），社会福祉法人，特定非営利活動法人（NPO法人），組合等（事業協同組合，企業組合，協業組合等）をいう。2021年（令和3年）8月2日に中小企業等経営強化法の改正法が施行され，経営力向上計画の支援対象が「特定事業者等」に改正された。
4　計画の申請（国へ申請）
5　計画の認定（国）
6　支援措置の活用（※支援機関ごとに審査あり）

　特定事業者等は，自社の生産性を向上させるための人材育成や財務管理，設備投資などの取組を経営力向上計画に記載して国に申請し，認定を受けたら支援措置の活用が可能となる。「この法律では，主務大臣が事業分野ごとに生産性向上の方法などを示した指針を策定する。」という本文の記載から，経営力向上計画に関することが問われていることを理解しなければならない。

　　ア：不適切である。経営革新計画では，国が事業分野ごとに指針を策定することはない。
　　イ：適切である。
　　ウ：不適切である。中小企業等経営強化法にこのような計画策定の制度はない。
　　エ：不適切である。中小企業等経営強化法にこのような計画策定の制度はない。

　よって，空欄Aには「経営力向上計画」が入り，イが正解である。

中小企業等経営強化法（経営力向上）	ランク	1回目	2回目	3回目
	A	╱	╱	╱

■平成 29 年度　第 15 問（設問 3）　改題

次の文章を読んで，下記の設問に答えよ。

平成 28 年 7 月に中小企業等経営強化法が施行された。この法律では，主務大臣が事業分野ごとに生産性向上の方法などを示した指針を策定する。

特定事業者等が，この法律に基づき　A　を申請し，認定されることによって，各種金融支援を受けることができる。なお，　A　の申請時に提出する指標としては，原則として　B　が基本となる。

（設問 3）

文中の空欄 B に入る語句として，最も適切なものはどれか。

ア　営業利益

イ　経常利益

ウ　付加価値額

エ　労働生産性

解答	エ

■解説

中小企業等経営強化法の経営力向上計画の認定要件に関する出題である。

認定要件は，事業分野別指針でそれぞれ定められているが，経営力向上の程度を示す主な指標として労働生産性がある。

$$労働生産性 = \frac{付加価値額（営業利益＋人件費＋減価償却費）}{労働投入量（従業者数または従業者数×1人当たり年間就業時間）}$$

分子の「付加価値額」は，経営革新計画の付加価値額と同じ定義である。なお，事業分野別指針では他にも指標があるが，受験レベルであれば労働生産性を押さえておけばよい。

なお，労働生産性を指標とした場合の認定基準は以下のとおりである。

〈経営力向上計画　認定基準（労働生産性を指標とした場合)〉

計画年数	労働生産性の伸び率
3年計画	1%以上
4年計画	1.5%以上
5年計画	2%以上

よって，空欄Cには「労働生産性」が入り，エが正解である。

中小企業等経営強化法（事業継続力強化）	ランク	1回目		2回目		3回目	
	B	/		/		/	

■令和2年度　第15問（設問1）

次の文章を読んで，下記の設問に答えよ。

　中小企業は，人手不足などさまざまな経営上の課題を抱える中で，防災・減災対策に取り組む必要性は認識しているものの，何から始めれば良いか分からないなどの課題により，対策は十分に進んでいない。

　このような状況を踏まえて，国は「①中小企業の事業活動の継続に資するための中小企業等経営強化法等の一部を改正する法律」を制定し，中小企業者の防災・減災に向けた取り組みを明記した「　　　　」を認定する制度を創設した。認定を受けた中小企業には，②さまざまな支援措置を講じ，防災・減災に向けて取り組む上でのハードルの解消を図っている。

（設問1）

　文中の下線部①の法律は，通称で何と呼ばれるか。最も適切なものを選べ。

　　ア　産業競争力強化法

　　イ　中小企業強靭化法

　　ウ　中小企業経営安定対策法

　　エ　中小ものづくり高度化法

解答	イ

■解説

中小企業等経営強化法の事業継続力強化の根拠法に関する出題である。

中小企業の自然災害に対する事前の防災・減災への取組等を促進するため「中小企業の事業活動の継続に資するための中小企業等経営強化法等の一部を改正する法律」（通称：「中小企業強靱化法」）が2019年（令和元年）7月16日に施行された。これにより，中小企業の事前対策（防災・減災対策）を促進するため，「事業継続力強化計画」の認定制度が創設された。

ア：不適切である。産業競争力強化法は，中小企業活性化協議会や事業承継・引継ぎ支援センターの根拠法となっている。

イ：適切である。上記解説のとおりである。

ウ：不適切である。このような法律は通称も含めて存在せず，試験委員の創作と思われる。

エ：不適切である。中小ものづくり高度化法は，2020年（令和2年）10月1日に施行された「中小企業の事業承継の促進のための中小企業における経営の承継の円滑化に関する法律等の一部を改正する法律」（通称：「中小企業成長促進法」）により廃止された。なお，中小企業成長促進法により，中小ものづくり高度化法の「特定研究開発等計画」と中小企業等経営強化法の「異分野連携新事業分野開拓計画」（新連携計画）は「経営革新計画」に統合された。

よって，イが正解である。

中小企業等経営強化法（事業継続力強化）	ランク	1回目		2回目		3回目	
	B	/		/		/	

■令和 2 年度　第 15 問（設問 2）

次の文章を読んで，下記の設問に答えよ。

中小企業は，人手不足などさまざまな経営上の課題を抱える中で，防災・減災対策に取り組む必要性は認識しているものの，何から始めれば良いか分からないなどの課題により，対策は十分に進んでいない。

このような状況を踏まえて，国は「①中小企業の事業活動の継続に資するための中小企業等経営強化法等の一部を改正する法律」を制定し，中小企業者の防災・減災に向けた取り組みを明記した「□□□□」を認定する制度を創設した。認定を受けた中小企業には，②さまざまな支援措置を講じ，防災・減災に向けて取り組む上でのハードルの解消を図っている。

（設問 2）

文中の空欄に入る語句として，最も適切なものはどれか。

ア　企業活力強化計画

イ　経営革新計画

ウ　事業継続力強化計画

エ　中小企業承継事業再生計画

解答	ウ

■解説

中小企業等経営強化法の事業継続力強化計画に関する出題である。

中小企業の自然災害に対する事前の防災・減災への取組等を促進するため「中小企業の事業活動の継続に資するための中小企業等経営強化法等の一部を改正する法律」（通称：「中小企業強靱化法」）が 2019 年（令和元年）7 月 16 日に施行された。これにより，中小企業の事前対策（防災・減災対策）を促進するため，「事業継続力強化計画」（空欄に該当）の認定制度が創設された。押さえるべき基本スキームは以下のとおりである。

〈基本スキーム〉（根拠法：中小企業等経営強化法）

1 基本方針の策定（国）

2 1 に基づく事業継続力強化計画の策定（中小企業・小規模事業者。なお，複数の中小企業等が連携する場合は，「連携事業継続力強化計画」を策定）。計画期間は 3 年以内。

3 計画の申請（経済産業大臣へ申請。申請窓口は管轄の経済産業局）

4 計画の認定（経済産業大臣）

5 支援措置の活用（※税制優遇，低利融資，信用保証枠拡大，中小企業投資育成株式会社法の特例，補助金の優先採択，認定ロゴマークの付与等）

ア：不適切である。受験上，このような計画は存在しないと理解してよい。試験委員の創作と思われる。

イ：不適切である。経営革新計画は，中小企業強靱化法施行前から存在している。

ウ：適切である。上記解説を参照。

エ：不適切である。産業競争力強化法の規定に基づき，第二会社方式による事業再生の浸透を目的とした「中小企業承継事業再生計画」の認定制度が存在した。しかし，第二会社方式による事業再生は浸透し，直近の実績も減少したため 2018 年（平成 30 年）3 月末に廃止された。

よって，空欄には「事業継続力強化計画」が入り，ウが正解である。

中小企業等経営強化法（事業継続力強化）	ランク	1回目		2回目		3回目	
	B	/		/		/	

■令和 2 年度　第 15 問（設問 3）

次の文章を読んで，下記の設問に答えよ。

　中小企業は，人手不足などさまざまな経営上の課題を抱える中で，防災・減災対策に取り組む必要性は認識しているものの，何から始めれば良いか分からないなどの課題により，対策は十分に進んでいない。

　このような状況を踏まえて，国は「①中小企業の事業活動の継続に資するための中小企業等経営強化法等の一部を改正する法律」を制定し，中小企業者の防災・減災に向けた取り組みを明記した「　　　　　」を認定する制度を創設した。認定を受けた中小企業には，②さまざまな支援措置を講じ，防災・減災に向けて取り組む上でのハードルの解消を図っている。

（設問 3）

　文中の下線部②に関する記述として，最も不適切なものはどれか。

　　ア　信用保証枠の拡大

　　イ　相続税の免除制度

　　ウ　日本政策金融公庫による低利融資

　　エ　補助金の優先採択

解答	イ

■解説

中小企業等経営強化法の事業継続力強化計画の支援措置に関する出題である。
事業継続力強化計画の認定を受けた中小企業者には，以下の支援措置がある。

〈支援措置〉

1　日本政策金融公庫による低利融資
　　事業継続力強化計画の認定を受けた事業者が行う設備投資に必要な資金について，低利融資が受けられる（運転資金については基準利率）。

2　中小企業信用保険法の特例

3　中小企業投資育成株式会社法の特例

4　中小企業防災・減災投資促進税制
　　認定された事業継続力強化計画に従って，防災・減災設備（自家発電設備，制震・免震装置等）を取得した場合に，特別償却が適用できる。

5　補助金の優先採択

6　認定ロゴマークの付与

　ア：適切である。「中小企業信用保険法の特例」のことである。

　イ：不適切である。事業継続力強化計画の支援措置としては，中小企業防災・減災投資促進税制が該当する。その中に，相続税の免除制度はない。

　ウ：適切である。認定された事業継続力強化計画に記載されている設備投資について，低利融資が受けられる。

　エ：適切である。現状では，ものづくり補助金の審査等で加点措置されている。

よって，イが正解である。

中小企業等経営強化法（先端設備等導入）	ランク	1回目	2回目	3回目
	C	／	／	／

■令和5年度　第24問（設問1）

次の文章を読んで，下記の設問に答えよ。

　先端設備等導入計画に係る固定資産税の特例は，□□□□により先端設備等導入計画の認定を受けた中小企業の設備投資を支援するものである。

　認定を受けた中小企業の設備投資に対して，地方税法における償却資産に係る固定資産税の特例などを講じる。

　対象となるのは，一定期間内に労働生産性を一定程度向上させるため，先端設備などを導入する計画を策定し，新たに導入する設備などが存在する□□□□の「導入促進基本計画」などに基づき認定を受けた中小企業者である。

（設問1）

　文中の空欄に入る語句として，最も適切なものはどれか。

　　ア　経済産業局

　　イ　国税局

　　ウ　市町村（特別区を含む）

　　エ　都道府県

解答	ウ

■解説

中小企業等経営強化法の先端設備等導入計画に関する出題である。

先端設備等導入制度は、元々は2018年（平成30年）6月6日に施行された「生産性向上特別措置法」が根拠法であったが、2021年（令和3年）6月16日に「生産性向上特別措置法」が廃止され、「中小企業等経営強化法」に移管された。

「先端設備等導入計画」は、中小企業等経営強化法に規定された中小企業者が、設備投資を通じて労働生産性の向上を図るための計画（労働生産性が年平均3％以上向上することが見込まれることが要件）である。

この計画は、新たに導入する設備等が存在する市区町村が国から「導入促進基本計画」の同意を受けている場合に、当該市区町村から認定を受けることができる。認定を受けた場合は税制支援などの支援措置を受けることができる。押さえるべき基本スキームは以下のとおりである。

〈基本スキーム〉（根拠法：中小企業等経営強化法）
1　基本方針の策定（国）
2　導入促進基本計画の策定（市区町村が策定。なお、国の同意が必要）
3　計画の申請（市区町村へ申請。なお、申請前に認定経営革新等支援機関による事前確認が必要）
4　計画の認定（市区町村）
5　支援措置の活用
　・固定資産税の特例（先端設備等に係る固定資産税について、原則として、新たに課税される年から3年間に限り、2分の1に軽減）
　・中小企業信用保証法の特例（保証限度額の別枠化）

よって、空欄には「市町村（特別区を含む）」が入り、ウが正解である。

中小企業等経営強化法（先端設備等導入）	ランク	1回目	2回目	3回目
	C	／	／	／

■令和5年度　第24問（設問2）

次の文章を読んで，下記の設問に答えよ。

先端設備等導入計画に係る固定資産税の特例は，_____により先端設備等導入計画の認定を受けた中小企業の設備投資を支援するものである。

認定を受けた中小企業の設備投資に対して，地方税法における償却資産に係る固定資産税の特例などを講じる。

対象となるのは，一定期間内に<u>労働生産性</u>を一定程度向上させるため，先端設備などを導入する計画を策定し，新たに導入する設備などが存在する_____の「導入促進基本計画」などに基づき認定を受けた中小企業者である。

（設問2）

この制度において，文中の下線部で示した労働生産性は，どのように計算するか。最も適切なものを選べ。

　　ア　（売上高－外部購入費）÷労働投入量

　　イ　（営業利益＋人件費＋減価償却費）÷労働投入量

　　ウ　（経常利益＋人件費）÷労働投入量

　　エ　生産量÷労働投入量

解答	イ

■解説

　中小企業等経営強化法の先端設備等導入計画に関する出題である。押さえるべき基本スキームと主な認定要件は以下のとおりである。

〈基本スキーム〉（根拠法：中小企業等経営強化法）
1　基本方針の策定（国）
2　導入促進基本計画の策定（市区町村が策定。なお，国の同意が必要）
3　計画の申請（市区町村へ申請。なお，申請前に認定経営革新等支援機関による事前確認が必要）
4　計画の認定（市区町村）
5　支援措置の活用
　・固定資産税の特例（先端設備等に係る固定資産税について，原則として，新たに課税される年から3年間に限り，2分の1に軽減）
　・中小企業信用保証法の特例（保証限度額の別枠化）

〈主な認定要件〉

主な要件	内容
計画期間	3年間，4年間又は5年間
労働生産性	計画期間において，基準年度*比で労働生産性が年平均3%以上向上すること　*直近の事業年度末 ○算定式 $$\frac{（営業利益＋人件費＋減価償却費）}{労働投入量（労働者数又は労働者数×1人当たり年間就業時間）}$$

よって，イが正解である。

農商工等連携促進法	ランク	1回目		2回目		3回目	
	B	/		/		/	

■平成 28 年度　第 20 問（設問 1）

次の文章を読んで，下記の設問に答えよ。

　中小企業者と農林漁業者とが連携して行う事業活動を支援するために，法的措置や予算措置などにより総合的な支援が展開されている。

　中小企業者と農林漁業者とが連携し，それぞれの経営資源を有効に活用して行う新商品，新サービスの開発等を行う際，「中小企業者と農林漁業者との連携による事業活動の促進に関する法律（農商工等連携促進法）」に基づく支援のほか，さまざまな支援を受けることができる。

（設問 1）

　農商工等連携促進法の支援対象として，最も適切なものはどれか。

ア　中小企業者と農林漁業者との交流機会の提供を行う地方自治体であって，この法律に基づき「農商工等連携支援事業計画」を作成し，国の認定を受けた者

イ　中小企業者等に対する農商工連携に関する指導等を行う一般社団・財団法人又は NPO 法人であって，この法律に基づき「農商工等連携支援事業計画」を作成し，都道府県知事の認定を受けた者

ウ　農商工等連携により新たな事業活動を展開しようとする NPO 法人であって，この法律に基づき「農商工等連携事業計画」を作成し，都道府県知事の認定を受けた者

エ　農商工等連携により新たな事業活動を展開しようとする中小企業者であって，この法律に基づき「農商工等連携事業計画」を作成し，国の認定を受けた者

解答	エ

■解説

　中小企業者と農林漁業者との連携による事業活動の促進に関する法律（略称，農商工等連携促進法）の支援対象に関する出題である。

　基本スキームとして，以下を押さえておく必要がある。

〈基本スキーム〉

1　基本方針の策定（国）

2　1に基づく農商工等連携事業計画の策定（中小企業と農林漁業者が共同策定。なお，「農商工等連携支援事業計画」はNPOなどが策定）

3　計画の申請（国へ申請）

4　計画の認定（国）

5　支援措置の活用（※支援機関ごとに審査あり）

　　ア：不適切である。「農商工等連携支援事業計画」を作成できるのは，中小企業者と農林漁業者との交流機会の提供，中小企業者等に対する農商工等連携に関する指導等を行う，一定の要件を満たす一般社団・財団法人又はNPO法人である。地方自治体は含まれていないので注意すること。

　　イ：不適切である。「農商工等連携支援事業計画」，「農商工等連携事業計画」ともに，認定は国が行う。

　　ウ：不適切である。「農商工等連携支援事業計画」，「農商工等連携事業計画」ともに，認定は国が行う。また，NPO法人等が作成するのは「農商工等連携支援事業計画」であり，「農商工等連携事業計画」は作成できない。

　　エ：適切である。なお，「農商工等連携事業計画」は，中小企業と農林漁業者が共同で作成する。

よって，エが正解である。

農商工等連携促進法	ランク	1回目	2回目	3回目
	B	／	／	／

■平成 28 年度　第 20 問（設問 2）

次の文章を読んで，下記の設問に答えよ。

　中小企業者と農林漁業者とが連携して行う事業活動を支援するために，法的措置や予算措置などにより総合的な支援が展開されている。

　中小企業者と農林漁業者とが連携し，それぞれの経営資源を有効に活用して行う新商品，新サービスの開発等を行う際，「中小企業者と農林漁業者との連携による事業活動の促進に関する法律（農商工等連携促進法）」に基づく支援のほか，さまざまな支援を受けることができる。

（設問 2）

　農商工等連携促進法に基づいて，中小企業者と農林漁業者が連携して新商品・新サービスの開発等を行う「農商工等連携事業計画」を共同で作成し，認定を受けると，各種支援施策を利用することができる。これらの支援施策として，最も不適切なものはどれか。

　　ア　減価償却資産にかかわる税制の特別措置

　　イ　信用保証の特例

　　ウ　政府系金融機関による融資制度

　　エ　マーケティングの専門家による支援

解答	ア

■解説

　農商工等連携促進法の支援措置に関する出題である。

　基本問題であり，難なく解けるようにならなくてはいけない。

　　ア：不適切である。支援措置の中に税制に関するものはない。

　　イ：適切である。保証限度額の拡大等の特例が適用される。

　　ウ：適切である。日本政策金融公庫の低利融資の対象となる。

　　エ：適切である。新事業創出支援事業のことである。当該事業では，事業計画作
　　　　成から試作品開発，販路開拓まで専門家による一貫した支援が受けられる。

　なお，どの中小企業支援関連法規においても，計画の認定・承認で無条件に支援施
策を受けられることはなく，別途審査機関の審査があることに注意すること。

　また，他の計画認定・承認の支援措置としてよくある「中小企業投資育成株式会社
法の特例」は，農商工等連携促進法に基づく支援措置には含まれないことにも注意す
ること。

　よって，アが正解である。

地域未来投資促進法	ランク	1回目	2回目	3回目
	B	／	／	／

■令和元年度　第24問（設問1）

「地域未来投資促進法による支援」は，地域未来投資促進法に基づき，事業者が，地域の特性を生かして，高い付加価値を創出し，　A　の事業者に対する相当の経済的効果を及ぼす　B　を行う際，さまざまな支援措置を受けることができるものである。

（設問1）

文中の空欄AとBに入る語句の組み合わせとして，最も適切なものはどれか。

ア　A：川下　　　B：革新的試作品開発事業

イ　A：川下　　　B：地域経済牽引事業

ウ　A：地域　　　B：革新的試作品開発事業

エ　A：地域　　　B：地域経済牽引事業

解答	エ

■解説

地域未来投資促進法に関する出題である。

地域未来投資促進法に基づき，事業者が，地域の特性を生かして，高い付加価値を創出し，地域（空欄Aに該当）の事業者に対する相当の経済的効果を及ぼす地域経済牽引事業（空欄Bに該当）を行う際，予算，税制，金融，規制緩和等の支援措置を受けることができる。

〈基本スキーム〉

1　基本方針の策定（国）

2　基本計画の策定（市町村と都道府県）

　　※国の同意が必要

3　上記2に基づく「地域経済牽引事業計画」を策定（民間事業者等が策定）

4　計画の申請（原則，都道府県へ申請）

5　計画の承認（原則，都道府県知事）

6　支援措置の活用（※支援機関ごとに審査あり）

なお，2020年（令和2年）10月1日に施行された改正法（通称：中小企業成長促進法）により，中小企業地域資源活用促進法が廃止され，地域産業資源活用事業計画は，地域未来投資促進法の地域経済牽引事業計画に統合された。

よって，空欄Aには「地域」，空欄Bには「地域経済牽引事業」が入り，エが正解である。

地域未来 投資促進法	ランク	1回目	2回目	3回目
	B	／	／	／

■**令和元年度　第 24 問（設問 2）　改題**

　「地域未来投資促進法による支援」は，地域未来投資促進法に基づき，事業者が，地域の特性を生かして，高い付加価値を創出し，____A____ の事業者に対する相当の経済的効果を及ぼす ____B____ を行う際，<u>さまざまな支援措置</u>を受けることができるものである。

（設問 2）

　文中の下線部に関する具体的な支援内容として，<u>最も不適切なもの</u>はどれか。

　　ア　各種予算事業における加点措置・優遇措置

　　イ　事業のために必要となる設備資金の 80％について，無担保無保証かつ低利で融資

　　ウ　先進的な事業に必要な設備投資に対する減税措置

　　エ　農地転用許可，市街化調整区域の開発許可等に係る配慮

解答	イ

■解説

　地域未来投資促進法に基づき，事業者が，地域の特性を生かして，高い付加価値を創出し，地域の事業者に対する相当の経済的効果を及ぼす地域経済牽引事業を行う際，予算，税制，金融，規制緩和等の支援措置を受けることができる。

〈主な支援措置〉

　1　予算による支援措置

　　各種予算事業（補助金）における加点措置・優遇措置

　2　課税の特例

　　先進的な事業に必要な設備投資に対する減税措置（特別償却・税額控除）

　3　日本政策金融公庫の長期かつ固定金利による融資

　4　規制緩和等

　　・農地転用許可，市街化調整区域の開発許可等に係る配慮

　　・工場立地法に基づく環境施設面積率，緑地面積率の緩和

　ア：適切である。〈主な支援措置〉1の解説参照。

　イ：不適切である。設備資金の80％という要件はなく，無担保無保証ではない。

　ウ：適切である。〈主な支援措置〉2の解説参照。

　エ：適切である。〈主な支援措置〉4の解説参照。

　よって，イが正解である。

第3章

経営支援

▶▶ 出題項目のポイント

中小企業の経営支援に関係する施策を取りまとめた。施策ごとに内容が異なるため，それぞれ別個に理解をしていく必要がある。ただし，個別施策を理解するうえで，押さえておくべきポイントがあるので，参考にしていただきたい。

〈個別施策を理解するポイント〉

1　施策の目的
2　支援機関はどこか
3　支援対象者は誰か（特に中小企業者だけではない部分は要注意）
4　支援内容（補助金，融資，保証，税の優遇，専門家派遣・相談，情報提供など）

上記のポイントは本章に限らず，中小企業政策を学習するうえでポイントとなる部分である。上記ポイントを意識することで，施策を体系立てて理解することができ，結果として学習負担の軽減が図れることであろう。

▶▶ 出題の傾向と勉強の方向性

本章で取り上げた施策のうち，優先して覚えるべきは「下請代金支払遅延等防止法」である。次に「ものづくり補助金」「持続化補助金」を押さえたい。最近の試験委員は補助金を出題する傾向が顕著であるが，すべての補助金を網羅することは受験対策として効果的とはいえないため，まずは出題実績が多いこの2つの補助金を優先して押さえるといいだろう。

そして，これらは出題パターンが決まっており，得点源になる。本書をベースに出題パターンを押さえることで本試験に対応できる。

なお，〈個別施策を理解するポイント〉の「4　支援内容」の学習について補足するが，支援内容はたとえば，補助金であれば補助率や補助金額を覚えなければならない部分もあり，骨が折れるところであろう。いきなりすべてを覚えようとしても大変であるので，まずは大まかに補助金なのか，融資なのかといった内容を押さえ，その後に具体的な数値を覚えるとよい。また，数値も本書をベースに出題された箇所を優先して覚えることを心がけるとよいであろう。

■取組状況チェックリスト

1. 経営支援						

中小企業組合

問題番号	ランク	1 回目		2 回目		3 回目
令和 2 年度 第 18 問 (設問 1)	A	/		/		/
令和 2 年度 第 18 問 (設問 2)	A	/		/		/
平成 28 年度 第 19 問	A	/		/		/
平成 27 年度 第 26 問	A	/		/		/

有限責任事業組合 (LLP)

問題番号	ランク	1 回目		2 回目		3 回目
平成 27 年度 第 21 問	B	/		/		/
平成 26 年度 第 24 問	B	/		/		/

合同会社 (LLC)

問題番号	ランク	1 回目		2 回目		3 回目
平成 24 年度 第 17 問	B	/		/		/

技術研究組合

問題番号	ランク	1 回目		2 回目		3 回目
平成 28 年度 第 17 問	B	/		/		/
平成 26 年度 第 26 問	B	/		/		/

下請代金支払遅延等防止法

問題番号	ランク	1 回目		2 回目		3 回目
令和 4 年度 第 21 問 (設問 1)	A	/		/		/
令和 4 年度 第 21 問 (設問 2)	A	/		/		/
令和 2 年度 第 16 問 (設問 1)	A	/		/		/
令和 2 年度 第 16 問 (設問 2)	A	/		/		/
平成 30 年度 第 18 問 (設問 1)	A	/		/		/
平成 30 年度 第 18 問 (設問 2)	A	/		/		/
平成 28 年度 第 15 問	A	/		/		/
平成 27 年度 第 22 問	A	/		/		/

| 平成 26 年度 第 20 問（設問 1） | B | / | | / | | / | |
| 平成 26 年度 第 20 問（設問 2） | A | / | | / | | / | |

下請かけこみ寺事業

問題番号	ランク	1 回目		2 回目		3 回目	
平成 28 年度 第 18 問	B	/		/		/	

下請中小企業振興法

問題番号	ランク	1 回目		2 回目		3 回目	
平成 29 年度 第 16 問（設問 1）	B	/		/		/	
平成 29 年度 第 16 問（設問 2）	B	/		/		/	
平成 29 年度 第 16 問（設問 3）	B	/		/		/	

中小企業活性化協議会

問題番号	ランク	1 回目		2 回目		3 回目	
平成 24 年度 第 19 問	B	/		/		/	

事業承継・引継ぎ支援センター

問題番号	ランク	1 回目		2 回目		3 回目	
平成 30 年度 第 15 問（設問 2）	B	/		/		/	
平成 28 年度 第 28 問	B	/		/		/	

事業承継ガイドライン

問題番号	ランク	1 回目		2 回目		3 回目	
令和 2 年度 第 7 問（設問 2）	B	/		/		/	
平成 29 年度 第 18 問	B	/		/		/	

中小 M&A ガイドライン

問題番号	ランク	1 回目		2 回目		3 回目	
令和 3 年度 第 17 問	C	/		/		/	

中小 PMI 支援メニュー

問題番号	ランク	1 回目		2 回目		3 回目	
令和 5 年度 第 13 問	B	/		/		/	
令和 4 年度 第 30 問	B	/		/		/	

模倣品対策支援事業

問題番号	ランク	1 回目	2 回目	3 回目
令和元年度 第 20 問（設問 1）	C *	/	/	/
令和元年度 第 20 問（設問 2）	C *	/	/	/

生産性向上ガイドライン

問題番号	ランク	1 回目	2 回目	3 回目
平成 29 年度 第 17 問（設問 1）	C *	/	/	/
平成 29 年度 第 17 問（設問 2）	C *	/	/	/

ものづくり補助金

問題番号	ランク	1 回目	2 回目	3 回目
令和 4 年度 第 28 問	A	/	/	/
令和元年度 第 15 問（設問 2）	A	/	/	/
平成 29 年度 第 19 問（設問 1）	A	/	/	/
平成 29 年度 第 19 問（設問 2）	A	/	/	/
平成 27 年度 第 28 問（設問 1）	A	/	/	/
平成 27 年度 第 28 問（設問 2）	A	/	/	/

成長型中小企業等研究開発支援事業

問題番号	ランク	1 回目	2 回目	3 回目
令和 4 年度 第 29 問	B	/	/	/
令和元年度 第 22 問	B	/	/	/

小規模事業者持続化補助金

問題番号	ランク	1 回目	2 回目	3 回目
令和 4 年度 第 22 問	A	/	/	/
令和 3 年度 第 25 問（設問 1）	A	/	/	/
令和元年度 第 17 問（設問 1）	A	/	/	/
令和元年度 第 17 問（設問 2）	A	/	/	/

IT 導入補助金

問題番号	ランク	1回目		2回目		3回目	
令和5年度 第25問（設問1）	C	／		／		／	
令和5年度 第25問（設問2）	C	／		／		／	

伝統的工芸品産業支援補助金

問題番号	ランク	1回目		2回目		3回目	
令和元年度 第21問（設問1）	C＊	／		／		／	
令和元年度 第21問（設問2）	C＊	／		／		／	

事業再構築補助金

問題番号	ランク	1回目		2回目		3回目	
令和5年度 第28問（設問1）	B	／		／		／	
令和5年度 第28問（設問2）	B	／		／		／	
令和3年度 第24問（設問1）	B	／		／		／	
令和3年度 第24問（設問2）	B	／		／		／	

事業継続計画（BCP）

問題番号	ランク	1回目		2回目		3回目	
平成25年度 第14問	C＊	／		／		／	

地域団体商標

問題番号	ランク	1回目		2回目		3回目	
令和3年度 第29問（設問1）	C	／		／		／	
令和3年度 第29問（設問2）	C	／		／		／	

＊印の問題と解説は，「過去問完全マスター」の HP（URL：https://jissen-c.jp/）よりダウンロードできます。

中小企業組合	ランク	1回目	2回目	3回目
	A	／	／	／

■令和 2 年度　第 18 問（設問 1）

　商店街振興組合は，商店街が形成されている地域において，小売商業又はサービス業に属する事業その他の事業を営む者及び定款で定めた者のための組織であって，共同経済事業や環境整備事業を行うことを目的とするものである。

　商店街振興組合に関して，下記の設問に答えよ。

（設問 1）

　商店街振興組合の設立要件に関する記述として，最も適切なものはどれか。

　ア　1 地区に 2 組合までしか設立できない。

　イ　組合員としての資格を有する者の 3 分の 1 以上が組合員となること。

　ウ　組合員になろうとする 4 人以上の者が発起人となること。

　エ　総組合員の 2 分の 1 以上が小売商業又はサービス業に属する事業を営む者であること。

解答	エ

■解説

「商店街振興組合」に関する出題である。

商店街振興組合は，商店街振興組合法に基づく組合であり，商店街を形成する小売業やサービス業を営む事業者等が，街路灯・アーケード・カラー舗装・共同駐車場といった共同施設や集会場などのコミュニティ施設の設置といった商店街を中心とした環境整備事業を行うことにより街づくりを推進したり，売出し・宣伝・イベント開催といった販売促進事業等の共同経済事業も併せて実施する組合組織である。

商店街振興組合は，文字どおり商店街を中心とした街づくり推進のための組合制度であるので，次の設立要件がある。

1. 組合員になろうとする<u>7人以上</u>の者が発起人となること。
2. 小売商業・サービス業を営む事業者30人以上が，近接して商店街を形成していること。
3. 組合の地区内の組合員となれる資格を有する者の<u>3分の2以上</u>が組合員となること。
4. 総組合員の<u>2分の1以上</u>が<u>小売商業またはサービス業を営む事業者</u>であること。
5. 他の商店街振興組合の地区と重複しないこと。

ア：不適切である。1地区1組合のみの設立となる。他の商店街振興組合の地区と重複しないことが要件である。

イ：不適切である。組合員としての資格を有する者の3分の2以上が組合員となることが要件である。

ウ：不適切である。受験対策上，商店街振興組合のみ，例外的に発起人7人以上（他の組合は4人以上）が必要であることを必ず押さえること。

エ：適切である。上記4の要件を参照。

よって，エが正解である。

中小企業組合	ランク	1回目	2回目	3回目
	A	／	／	／

■令和2年度　第18問（設問2）

　商店街振興組合は，商店街が形成されている地域において，小売商業又はサービス業に属する事業その他の事業を営む者及び定款で定めた者のための組織であって，共同経済事業や環境整備事業を行うことを目的とするものである。

　商店街振興組合に関して，下記の設問に答えよ。

（設問2）

　商店街振興組合に関する記述として，最も適切なものはどれか。

　　ア　株式会社への制度変更が認められる。

　　イ　議決権は出資比例である。

　　ウ　その名称中に，商店街振興組合という文字を用いなければならない。

　　エ　中小企業等協同組合法に基づく組合制度である。

解答	ウ

■解説

「商店街振興組合」に関する出題である。

　商店街振興組合は，商店街振興組合法に基づく組合であり，商店街を形成する小売業やサービス業を営む事業者等が，街路灯・アーケード・カラー舗装・共同駐車場といった共同施設や集会場などのコミュニティ施設の設置といった商店街を中心とした環境整備事業を行うことにより街づくりを推進したり，売出し・宣伝・イベント開催といった販売促進事業等の共同経済事業も併せて実施する組合組織である。

ア：不適切である。受験対策上，株式会社への制度変更が認められる組合は，事業協同組合，企業組合，協業組合を押さえておくこと。

イ：不適切である。議決権は1人1票であり，平等である。出資口数に応じて議決権を定められるのは，協業組合である（「出資比例による議決権」は協業組合のみの特徴であり，すぐに思い出せるようにすること）。

ウ：適切である。商店街振興組合は，その名称中に，「商店街振興組合」の文字を用いなければならないことが，商店街振興組合法第5条第1項において義務付けられている。

エ：不適切である。商店街振興組合法に基づく組合制度である。

よって，ウが正解である。

中小企業組合	ランク	1回目		2回目		3回目	
	A	／		／		／	

■平成 28 年度　第 19 問

　中小企業者が集まって組織化することは，生産性の向上を図り，価値実現力を高め，あるいは対外交渉力の強化を図るための有効な方策のひとつである。中小企業者の組合としては，たとえば，事業協同組合，企業組合，協業組合，<u>商店街振興組合</u>などがある。

　上記文中の下線部の商店街振興組合に関する記述として，最も適切なものはどれか。

　ア　議決権は出資比例である。

　イ　組合の地区の重複は禁止され，1 地区に 1 組合しか設立できない。

　ウ　総組合員の 2 分の 1 以上が小売業を営む者でなければ設立することができない。

　エ　「中小企業団体の組織に関する法律」に基づく組合である。

解答	イ

■解説

「商店街振興組合」に関する出題である。

商店街振興組合は，商店街振興組合法に基づく組合であり，商店街を形成する小売業やサービス業を営む事業者等が，街路灯・アーケード・カラー舗装・共同駐車場といった共同施設や集会場などのコミュニティ施設の設置といった商店街を中心とした環境整備事業を行うことにより街づくりを推進したり，売出し・宣伝・イベント開催といった販売促進事業等の共同経済事業も併せて実施する組合組織である。

商店街振興組合は，文字どおり商店街を中心とした街づくり推進のための組合制度であるので，次の設立要件がある。

1. 組合員になろうとする7人以上の者が発起人となること。
2. 小売商業・サービス業を営む事業者30人以上が，近接して商店街を形成していること。
3. 組合の地区内の組合員となれる資格を有する者の3分の2以上が組合員となること。
4. 総組合員の2分の1以上が小売商業またはサービス業を営む事業者であること。
5. 他の商店街振興組合の地区と重複しないこと。

ア：不適切である。議決権は1人1票であり，平等である。出資口数に応じて議決権を定められるのは，協業組合である（「出資比例による議決権」は協業組合のみの特徴であり，すぐに思い出せるようにすること）。

イ：適切である。1地区1組合のみの設立となる。他の商店街振興組合の地区と重複しないことが要件である。

ウ：不適切である。総組合員の2分の1以上が小売商業またはサービス業に属する事業を営む者でなければ設立できない。上記4の要件を参照。上記3の要件と区別して覚えること。

エ：不適切である。商店街振興組合法に基づく組合制度である。

よって，イが正解である。

中小企業組合	ランク	1回目		2回目		3回目	
	A	／		／		／	

■平成 27 年度　第 26 問

　組合制度は，中小規模の事業者・勤労者などが組織化し，共同購買事業，共同生産・加工事業，共同研究開発，共同販売事業，金融事業などの共同事業を通じて，技術・情報・人材等個々では不足する経営資源の相互補完を図るためのものである。

　主な中小企業組合としては，事業協同組合，企業組合，協業組合などがある。このうち，事業協同組合に関する記述として，最も適切なものはどれか。

ア　組合員の 2 分の 1 以上は，組合の行う事業に従事しなければならない。

イ　組合員は，自己の資本と労働力のすべてを組合に投入する。

ウ　設立するに当たっては，組合員になろうとする者 4 人以上が発起人になることが必要である。

エ　中小企業団体の組織に関する法律を根拠法規とする組合である。

解答	ウ

■解説

事業協同組合に関する出題である。

受験対策としては，組合ごと特徴（その組合にしかない特徴）を最低限押さえておきたい。組合ごとの特徴は以下のとおりである。

1　事業協同組合：最大の組合数

2　企業組合：設立要件は4人以上の個人（個人に限定しているのが特徴）

　　　　　　　組合員資格は個人以外に法人も可能

　　　　　　　組合員割合は3分の1以上，従事割合は2分の1以上が要件（他の組合は組合員割合，従事割合による制限はない）

3　協業組合：議決権は原則平等であるが，出資比例の議決権も認めている

　　　　　　　加入は組合の承諾，脱退は持分譲渡による制限がある（他の組合は加入，脱退は自由）

4　商店街振興組合：発起人数は7人以上（他の組合は4人以上）

ア：不適切である。企業組合の要件である。従事割合，組合員割合の要件があるのは企業組合の特徴である。

イ：不適切である。事業協同組合は経営の合理化と取引条件の改善を図ることを目的とした組織であり，相互扶助の精神に基づいて，新技術・製品開発，市場開拓，共同生産・販売等の事業を共同で行う（共同経済事業）。組合活動とは別に，組合員（加入企業）はそれぞれ独自に業務を行っている。いわば緩やかな連携ともいえるものであり，自己の資本と労働力のすべてを組合に投入することは要件として求められていない。なお，本肢は企業組合の要件である。企業組合は個人の働く場の確保が目的としてあることから，組合員は自己資本と労働力のすべてを組合に投入し，企業組合自体が1個の企業体として事業を行う。

ウ：適切である。なお，受験対策上，商店街振興組合は，例外的に発起人7人以上が必要であることを必ず押さえること。

エ：不適切である。中小企業等協同組合法を根拠法規としている。

よって，ウが正解である。

有限責任事業組合 (LLP)	ランク	1回目		2回目		3回目	
	B	/		/		/	

■平成 27 年度　第 21 問

　プログラマーの A 氏，デザイナーの B 氏，セキュリティ専門家の C 氏，マーケティング専門家の D 氏の 4 名は，共同でソフトウエアの開発販売事業を計画している。

　メンバーの A 氏から，事業の進め方について相談を受けた中小企業診断士の E 氏は，有限責任事業組合（LLP）の設立を勧め，この事業体を活用するメリットについて，A 氏に説明を行った。

　E 氏の説明として，最も不適切なものはどれか。

ア　議決権と損益分配は出資比率に応じるため，シンプルで分かりやすい制度です。

イ　組合事業から発生するリスクに対して，各々が出資の価額の範囲で責任を負います。

ウ　構成員課税となるため，損失が出れば，各組合員の所得と通算できます。

エ　取締役会などの設置が不要です。

解答	ア

■解説

　LLP（有限責任事業組合）に関する出題である。

　LLP は経営法務の分野と思われるかもしれないが，中小企業政策においても出題実績があるので，今後も要注意である。なお，経営法務では，平成 21 年度第 16 問，平成 18 年度第 3 問で出題されている。

　有限責任事業組合（LLP）制度は，創業を促し，企業同士のジョイント・ベンチャーや専門的な能力を持つ人材の共同事業を振興するために，2005 年（平成 17 年）8 月に創設された。

　LLP は，民法組合の特例として，以下の特徴がある。

〈LLP の特徴〉

1　出資者全員の有限責任：出資者が出資額までしか責任を負わない。
2　内部自治の徹底：利益や権限の配分が出資金額の比率に拘束されない。また，取締役会や監査役のような経営者に対する監視機関の設置が強制されない。
3　構成員課税（パススルー課税）の適用：LLP に課税されずに，出資者に直接課税。（法人のように，法人課税された上に，出資者への利益分配にも課税されるという二重課税を回避できる。）

ア：不適切である。出資者の間の損益や権限の配分は，出資者の労務や知的財産の提供などを反映して，出資比率と異なる配分をすることができる。上記 2 の解説参照。

イ：適切である。民法組合は無限責任であるが，民法組合の特例である LLP は有限責任制が導入されているのが特徴である。上記 1 の解説参照。

ウ：適切である。LLP は民法組合の特例という位置付けであり，法人格を持たない。ゆえに，上記 3 の解説にあるように，法人課税されない。したがって，損失が出れば，各組合員個人の所得と通算できる。

エ：適切である。上記 2 の解説参照。

　よって，アが正解である。

有限責任事業組合 （LLP）	ランク	1回目		2回目		3回目	
	B	/		/		/	

　LLP（有限責任事業組合）は，共同事業の組織として創設された制度である。技術やビジネスアイデアを持つ個人が共同経営者としてパートナーシップを組む場合や，中小企業同士の連携事業，中小企業と大企業の連携事業，産学連携事業など多様な活用が可能である。

　この制度の特徴に関する記述として，最も不適切なものはどれか。

　ア　組合員全員が有限責任である。

　イ　構成員に課税される。

　ウ　組織の内部ルールの設定が柔軟である。

　エ　法人格を有する。

解答	エ

■解説

　LLP（有限責任事業組合）に関する出題である。

　LLP は経営法務の分野と思われるかもしれないが，中小企業政策においても出題実績があるので，今後も要注意である。なお，経営法務では，平成 21 年度第 16 問，平成 18 年度第 3 問で出題されている。

　有限責任事業組合（LLP）制度は，創業を促し，企業同士のジョイント・ベンチャーや専門的な能力を持つ人材の共同事業を振興するために，2005 年（平成 17 年）8 月に創設された。

　LLP は，民法組合の特例として，以下の特徴がある。

〈LLP の特徴〉

　1　出資者全員の有限責任：出資者が出資額までしか責任を負わない。

　2　内部自治の徹底：利益や権限の配分が出資金額の比率に拘束されない。また，取締役会や監査役のような経営者に対する監視機関の設置が強制されない。

　3　構成員課税（パススルー課税）の適用：LLP に課税されずに，出資者に直接課税。（法人のように，法人課税された上に，出資者への利益分配にも課税されるという二重課税を回避できる。）

　ア：適切である。民法組合は無限責任であるが，民法組合の特例である LLP は有限責任制が導入されているのが特徴である。上記 1 の解説参照。

　イ：適切である。上記 3 の解説参照。

　ウ：適切である。たとえば，出資者の間の損益や権限の配分は，出資者の労務や知的財産の提供などを反映して，出資比率と異なる配分をすることができる。上記 2 の解説参照。

　エ：不適切である。LLP は民法組合の特例という位置付けであり，法人格を持たない。ゆえに，上記 3 の解説にあるように，法人課税されない。

　よって，エが正解である。

合同会社（LLC）	ランク	1回目	2回目	3回目
	B	／	／	／

■平成 24 年度　第 17 問

　下記は，創業予定者に対する中小企業診断士のアドバイスである。空欄 A と B に入るものの組み合わせとして最も適切なものを下記の解答群から選べ。

　「創業には，多様な事業体の活用が可能です。たとえば，　A　は，新しい会社形態として平成 18 年に創設された制度です。合名会社や合資会社と同様に人的会社と呼ばれる組織形態で，人的な能力を活かした創業などで活用が可能です。出資者全員が有限責任であることや，組織の内部ルールの設定が柔軟であること，課税は　B　であるなどの特徴があります。」

〔解答群〕

　ア　A：合同会社いわゆる LLC　　　　　B：構成員課税

　イ　A：合同会社いわゆる LLC　　　　　B：法人課税

　ウ　A：有限責任事業組合いわゆる LLP　B：構成員課税

　エ　A：有限責任事業組合いわゆる LLP　B：法人課税

解答	イ

■解説

　LLC（合同会社）に関する出題である。LLPと比較するため，平成24年度の出題であるが，特別に掲載した。

　LLPについては過去に複数出題がある。よって，今後はLLCについても出題可能性があるので，注意が必要である。

　LLCは，限られた人数の人的関係の深い出資者による事業のための器として有効活用されることが期待され，会社の新しい類型として，2006年（平成18年）5月の新会社法により規定された。合同会社の特徴としては以下を押さえておくこと。

〈LLCの特徴〉

1　有限責任制：社員（出資者）はその出資額の範囲内で会社の責任を負う。なお，合名会社，合資会社は無限責任である。

2　内部自治（契約自治）の徹底：利益や権限の配分が出資金額の比率に拘束されない。また，取締役会や監査役のような経営者に対する監視機関の設置が強制されない。

3　業務執行：各社員（出資者）が原則として業務執行権限を有するが，定款で一部の社員のみを業務執行社員と定めることも可能（出資者全員が会社経営を行うことを前提としているが，出資のみを行う出資者の存在も認めており，内部のルールを柔軟に定めることができる）。

4　法人課税：LLCは法人格を有するので，法人課税される。したがって，LLP（有限責任事業組合）と異なり，構成員課税（パススルー課税）の適用はない。

　よって，空欄Aには「合同会社いわゆるLLC」，空欄Bには「法人課税」が入り，イが正解である。

技術研究組合	ランク	1回目	2回目	3回目
	B	／	／	／

■平成28年度　第17問

「技術研究組合」は，企業と企業，企業と大学などが，効果的な共同研究を進める
ための相互扶助組織である。この組合制度に関する記述として，最も不適切なものは
どれか。

ア　株式会社への移行など柔軟な組織変更が可能である。

イ　特許料や特許審査請求料が免除される。

ウ　賦課金を支払う組合員に対し研究開発税制が適用される。

エ　法人格を有している。

解答	イ

■解説

　技術研究組合（CIP）に関する出題である。技術研究組合制度は，各企業や大学・公的研究機関等が組合員となって技術研究組合を設立し，事業を実施するために必要な資金知的財産，研究者等を出し合って，組合員に共通する技術課題について共同研究を行うためのものである。企業と企業，企業と大学などが，共同で研究を進める時に，法人格を有することや税制上の優遇措置がある等の特徴を持ち，産学官連携の器として活用できる。具体的な特徴は以下のとおりである。

〈技術研究組合（CIP）の特徴〉
1　法人格を有していること
2　賦課金を支払う組合員に対し優遇税制（研究開発税制）が適用されること
3　CIPが調達する試験研究用資産に優遇税制（圧縮記帳）が適用されること
4　要件を満たした場合，特許料等の減免制度の利用が可能であること
5　株式会社への移行など柔軟な組織変更が可能であること

　ア：適切である。なお，組織変更は株式会社か合同会社に限られる。
　イ：不適切である。特許料や特許審査請求料が全額免除されるのは生活保護を受けている者など一定の個人のみである（細かい事項なので覚える必要はないが，この場合，特許料については第1年分から第3年分が免除になり，第4年分から第10年分は半額負担する必要がある）。なお，要件を満たした場合，特許料等の減免制度の利用が可能であるが，技術研究組合であることをもって無条件で減免になるわけではない。
　ウ：適切である。組合員（企業など）は，技術研究組合に支払う賦課金を費用処理でき，かつ，研究開発税制が適用されることで税制上のメリットも受けられるので，企業が技術研究組合に参加する動機付けともなる。
　エ：適切である。法人格を有していることで，各種取引の主体や登記等の名義人になることができる（雇用，賃貸借契約，金融機関の口座開設，資産の保有・管理，行政許認可申請，不動産登記，特許権の登録など）。

　よって，イが正解である。

技術研究組合	ランク	1回目	2回目	3回目
	B	/	/	/

■平成 26 年度　第 26 問

　技術研究組合制度は，各企業や大学・公的研究機関等が組合員となって技術研究組合を設立し，事業を実施するために必要な資金，知的財産，研究者等を出し合って，組合員に共通する技術課題について共同研究を行うためのものである。

　この制度の具体的な特徴として，最も不適切なものはどれか。

　　ア　組合が有する試験研究用資産に優遇税制（圧縮記帳）が適用される。

　　イ　組合は法人格を有する。

　　ウ　事業協同組合や企業組合への組織変更が容易である。

　　エ　賦課金を支払う組合員に対し研究開発税制が適用される。

解答	ウ

■解説

　技術研究組合（CIP）に関する出題である。技術研究組合制度は，各企業や大学・公的研究機関等が組合員となって技術研究組合を設立し，事業を実施するために必要な資金，知的財産，研究者等を出し合って，組合員に共通する技術課題について共同研究を行うためのものである。企業と企業，企業と大学などが，共同で研究を進める時に，法人格を有することや税制上の優遇措置がある等の特徴を持ち，産学官連携の器として活用できる。具体的な特徴は以下のとおりである。

〈技術研究組合（CIP）の特徴〉
　1　法人格を有していること
　2　賦課金を支払う組合員に対し優遇税制（研究開発税制）が適用されること
　3　CIPが調達する試験研究用資産に優遇税制（圧縮記帳）が適用されること
　4　要件を満たした場合，特許料等の減免制度の利用が可能であること
　5　株式会社への移行など柔軟な組織変更が可能であること

　　ア：適切である。技術研究組合が，組合員から集めた賦課金で試験研究用資産を取得し，又は製作した場合は，1円まで圧縮記帳でき，減額した金額に相当する額を損金の額に算入できる。
　　イ：適切である。法人格を有していることで，各種取引の主体や登記等の名義人になることができる（雇用，賃貸借契約，金融機関の口座開設，資産の保有・管理，行政許認可申請，不動産登記，特許権の登録など）。
　　ウ：不適切である。組織変更は株式会社か合同会社に限られる。
　　エ：適切である。組合員（企業など）は，技術研究組合に支払う賦課金を費用処理でき，かつ，研究開発税制が適用されることで税制上のメリットも受けられるので，企業が技術研究組合に参加する動機付けともなる。

　よって，ウが正解である。

下請代金支払遅延等防止法	ランク	1回目	2回目	3回目
	A	／	／	／

■令和4年度　第21問（設問1）

次の文章を読んで，下記の設問に答えよ。

①下請代金支払遅延等防止法（下請代金法）は，親事業者の不公正な取引を規制し，下請事業者の利益を保護することを目的として，下請取引のルールを定めている。

中小企業庁と公正取引委員会は，親事業者が②下請代金法のルールを遵守しているかどうか，毎年調査を行い，違反事業者に対しては，同法の遵守について指導している。

（設問1）

文中の下線部①が適用される取引として，最も適切なものはどれか。

ア　飲食業（資本金500万円）が，サービス業（資本金100万円）に物品の修理委託をする。

イ　家電製造業（資本金500万円）が，金属部品製造業（資本金300万円）に製造委託をする。

ウ　衣類卸売業（資本金1,500万円）が，衣類製造業（資本金1,000万円）に製造委託をする。

エ　家具小売業（資本金2,000万円）が，家具製造業（資本金1,500万円）に製造委託をする。

オ　電子部品製造業（資本金1億円）が，電子部品製造業（資本金3,000万円）に製造委託をする。

解答	ウ

■解説

　下請代金支払遅延等防止法（下請代金法）の適用範囲に関する出題である。法の適用範囲は以下のとおりである。

〈法の適用範囲〉

1　物品の製造・修理委託および政令で定める情報成果物作成・役務提供委託の場合

2　政令で定めたものを除く情報成果物作成・役務提供委託の場合

　ア：不適切である。委託者（親事業者）の資本金が1千万円以下であるので，下請代金法が適用される取引ではない。

　イ：不適切である。委託者（親事業者）の資本金が1千万円以下であるので，下請代金法が適用される取引ではない。

　ウ：適切である。委託者（親事業者）の資本金が1千万円超3億円以下，受託者（下請事業者）の資本金は1千万円以下であるので，下請代金法が適用される取引である。

　エ：不適切である。委託者（親事業者）の資本金が1千万円超3億円以下，受託者（下請事業者）の資本金は1千万円超であるので，下請代金法が適用される取引ではない。

　オ：不適切である。託者（親事業者）の資本金が1千万円超3億円以下，受託者（下請事業者）の資本金は1千万円超であるので，下請代金法が適用される取引ではない。

　よって，ウが正解である。

下請代金支払遅延等防止法	ランク	1 回目	2 回目	3 回目
	A	╱	╱	╱

■令和 4 年度　第 21 問（設問 2）

次の文章を読んで，下記の設問に答えよ。

①下請代金支払遅延等防止法（下請代金法）は，親事業者の不公正な取引を規制し，下請事業者の利益を保護することを目的として，下請取引のルールを定めている。

中小企業庁と公正取引委員会は，親事業者が②下請代金法のルールを遵守しているかどうか，毎年調査を行い，違反事業者に対しては，同法の遵守について指導している。

（設問 2）

文中の下線部②について，親事業者の義務に関する記述の正誤の組み合わせとして，最も適切なものを下記の解答群から選べ。

  a　下請代金の支払期日について，給付を受領した日（役務の提供を受けた日）から 3 週間以内で，かつできる限り短い期間内に定める義務

  b　支払期日までに支払わなかった場合は，給付を受領した日（役務の提供を受けた日）の 60 日後から，支払を行った日までの日数に，年率 14.6％を乗じた金額を「遅延利息」として支払う義務

〔解答群〕

ア　a：正　　b：正

イ　a：正　　b：誤

ウ　a：誤　　b：正

エ　a：誤　　b：誤

解答	ウ

■解説

　下請代金支払遅延等防止法（下請代金法）の親事業者の義務に関する出題である。親事業者の義務については，以下のとおりである。

〈親事業者の義務〉

1　発注書面の交付義務：親事業者は，注文する時は，直ちに注文書を出すこと
2　書類の作成，保存義務：取引に関する記録を書類として作成し，2年間保存すること
3　下請代金の支払期日を定める義務：注文品などを受け取った日から60日以内で，できる限り短い期間内に代金の支払期日を定めること
4　遅延利息の支払義務：注文品受取日から60日を過ぎても代金を支払わない場合には，遅延利息（年率14.6％）が加算されること

　　a：不適切である。親事業者には，下請代金の支払期日について，給付を受領した日（役務の提供を受けた日）から60日以内で，かつできる限り短い期間内に定める義務がある。

　　b：適切である。遅延利息が発生する起算日（給付を受領した日（役務の提供を受けた日）の60日後）に注意すること。

　よって，「a：誤，b：正」となり，ウが正解である。

下請代金支払遅延等防止法	ランク	1回目		2回目		3回目	
	A	／		／		／	

■令和2年度　第16問（設問1）

　下請取引の適正化を図るため，「下請代金支払遅延等防止法」は，下請取引のルールを定めている。中小企業庁と公正取引委員会は，親事業者がこのルールを遵守しているかどうか調査を行い，違反事業者に対しては同法を遵守するよう指導している。

　下請代金支払遅延等防止法に関して，下記の設問に答えよ。

（設問1）

　この法律の内容として，最も適切なものはどれか。

　　ア　親事業者には，委託後，直ちに，給付の内容，下請代金の額，支払期日及び支払方法等の事項を記載した書面を交付する義務がある。

　　イ　親事業者には，下請代金の支払期日について，給付を受領した日（役務の提供を受けた日）から30日以内で，かつ出来る限り短い期間内に定める義務がある。

　　ウ　親事業者の禁止行為として，発注書面の修正の禁止など，15項目が課せられている。

　　エ　親事業者は，下請事業者が認めた遅延利息を支払うことによって，支払代金の支払期日の延長が認められる。

解答	ア

■解説

　本試験で過去に問われた下請代金支払遅延等防止法の論点は，主に(1)法の適用範囲，(2)親事業者の義務，の2つである。そのうち，親事業者の義務について，本問では問われている。下請代金支払遅延等防止法は過去に何度も問われているが難問はなく，得点源としてほしい。

　親事業者の義務については，以下のとおりである。

〈親事業者の義務〉

1　発注書面の交付義務：親事業者は，注文する時は，<u>直ちに</u>注文書を出すこと
2　書類の作成，保存義務：取引に関する記録を書類として作成し，<u>2年間</u>保存すること
3　下請代金の支払期日を定める義務：注文品などを受け取った日から<u>60日以内</u>で，できる限り短い期間内に代金の支払期日を定めること
4　遅延利息の支払義務：注文品受取日から60日を過ぎても代金を支払わない場合には，遅延利息（年率<u>14.6%</u>）が加算されること

　　ア：適切である。親事業者には，書面（口頭のみは不可）で直ちに注文書を下請事業者に出す義務がある。
　　イ：不適切である。親事業者には，下請代金の支払期日について，給付を受領した日（役務の提供を受けた日）から<u>60日以内</u>で，かつできる限り短い期間内に定める義務がある。
　　ウ：不適切である。「発注書面の修正」は禁止行為に該当しない。また，下請代金支払遅延等防止法では，親事業者には4つの義務と11項目の禁止事項が課されている。
　　エ：不適切である。下請事業者が認めた遅延利息を支払うことによって，支払代金の支払期日の延長が認められることは，一切ない。もしこれを認めると，優越的地位にある親事業者がやりたい放題になるリスクがあると想像してほしい。

　よって，アが正解である。

下請代金支払遅延等防止法	ランク	1回目		2回目		3回目	
	A	/		/		/	

■令和 2 年度　第 16 問（設問 2）

　下請取引の適正化を図るため，「下請代金支払遅延等防止法」は，下請取引のルールを定めている。中小企業庁と公正取引委員会は，親事業者がこのルールを遵守しているかどうか調査を行い，違反事業者に対しては同法を遵守するよう指導している。

　下請代金支払遅延等防止法に関して，下記の設問に答えよ。

（設問 2）

　この法律が適用される取引として，最も適切なものはどれか。

　　ア　資本金 300 万円の企業が，個人事業者に物品の製造委託をする。

　　イ　資本金 800 万円の企業が，資本金 500 万円の企業に物品の修理委託をする。

　　ウ　資本金 3 千万円の企業が，資本金 1 千万円の企業に物品の製造委託をする。

　　エ　資本金 8 千万円の企業が，資本金 2 千万円の企業に物品の修理委託をする。

解答	ウ

■解説

下請代金支払遅延等防止法（下請代金法）の適用範囲に関する出題である。
法の適用範囲は以下のとおりである。

〈法の適用範囲〉

1 物品の製造・修理委託および政令で定める情報成果物作成・役務提供委託の場合

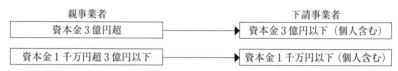

親事業者　　　　　　　　　　　　　　　　　下請事業者
資本金3億円超　　　　　　　　　　→　資本金3億円以下（個人含む）

資本金1千万円超3億円以下　　　　　→　資本金1千万円以下（個人含む）

2 政令で定めたものを除く情報成果物作成・役務提供委託の場合

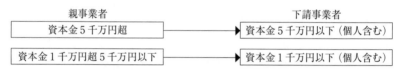

親事業者　　　　　　　　　　　　　　　　　下請事業者
資本金5千万円超　　　　　　　　　→　資本金5千万円以下（個人含む）

資本金1千万円超5千万円以下　　　　→　資本金1千万円以下（個人含む）

ただし，過去の本試験で上記2の範囲は問われていない。したがって，上記1
の適用範囲を覚えることを優先すること。本問もすべて上記1の適用範囲が問わ
れている。

ア：不適切である。委託者（親事業者）の資本金が1千万円以下であるので，下
　　請代金法が適用される取引ではない。

イ：不適切である。委託者（親事業者）の資本金が1千万円以下であるので，下
　　請代金法が適用される取引ではない。

ウ：適切である。委託者（親事業者）の資本金が1千万円超3億円以下，受託者
　　（下請事業者）の資本金は1千万円以下であるので，下請代金法が適用され
　　る取引である。

エ：不適切である。委託者（親事業者）の資本金が1千万円超3億円以下，受託
　　者（下請事業者）の資本金は1千万円超であるので，下請代金法が適用され
　　る取引ではない。

よって，ウが正解である。

下請代金支払遅延等防止法	ランク	1回目	2回目	3回目
	A	／	／	／

■平成 30 年度　第 18 問（設問 1）

次の下請中小企業の支援に関する文章を読んで，下記の設問に答えよ。

　　A　は，　B　の規模によって「優越的地位」にあるかどうかを規定するとともに，製造委託，修理委託，情報成果物作成委託及び役務提供委託の行為について，下請取引を適正化し，下請事業者の利益を保護することを目的としている。この法律では，<u>親事業者には 4 つの義務</u>と 11 項目の禁止事項が課されている。

（設問 1）

文中の空欄 A と B に入る語句の組み合わせとして，最も適切なものはどれか。

　　ア　A：下請代金支払遅延等防止法　　B：資本金

　　イ　A：下請代金支払遅延等防止法　　B：従業者数

　　ウ　A：下請中小企業振興法　　　　　B：資本金

　　エ　A：下請中小企業振興法　　　　　B：従業者数

解答	ア

■解説

　下請代金支払遅延等防止法の適用範囲に関する出題である。

　下請代金支払遅延等防止法（空欄Aに該当）は，資本金（空欄Bに該当）の規模によって「優越的地位」にあるかどうかを規定している。もともと優越的地位の濫用規制は，独占禁止法によって規定されているが，独占禁止法では「優越的地位」にあるかどうかは，その時の状況によって総合的に考慮して判断することになっており，下請いじめが発生した場合に迅速に解決できないという問題がある。そこで，独占禁止法の特別法として下請代金支払遅延等防止法が制定され，資本金の規模によって「優越的地位」を判断し，親事業者による不当行為を迅速かつ効果的に規制している。

　受験上，以下の法の適用範囲は押さえておく必要がある。

〈法の適用範囲〉

1　物品の製造・修理委託および政令で定める情報成果物作成・役務提供委託の場合

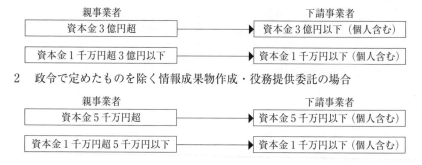

2　政令で定めたものを除く情報成果物作成・役務提供委託の場合

　よって，空欄Aには「下請代金支払遅延等防止法」，空欄Bには「資本金」が入り，アが正解である。

下請代金支払遅延等防止法	ランク	1回目		2回目		3回目	
	A	/		/		/	

■平成30年度　第18問（設問2）

次の下請中小企業の支援に関する文章を読んで，下記の設問に答えよ。

　　 A 　は， B 　の規模によって「優越的地位」にあるかどうかを規定するとともに，製造委託，修理委託，情報成果物作成委託及び役務提供委託の行為について，下請取引を適正化し，下請事業者の利益を保護することを目的としている。この法律では，親事業者には4つの義務と11項目の禁止事項が課されている。

（設問2）

文中の下線部に関する記述として，最も適切なものはどれか。

　　ア　支払期日までに代金を支払わなかった場合でも，下請事業者の了解を得ていれば，遅延利息を支払う必要がない。

　　イ　請求書を受領した日から120日以内に代金を支払う必要がある。

　　ウ　取引が完了した後も，取引の内容を記録し，2年間保存する必要がある。

　　エ　発注の際は，親事業者と下請事業者が対面して，発注内容を確認しなければならない。

解答	ウ

■解説

本試験で過去に問われた下請代金支払遅延等防止法の論点は，主に⑴法の適用範囲，⑵親事業者の義務，の２つである。そのうち，親事業者の義務について，本問では問われている。下請代金支払遅延等防止法は過去に何度も問われているが難問はなく，得点源としてほしい。

親事業者の義務については，以下のとおりである。

〈親事業者の義務〉
1　発注書面の交付義務：親事業者は，注文する時は，直ちに注文書を出すこと
2　書類の作成，保存義務：取引に関する記録を書類として作成し，2年間保存すること
3　下請代金の支払期日を定める義務：注文品などを受け取った日から60日以内で，できる限り短い期間内に代金の支払期日を定めること
4　遅延利息の支払義務：注文品受取日から60日を過ぎても代金を支払わない場合には，遅延利息（年率14.6%）が加算されること

ア：不適切である。下請事業者の了解を得ていたとしても，遅延利息を支払う義務が親事業者にはある。「優越的地位」がある親事業者が下請事業者に無理に了解させる可能性もあることを想定していただきたい。

イ：不適切である。注文品などを受け取った日から60日以内で，できる限り短い期間内に代金の支払期日を定める義務が親事業者にはある。請求書の有無は関係ない（たとえ請求書が下請事業者から発行されなくても，設定された期限までに支払う必要がある）。

ウ：適切である。上記2の解説参照。

エ：不適切である。対面して確認する必要はない。書面で直ちに注文書を下請事業者に出す義務が親事業者にはある。

よって，ウが正解である。

下請代金支払遅延等防止法	ランク	1 回目		2 回目		3 回目	
	A	／		／		／	

■平成 28 年度　第 15 問

　下請代金支払遅延等防止法は，親事業者の不公正な取引を規制し，下請事業者の利益を保護することを図るものである。中小企業庁と公正取引委員会は，親事業者が同法のルールを遵守しているかどうか調査を行い，違反事業者に対しては，同法を遵守するよう指導している。

　この法律が適用される取引として，最も適切なものはどれか。

　　ア　資本金 2 千万円の事業者が，資本金 1 千万円の事業者に物品の製造を委託する。

　　イ　資本金 6 千万円の事業者が，資本金 2 千万円の事業者に物品の製造を委託する。

　　ウ　資本金 1 億円の事業者が，資本金 3 千万円の事業者に物品の製造を委託する。

　　エ　資本金 2 億円の事業者が，資本金 5 千万円の事業者に物品の製造を委託する。

解答	ア

■解説

下請代金支払遅延等防止法の適用範囲に関する出題である。

法の適用範囲は以下のとおりである。

〈法の適用範囲〉

1　物品の製造・修理委託および政令で定める情報成果物作成・役務提供委託の場合

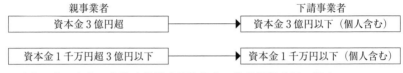

親事業者　　　　　　　　　　　　　　　　下請事業者

2　政令で定めたものを除く情報成果物作成・役務提供委託の場合

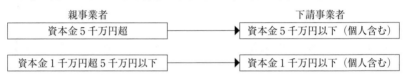

親事業者　　　　　　　　　　　　　　　　下請事業者

ただし，過去の本試験で上記2の範囲は問われていない。したがって，上記1の適用範囲を覚えることを優先すること。本問もすべて上記1の適用範囲が問われている。

ア：適切である。委託者（親事業者）の資本金が1千万円超3億円以下，受託者（下請事業者）の資本金は1千万円以下であるので，下請代金法が適用される取引である。

イ：不適切である。委託者（親事業者）の資本金が1千万円超3億円以下，受託者（下請事業者）の資本金は1千万円超であるので，下請代金法が適用される取引ではない。

ウ：不適切である。委託者（親事業者）の資本金が1千万円超3億円以下，受託者（下請事業者）の資本金は1千万円超であるので，下請代金法が適用される取引ではない。

エ：不適切である。委託者（親事業者）の資本金が1千万円超3億円以下，受託者（下請事業者）の資本金は1千万円超であるので，下請代金法が適用される取引ではない。

よって，アが正解である。

下請代金支払遅延等防止法	ランク	1回目		2回目		3回目	
	A	/		/		/	

■平成 27 年度　第 22 問

　下請事業者は，親事業者から規格やデザインなどの指定を伴う製造，加工または修理の委託を受けて事業活動を行っており，しかも親事業者に対する取引依存度が高いことから，しばしば親事業者から不利な取引条件を強いられることがある。

　そこで国は，下請取引の適正化を図るため，昭和 31 年に下請代金支払遅延等防止法（下請代金法）を制定施行し，親事業者の不公正な取引行為を規制している。

　下請代金法で定められている「親事業者の義務」として，<u>最も不適切なものはどれか</u>。

　ア　下請代金の支払期日を定める義務

　イ　書面を交付する義務

　ウ　書類の作成・保存義務

　エ　遅延利息の支払義務

　オ　返品時の事前通告義務

解答	オ

■解説

　本試験で過去に問われた下請代金支払遅延等防止法の論点は，（1）法の適用範囲，（2）親事業者の義務，の2つである。そのうち，親事業者の義務について，本問では問われている。下請代金支払遅延等防止法は過去に何度も問われているが難問はなく，得点源としてほしい。

　親事業者の義務については，以下のとおりである。

〈親事業者の義務〉

1　発注書面の交付義務：親事業者は，注文する時は，直ちに注文書を出すこと
2　書類の作成，保存義務：取引に関する記録を書類として作成し，2年間保存すること
3　下請代金の支払期日を定める義務：注文品などを受け取った日から60日以内で，できる限り短い期間内に代金の支払期日を定めること
4　遅延利息の支払義務：注文品受取日から60日を過ぎても代金を支払わない場合には，遅延利息（年率14.6%）が加算されること

　以上を踏まえて設問の選択肢を検討すると，選択肢オの「返品時の事前通告義務」については親事業者には課されていないことがわかる。

　よって，オが正解である。

下請代金支払遅延等防止法	ランク	1回目		2回目		3回目	
	B	／		／		／	

■**平成 26 年度　第 20 問（設問 1）**

　次の文章を読んで，下記の設問に答えよ。

　下請代金支払遅延等防止法（下請代金法）は，親事業者の不公正な取引を規制し，下請事業者の利益を保護することを図るものである。　A　と　B　は，親事業者が下請代金法のルールを遵守しているかどうか調査を行い，違反事業者に対しては，同法を遵守するよう指導している。

（設問 1）

　文中の空欄AとBに入る語句の組み合わせとして，最も適切なものはどれか。

　　ア　A：各都道府県中小企業支援センター　　B：公正取引委員会

　　イ　A：各都道府県中小企業支援センター　　B：中小企業庁

　　ウ　A：公正取引委員会　　　　　　　　　　B：商工会・商工会議所

　　エ　A：公正取引委員会　　　　　　　　　　B：中小企業庁

　　オ　A：商工会・商工会議所　　　　　　　　B：中小企業庁

解答	エ

■解説

　下請代金支払遅延等防止法に関する出題である。

　「下請代金支払遅延等防止法（以下「下請代金法」という）」では，下請取引のルールを定めている。下請代金法は，親事業者の不公正な取引を規制し，下請事業者の利益を保護することを図るものであり，公正取引委員会と中小企業庁は，親事業者が下請代金法のルールを遵守しているかどうか調査を行い，違反事業者に対しては，同法を遵守するよう指導している。悪質な違反に関しては，違反事業者に対して公正取引委員会が勧告（中小企業庁は勧告までは行わない）を行い，違反事業者の名前と違反行為をホームページで公表するほか，罰金に処されることもある。

　よって，空欄Aには「公正取引委員会」，空欄Bには「中小企業庁」が入り，エが正解である。

下請代金支払遅延等防止法	ランク	1 回目		2 回目		3 回目	
	A	/		/		/	

■平成 26 年度　第 20 問（設問 2）

次の文章を読んで，下記の設問に答えよ。

　下請代金支払遅延等防止法（下請代金法）は，親事業者の不公正な取引を規制し，下請事業者の利益を保護することを図るものである。　A　と　B　は，親事業者が下請代金法のルールを遵守しているかどうか調査を行い，違反事業者に対しては，同法を遵守するよう指導している。

（設問 2）

　次のケースのうち，下請代金法が適用される取引として，最も適切なものはどれか。

　　ア　資本金 2 千万円の企業が，資本金 1 千万円の企業に物品の製造を委託する。

　　イ　資本金 5 千万円の企業が，資本金 2 千万円の企業に物品の製造を委託する。

　　ウ　資本金 1 億円の企業が，資本金 5 千万円の企業に物品の製造を委託する。

　　エ　資本金 2 億円の企業が，資本金 1 億円の企業に物品の製造を委託する。

解答	ア

■解説

下請代金支払遅延等防止法の適用範囲に関する出題である。

法の適用範囲は以下のとおりである。

〈法の適用範囲〉

1　物品の製造・修理委託および政令で定める情報成果物作成・役務提供委託の場合

2　政令で定めたものを除く情報成果物作成・役務提供委託の場合

ただし，過去の本試験で上記2の範囲は問われていない。したがって，上記1の適用範囲を覚えることを優先すること。本問もすべて上記1の適用範囲が問われている。本問では，「委託する」方が親事業者であるので，言葉を読み替えること。

　　ア：適切である。委託者（親事業者）の資本金が1千万円超3億円以下，受託者（下請事業者）の資本金は1千万円以下であるので，下請代金法が適用される取引である。

　　イ：不適切である。委託者（親事業者）の資本金が1千万円超3億円以下，受託者（下請事業者）の資本金は1千万円超であるので，下請代金法が適用される取引ではない。

　　ウ：不適切である。委託者（親事業者）の資本金が1千万円超3億円以下，受託者（下請事業者）の資本金は1千万円超であるので，下請代金法が適用される取引ではない。

　　エ：不適切である。委託者（親事業者）の資本金が1千万円超3億円以下，受託者（下請事業者）の資本金は1千万円超であるので，下請代金法が適用される取引ではない。

よって，アが正解である。

下請かけこみ寺事業	ランク	1回目	2回目	3回目
	B	／	／	／

■平成 28 年度　第 18 問

　中小企業診断士の X 氏は，食品製造業を営む Y 氏から経営相談を受けた。以下は，X 氏と Y 氏との会話である。

　会話の中の下線部に関する例として，<u>最も不適切なもの</u>を下記の解答群から選べ。

X 氏：「本日は顔色がさえませんね。今回は，どのようなご相談でしょうか？」
Y 氏：「ここ数年，原材料が高騰しているのですが，親事業者に単価引き上げを求めても，まったく聞く耳をもってくれません。それどころか，先週，親事業者の一方的な都合で，代金の値引きを要求されてしまいました・・・。どうしたらいいかと悩んでいます。」
X 氏：「お悩み察します。まずは，全国 48 カ所に設置されている下請かけこみ寺に相談してみてはいかがでしょうか？下請かけこみ寺では，中小企業・小規模事業者の取引に関する<u>さまざまな相談を受け付けています。</u>」
Y 氏：「ただ，相談費用の捻出も厳しい状況なのです。」
X 氏：「アドバイス等は無料ですし，弁護士による無料相談も実施しています。問題が深刻化する前に相談されることをお薦めしますよ。」

〔解答群〕

　ア　原材料が高騰しているにもかかわらず，単価引き上げに応じてくれない。

　イ　仕事の受注の見返りに，取引先が取り扱う商品の購入を求められた。

　ウ　下請取引のあっせんを行ってほしい。

　エ　代金の値引き（減額）を要求された。

解答	ウ

■解説

　下請かけこみ寺事業に関する出題である。下請かけこみ寺事業は，全国中小企業振興機関協会が全国48ヵ所（各都道府県及び東京本部）に下請かけこみ寺を設置して，以下の事業を行っている。

（主な事業）
1　各種相談への対応：支払期日に料金が支払われないなどの取引問題に関する相談（取引あっせん，経営，技術，金融，労働等に関する相談を除く）について，弁護士等による無料相談を実施している。

【相談例】
「原材料が高騰しているにも関わらず，単価引き上げに応じてくれない」
「支払日が過ぎても代金を払ってくれない」
「客からキャンセルされたからいらなくなったと言って返品された」
「代金の値引き（減額）を要求された」
「期日どおりに納品したのに倉庫が一杯だからと言って受け取ってくれない」
「仕事の受注の見返りに，取引先が取り扱う商品の購入を求められた」

2　迅速な紛争解決：中小企業が抱える取引に係る紛争を迅速かつ簡便に解決するため，裁判外紛争解決手続（ADR）を用いて，全国の登録弁護士等が相談者の身近なところで調停手続等を行う（費用は無料）。試験対策上，ADR の記載を見たら，下請かけこみ寺を思い出すこと。

　　ア：適切である。下請代金支払遅延等防止法で規定する禁止行為等に該当するような問題についての相談を受け付けていると考えるとよい。
　　イ：適切である。選択肢アの解説を参照。
　　ウ：不適切である。下請かけこみ寺では取引に関するさまざまな相談を受け付けているが，取引あっせん，経営，技術，金融，労働等に関する相談は除かれている。
　　エ：適切である。選択肢アの解説を参照。

　よって，ウが正解である。

下請中小企業振興法	ランク	1回目		2回目		3回目	
	B	/		/		/	

■平成 29 年度　第 16 問（設問 1）

次の文章を読んで，下記の設問に答えよ。

経済の好循環を実現するためには，下請等中小企業の取引条件を改善していくことが重要である。このため平成 28 年 12 月に，下請中小企業振興法に基づく振興基準の改正が行われた。この振興基準においては，「下請代金の支払方法改善」について以下のように記載されている。

・親事業者は，下請代金の支払は，発注に係る物品等の受領後，できる限り速やかに，これを行うものとする。また，下請代金はできる限り現金で支払うものとし，少なくとも　A　に相当する金額については，全額を現金で支払うものとする。
・下請代金の支払に係る手形等のサイトについては，　B　は　C　以内，その他の業種は　D　以内とすることは当然として，段階的に短縮に努めることとし，将来的には　E　以内とするよう努めるものとする。

（設問 1）
文中の空欄 A に入る語句として，最も適切なものはどれか。

　　ア　外注加工賃

　　イ　租税公課

　　ウ　賃金

　　エ　利子割引料

解答	ウ

■解説

　下請中小企業振興法に関する出題である。振興基準は，下請中小企業の振興を図るため，下請事業者および親事業者のよるべき一般的な基準として下請中小企業振興法第3条の規定に基づき，経済産業省告示で具体的内容が定められている。本文にもあるように，2016年（平成28年）の改正は注目をされており，改正の趣旨に沿った業界の取組が期待されている。今回，その改正内容が問われた。

　振興基準にある「下請代金の支払方法の改善」では，次のように定められている。

〈下請代金の支払方法の改善（抜粋）〉
　親事業者は，下請代金の支払は，発注に係る物品等の受領後，できる限り速やかに，これを行うものとする。また，下請代金はできる限り現金で支払うものとし，少なくとも賃金（空欄Aに該当）に相当する金額については，全額を現金で支払うものとする。

　政府として，下請事業者の資金繰りを苦しめてきた手形払いの慣行を断ち切り，現金払いを原則としていくことを目指しており，今回の改正もその一環として行われたものである。

　よって，空欄Aには「賃金」が入り，ウが正解である。

下請中小企業振興法	ランク	1回目		2回目		3回目	
	B	/		/		/	

■平成29年度　第16問（設問2）

次の文章を読んで，下記の設問に答えよ。

　経済の好循環を実現するためには，下請等中小企業の取引条件を改善していくことが重要である。このため平成28年12月に，下請中小企業振興法に基づく振興基準の改正が行われた。この振興基準においては，「下請代金の支払方法改善」について以下のように記載されている。

・親事業者は，下請代金の支払は，発注に係る物品等の受領後，できる限り速やかに，これを行うものとする。また，下請代金はできる限り現金で支払うものとし，少なくとも　A　に相当する金額については，全額を現金で支払うものとする。

・下請代金の支払に係る手形等のサイトについては，　B　は　C　以内，その他の業種は　D　以内とすることは当然として，段階的に短縮に努めることとし，将来的には　E　以内とするよう努めるものとする。

（設問2）

　文中の空欄BとCに入る語句の組み合わせとして，最も適切なものはどれか。

　　ア　B：建設業　　C：60日

　　イ　B：繊維業　　C：60日

　　ウ　B：建設業　　C：90日

　　エ　B：繊維業　　C：90日

解答	エ

■解説

　下請中小企業振興法に関する出題である。振興基準は，下請中小企業の振興を図るため，下請事業者および親事業者のよるべき一般的な基準として下請中小企業振興法第3条の規定に基づき，経済産業省告示で具体的内容が定められている。本文にもあるように，2016年（平成28年）の改正は注目をされており，改正の趣旨に沿った業界の取組が期待されている。今回，その改正内容が問われた。

　振興基準にある「下請代金の支払方法の改善」では，次のように定められている。

〈下請代金の支払方法の改善（抜粋）〉
　下請代金の支払に係る手形等サイトついては，繊維業（空欄Bに該当）90日（空欄Cに該当）以内，その他業種120日以内とすることは当然として，段階的に短縮に努めることとし，将来的には60日以内とするよう努めるものとする。

　政府として，下請事業者の資金繰りを苦しめてきた手形払いの慣行を断ち切り，現金払いを原則としていくことを目指しており，今回の改正もその一環として行われたものである。

　よって，空欄Bには「繊維業」，空欄Cには「90日」が入り，エが正解である。

下請中小企業振興法	ランク	1回目	2回目	3回目
	B	／	／	／

■平成 29 年度　第 16 問（設問 3）
　次の文章を読んで，下記の設問に答えよ。

　経済の好循環を実現するためには，下請等中小企業の取引条件を改善していくことが重要である。このため平成 28 年 12 月に，下請中小企業振興法に基づく振興基準の改正が行われた。この振興基準においては，「下請代金の支払方法改善」について以下のように記載されている。

・親事業者は，下請代金の支払は，発注に係る物品等の受領後，できる限り速やかに，これを行うものとする。また，下請代金はできる限り現金で支払うものとし，少なくとも　 A 　に相当する金額については，全額を現金で支払うものとする。
・下請代金の支払に係る手形等のサイトについては，　 B 　は　 C 　以内，その他の業種は　 D 　以内とすることは当然として，段階的に短縮に努めることとし，将来的には　 E 　以内とするよう努めるものとする。

（設問 3）
　文中の空欄 D と E に入る日数の組み合わせとして，最も適切なものはどれか。

　　ア　D：100 日　　E：30 日

　　イ　D：100 日　　E：60 日

　　ウ　D：120 日　　E：30 日

　　エ　D：120 日　　E：60 日

解答	エ

■解説

　下請中小企業振興法に関する出題である。振興基準は，下請中小企業の振興を図るため，下請事業者および親事業者のよるべき一般的な基準として下請中小企業振興法第3条の規定に基づき，経済産業省告示で具体的内容が定められている。本文にもあるように，2016年（平成28年）の改正は注目をされており，改正の趣旨に沿った業界の取組が期待されている。今回，その改正内容が問われた。

　振興基準にある「下請代金の支払方法の改善」では，次のように定められている。

〈下請代金の支払方法の改善（抜粋）〉
　下請代金の支払に係る手形等サイトついては，　繊維業90日以内，その他業種120日（空欄Dに該当）以内とすることは当然として，段階的に短縮に努めることとし，将来的には60日（空欄Eに該当）以内とするよう努めるものとする。

　政府として，下請事業者の資金繰りを苦しめてきた手形払いの慣行を断ち切り，現金払いを原則としていくことを目指しており，今回の改正もその一環として行われたものである。

　よって，空欄Dには「120日」，空欄Eには「60日」が入り，エが正解である。

中小企業活性化協議会	ランク	1回目	2回目	3回目
	B	／	／	／

■平成 24 年度　第 19 問　改題

　わが国経済の活性化のためには，独自の技術やノウハウを持ち地域経済を支える中小企業が破綻に追い込まれることがないよう，円滑な再生を進めることが不可欠である。特に，中小企業の再生の必要性・重要性は高く，「中小企業活性化協議会」を軸とした中小企業の再生の取り組みが行われている。「中小企業活性化協議会」に関する記述として，最も不適切なものはどれか。

　　ア　47 都道府県の認定支援機関に設置されている。

　　イ　支援業務部門は，個別支援チームを編成し，再生計画策定支援を行う。

　　ウ　支援業務部門は，主要債権者等との連携を図りながら具体的で実現可能な再生計画の策定支援を行う。

　　エ　中小企業支援法に基づき設置されている。

解答	エ

■解説

　中小企業活性化協議会の概要に関する出題である。改正により 2022 年（令和 4 年）より「中小企業再生支援協議会」から「中小企業活性化協議会」と改称した。改正から間もないため，平成 24 年度の過去問であるが特別に掲載している。

　中小企業活性化協議会では，常駐する専門家が再生に関する相談を受け付け，助言や再生計画作りのお手伝い，金融機関等との調整などの支援を行っている。また，有事に移行しそうな中小企業者に対し，有事に移行しないよう，簡易な収支・資金繰り計画と収益力改善アクションプランの策定を支援する収益力改善支援を 2022 年（令和 4 年）に新設し，協議会の中小企業の駆け込み寺としての機能を一層発揮し，中小企業の活力の再生を図っている。試験上のポイントは以下のとおりである。

〈試験上のポイント〉
1　根拠法規：産業競争力強化法
2　特徴：公正中立的な機関。相談対応，再生計画策定，金融機関との調整を行うが，直接融資や出資をすることはない（つまり，「お金」は出さない）。
3　窓口：都道府県ごとに設置。
4　支援内容：専門家が常駐しており，必要に応じて常駐専門家が外部専門家とともに個別支援チームを編成して再生計画策定を支援する。再生計画策定支援にあたっては，公正中立的機関である特徴を活かして，金融機関など関係者との調整も行う。
　※平成 27 年 2 月 2 日より支援対象として「常時使用する従業員数が 300 人以下の医療法人」が追加された。

　ア：適切である。47 都道府県の認定支援機関（経済産業大臣から認定を受けた都道府県商工会連合会，商工会議所など）ごとに設置されている。
　イ：適切である。上記 4 の解説を参照。
　ウ：適切である。上記 4 の解説を参照。
　エ：不適切である。上記 1 の解説を参照。なお，中小企業支援法に基づく指定法人が問われた場合は，「都道府県等中小企業支援センター」をすぐに思い出せること。

　よって，エが正解である。

事業承継・引継ぎ 支援センター	ランク	1回目	2回目	3回目
	B	／	／	／

■平成 30 年度　第 15 問（設問 2）　改題

次の文章を読んで，下記の設問に答えよ。

　中小企業診断士の X 氏は，食品小売業を営む Y 氏から，「親族や従業員など身近なところに後継者が見つからないため，社外に後継者を求めることを検討したい」との相談を受けた。そこで，X 氏は Y 氏に，中小企業政策を活用した事業承継について説明を行った。

　以下は，X 氏と Y 氏との会話の一部である。

X 氏：「以上が事業承継の大まかなプロセスです。」

Y 氏：「ありがとうございます。ところで，今の説明に出てきたデューデリジェンスとは，どのようなことなのでしょうか。」

X 氏：「説明が足りずにすみません。ここでデューデリジェンスとは　　A　　」

Y 氏：「分かりました。」

X 氏：「詳細は，各都道府県に設置されている　　B　　に相談をしてみてはいかがでしょうか。ここでは，事業承継に関わる幅広い相談を受け付けているほか，　　C　　を行う後継者人材バンクなどを利用することができますよ。」

Y 氏：「ぜひ，検討をしてみます。」

（設問 2）

　文中の空欄 B と C に入る語句の組み合わせとして，最も適切なものはどれか。

　　ア　B：事業承継・引継ぎ支援センター　　C：起業を志す学生の情報提供
　　イ　B：事業承継・引継ぎ支援センター　　C：起業を志す個人とマッチング
　　ウ　B：中小企業活性化協議会　　　　　　C：起業を志す学生の情報提供
　　エ　B：中小企業活性化協議会　　　　　　C：起業を志す個人とマッチング

解答	イ

■解説

事業承継・引継ぎ支援センターに関する出題である。

事業承継・引継ぎ支援センターとは，産業競争力強化法に基づき，中小企業者等の後継者マッチング等を支援するために設立された専門機関である。各都道府県に設置され，後継者不在等の悩みを抱える中小企業者等からの相談に対して，助言，情報提供を行うほか，M&A 等を活用した後継者マッチング支援を行っている。

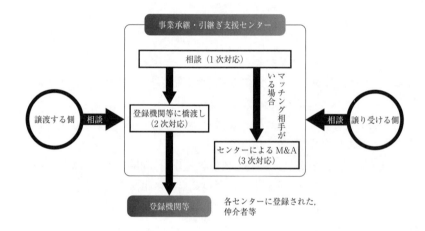

（出所：中小企業庁「事業引継ぎハンドブック」の図を改正に合わせて改変）

具体的には，登録民間支援機関やマッチングコーディネーター（センターに登録された仲介者等）と連携して，M&A の支援を行っている。また，後継者のいない個人事業主と起業を志す個人起業家をマッチングする「後継者人材バンク」や事業承継の障害となる経営者保証解除に向けた支援を行っている。最初の窓口相談は無料である。

よって，空欄Bには「事業承継・引継ぎ支援センター」，空欄Cには「起業を志す個人とマッチング」が入り，イが正解である。

事業承継・引継ぎ支援センター	ランク	1回目		2回目		3回目	
	B	/		/		/	

■平成28年度　第28問　改題

　中小企業者等の事業引継ぎや事業承継の促進・円滑化を図るため,「事業承継・引継ぎ支援センター」による支援が行われている。

　この事業承継・引継ぎ支援センターに関する記述として, 最も適切なものはどれか。

　　ア　事業引継ぎに関する専門家等が, 助言, 情報提供を行うほか, M&A等を活用した後継者マッチング支援を行う。

　　イ　すでにマッチング相手がいる場合, 支援対象にはならない。

　　ウ　全国のよろず支援拠点に設置されている。

　　エ　中小企業の後継者が事業承継をした場合の相続税・贈与税などの特別措置について, 税理士が常駐し相談を受けている。

解答	ア

■解説

　事業承継・引継ぎ支援センターに関する出題である。

　事業承継・引継ぎ支援センターは，産業競争力強化法に基づき，中小企業者等の後継者マッチング等を支援するために設立された専門機関である。本問の解説をベースに概要を押さえるとよい。

　ア：適切である。事業承継・引継ぎ支援センターの支援内容である。

　イ：不適切である。事業引継ぎの支援が必要だと判断された場合において，すでにマッチング相手がいるときは，事業承継・引継ぎ支援センターが士業等の専門家を活用して有料で支援する。なお，最初の窓口相談は無料である。

　ウ：不適切である。事業承継・引継ぎ支援センターは各都道府県に設置され，国から委託を受けた機関（商工会議所など）の中にある。

　エ：不適切である。後継者不在等の悩みを抱える中小企業者等が，事業承継・引継ぎ支援センターの支援の対象となる。

　よって，アが正解である。

事業承継ガイドライン	ランク	1回目	2回目	3回目
	B	／	／	／

■**令和 2 年度　第 7 問（設問 2）　改題**

次の文章を読んで，下記の設問に答えよ。

中小企業の事業承継を円滑に進めるために，経営の担い手を確保する重要性が高まっている。

中小企業庁が 2016 年に策定し，2022 年に改訂した「事業承継ガイドライン」では，事業承継の類型として，親族内承継，従業員承継，社外への引継ぎの 3 つを示し，<u>事業承継の形態ごとの特徴</u>を指摘している。

また，中小企業庁の分析によれば，3 つの事業承継の形態に応じて，事業承継した経営者が，後継者を決定する上で重視した資質・能力や有効だと感じた後継者教育にも違いがある。

中小企業診断士をはじめとする支援者が，中小企業の円滑な事業承継を支援するためには，事業承継の形態ごとの，このような特徴や違いも十分に理解したうえで，取り組むことが必要である。

（設問 2）

文中の下線部について，中小企業庁「事業承継ガイドライン」に基づき，事業承継の形態別のメリットを見た場合の記述として，最も適切なものはどれか。

ア　「社外への引継ぎ」は，親族や社内に適任者がいない場合でも広く候補者を外部に求めることができ，「従業員承継」は，長期の準備期間の確保が可能であり所有と経営の一体的な承継が期待できる。

イ　「親族内承継」は，一般的に他の方法と比べて内外の関係者から心情的に受け入れられやすく，「従業員承継」は，経営者としての能力のある人材を見極めて承継することができる。

ウ　「親族内承継」は，後継者の社内経験にかかわらず経営方針等の一貫性を保ちやすく，「社外への引継ぎ」は，親族や社内に適任者がいない場合でも広く候補者を外部に求めることができる。

エ　「従業員承継」は，一般的に他の方法と比べて内外の関係者から心情的に受け入れられやすく，「社外への引継ぎ」は，経営者としての能力のある人材を見極めて承継することができる。

解答	イ

■解説

「事業承継ガイドライン」に関する出題である。中小企業庁は，「事業承継ガイドライン」を2016年（平成28年）12月5日に公表した。なお，2017年（平成29年）9月19日に第2版，2022年（令和4年）3月17日に第3版が公表され，内容が更新されている。

「事業承継ガイドライン」では，事業承継を①親族内承継，②従業員承継（「親族以外」の役員・従業員に承継させる方法），③社外への引継ぎ（M＆A等）の3つの類型に区分している。それぞれのメリットとして，以下が挙げられている。

① 親族内承継のメリット
・一般的に他の方法と比べて，内外の関係者から心情的に受け入れられやすい
・後継者の早期決定により長期の準備期間の確保が可能である
・相続等により財産や株式を後継者に移転できるため所有と経営の一体的な承継が期待できる
② 従業員承継のメリット
・経営者としての能力のある人材を見極めて承継することができる
・社内で長期間働いてきた従業員であれば経営方針等の一貫性を保ちやすい
③ 社外への引継ぎ（M＆A等）のメリット
・親族や社内に適任者がいない場合でも，広く候補者を外部に求めることができる
・現経営者は会社売却の利益を得ることができる

ア：不適切である。文中の「従業員承継」が「親族内承継」であれば正しい。
イ：適切である。上記①，②参照。
ウ：不適切である。文中の「親族内承継」が「従業員承継」であれば正しい。
エ：不適切である。文中の「従業員承継」が「親族内承継」に，「社外への引継ぎ」が「従業員承継」であれば正しい。

よって，イが正解である。

事業承継ガイドライン	ランク	1回目		2回目		3回目	
	B	／		／		／	

■平成29年度　第18問　改題

　平成28年12月に公表された「事業承継ガイドライン」は，中小企業経営者の高齢化の進展等を踏まえ，円滑な事業承継の促進を通じた中小企業の事業活性化を図るため，事業承継に向けた早期・計画的な準備の重要性や課題への対応策，事業承継支援体制の強化の方向性等について取りまとめたものである。

　このガイドライン（令和4年3月改訂の第3版）では，円滑な事業承継の実現のためには，5つのステップを経ることが重要である旨が明記されている。たとえば，「親族内・従業員承継」のケースにおいて，5つのステップを見てみると，以下のとおりである。

・事業承継に向けた5ステップ（親族内・従業員承継のケース）

　　ステップ1　事業承継に向けた準備の必要性の認識

　　　　↓

　　ステップ2　　　 A 　

　　　　↓

　　ステップ3　　　 B 　

　　　　↓

　　ステップ4　事業承継計画策定

　　　　↓

　　ステップ5　事業承継の実行

　上記ステップの空欄AとBに入る語句の組み合わせとして，最も適切なものはどれか。

　　ア　A：経営状況・経営課題等の把握　　B：事業承継に向けた経営改善

　　イ　A：経営状況・経営課題等の把握　　B：マッチング実施

　　ウ　A：後継者と事業承継に関する対話　B：事業承継に向けた経営改善

　　エ　A：後継者と事業承継に関する対話　B：マッチング実施

解答	ア

■解説

「事業承継ガイドライン」に関する出題である。中小企業庁は，中小企業経営者の高齢化の進展等を踏まえ，円滑な事業承継の促進を通じた中小企業の事業活性化を図るため，「事業承継ガイドライン」を2016年（平成28年）12月5日に公表した。なお，2017年（平成29年）9月19日に第2版，2022年（令和4年）3月17日に第3版が公表され，内容が更新されている。

同ガイドラインでは，円滑な事業承継の実現のためには，以下の5つのステップを経ることが重要である旨が明記されている。

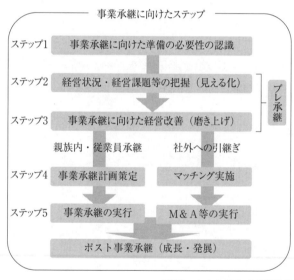

（出所：中小企業庁「事業承継ガイドライン」）

親族内・従業員承継のケース，社外への引継ぎのケースともにステップ3までは共通している。

よって，空欄Aには「経営状況・経営課題等の把握」，空欄Bには「事業承継に向けた経営改善」が入り，アが正解である。

中小 M&A ガイドライン	ランク	1回目	2回目	3回目
	C	/	/	/

■令和 3 年度　第 17 問

　平成 27 年策定の「事業引継ぎガイドライン」を全面改訂して，令和 2 年 3 月に策定・公表された「中小 M&A ガイドライン」では，中小企業経営者と M&A 支援機関の双方に対し，中小 M&A の適切な進め方を提示している。「中小 M&A ガイドライン」に示された内容として，最も不適切なものはどれか。

　ア　M&A 専門業者に対しては，適正な業務遂行のため，契約期間終了後の一定期間内に成立した M&A についても手数料の取得を認める条項（テール条項）を一般的な運用とすることを行動指針としている。

　イ　M&A 専門業者に対しては，適正な業務遂行のため，他の M&A 支援機関へのセカンド・オピニオンを求めることを原則として許容する契約とすることを行動指針としている。

　ウ　後継者不在の中小企業向けに，仲介手数料（着手金・月額報酬・中間金・成功報酬）の考え方や，具体的事例を提示することにより，手数料の目安を示している。

　エ　支援機関の基本姿勢として，事業者の利益の最大化と支援機関同士の連携の重要性を提示している。

解答	ア

■解説

　「中小 M&A ガイドライン」に関する出題である。設問文にあるとおり，2015 年（平成 27 年）4 月 7 日に公表された「事業引継ぎガイドライン」を全面改訂して，2021 年（令和 2 年）3 月 31 日に「中小 M&A ガイドライン」として公表された。本問の知識を基本ベースとして習得しておけばよい。

　中小企業が M&A を躊躇する要因として，①M&A に関する知見がなく進め方がわからない，②M&A 業務の手数料等の目安が見極めにくい，③M&A 支援に関する不信感，がある。そのため，「中小 M&A ガイドライン」では，後継者不在の中小企業に向けて，M&A の基本知識のみならず具体的な事例や手数料の考え方等を提示して M&A の実践的理解を促すとともに，M&A 専門業者等の支援機関に向けては適切な M&A のための行動指針を提示した。

　なお，「事業承継ガイドライン」と「中小 M&A ガイドライン」は別物である。違いを簡単に言うならば，「事業承継ガイドライン」は中小企業の経営者に事業承継全般の課題を知ってもらうためのものであるが，「中小 M&A ガイドライン」は社外の第三者による事業の引継ぎを念頭に M&A に特化して説明したものである。

　ア：不適切である。契約期間終了後も手数料を取得する契約（テール条項）を限定的な運用とすることを M&A 専門業者の行動指針としたことが特徴である。
　イ：適切である。なお，中小企業に対しても M&A 専門業者の支援内容の妥当性を検証するため，事業承継・引継ぎ支援センター等の支援機関に意見を求めること（セカンド・オピニオン）を推奨している。
　ウ：適切である。仲介手数料の考え方や具体的事例を提示することにより，手数料を客観的に判断する基準を示している。
　エ：適切である。ここでいう「支援機関」とは，M&A 専門業者，金融機関，士業等専門家，商工団体，事業承継・引継ぎ支援センター等を指す。事業者（顧客）の利益の最大化は当然として，円滑に中小 M&A が進むケースにおいては，支援機関同士が相互に連携しあっている例が多いため，支援機関同士の連携の重要性を提示している。

　よって，アが正解である。

中小 PMI 支援メニュー	ランク	1 回目		2 回目		3 回目	
	B	／		／		／	

■令和5年度　第13問

　中小企業庁では，2022 年 3 月，中小企業の M&A における PMI（Post Merger Integration）の成功事例や失敗事例を分析するなどして，現時点の知見として譲受側が取り組むべきと考えられる PMI の取組を整理し，「中小 PMI ガイドライン」として取りまとめている。

　「中小 PMI ガイドライン」に関する記述の正誤の組み合わせとして，最も適切なものを下記の解答群から選べ。

 a PMI の主な構成要素を，「経営統合」「信頼関係構築」「業務統合」の 3 領域と定義している。

 b M&A の検討段階ではなく，M&A の成立後から PMI に向けた準備を進めることが PMI を円滑に実行する上で欠かせない。

 c M&A 成立後概ね 1 年の集中実施期間を経て，それ以降も継続的に取組を実施することが重要である。

〔解答群〕

 ア a：正 b：正 c：誤

 イ a：正 b：誤 c：正

 ウ a：正 b：誤 c：誤

 エ a：誤 b：正 c：誤

 オ a：誤 b：誤 c：正

解答	イ

■解説

　中小 PMI 支援メニューにある中小 PMI ガイドラインに関する出題である。令和5年度は「中小企業経営」として出題されたが，中小 PMI 支援メニューの一部として「中小企業政策」分野として本書では掲載することとした。

　PMI（Post Merger Integration）とは，M&A によって引き継いだ事業の継続・成長に向けた統合やすり合わせ等の取組をいう。M&A 実施後の統合作業の重要性を認識・理解する中小企業や，それを支援する支援機関は少ない状況を踏まえ，中小企業庁では，2022 年（令和4年）3月16日，中小企業の M&A における PMI の成功事例や失敗事例を分析するなどして，現時点の知見として譲受側が取り組むべきと考えられる PMI の取組を整理し，「中小 PMI ガイドライン」として取りまとめた。

　本ガイドラインでは，規模の大小等を問わず，幅広い中小企業において M&A が広がりつつあることを踏まえ，経営資源に制約のある比較的小規模な中小企業であっても対応できるよう「基礎編」を用意するとともに，必要に応じてより高度な取組にも挑戦できるよう「発展編」も用意した。

　また，本ガイドラインでは，PMI の主な構成要素を「経営統合」「信頼関係構築」「業務統合」の3領域と定義し，PMI の推進体制や各領域における手順，求められる取組などを示した。さらに，M&A の検討段階から PMI に向けた準備を進めることが PMI を円滑に実行する上で欠かせない点や，M&A 成立後概ね1年の集中実施期間を経て，それ以降も継続的に取組を実施することが重要であることを示した。

　　a：適切である。上記解説の下線部を参照。
　　b：不適切である。M&A の成立後ではなく，M&A の検討段階から PMI に向けた準備を進めることが PMI を円滑に実行する上で欠かせない点を，中小PMI ガイドラインでは示している。
　　c：適切である。上記解説の下線部を参照。

　よって，「a：正，b：誤，c：正」となり，イが正解である。

中小 PMI 支援メニュー	ランク	1 回目		2 回目		3 回目	
	B	╱		╱		╱	

■令和 4 年度　第 30 問

　中小企業庁は，事業承継の手段としても期待される M&A について，マッチングなどの M&A の成立に向けた従来の支援に加え，PMI への支援に取り組むため，「中小 PMI 支援メニュー」を策定している。

　PMI に関する記述として，最も適切なものはどれか。

　ア　M&A で株式譲渡，事業譲渡などに係る最終契約を締結した後，株式・財産の譲渡を行う工程をいう。

　イ　M&A によって引き継いだ事業の継続・成長に向けた統合やすり合わせなどの取り組みをいう。

　ウ　後継者不在などの中小企業の事業を，廃業に伴う経営資源の散逸回避，生産性向上や創業促進などを目的として，社外の第三者である後継者が引き継ぐことをいう。

　エ　対象企業である譲渡側における各種のリスクなどを精査するため，主に譲受側が専門家に依頼して実施する調査をいう。

解答	イ

■解説

中小 PMI 支援メニューに関する出題である。

中小企業庁は，事業承継の手段としても期待される M&A について，マッチング等の M&A の成立に向けた従来の支援に加え，<u>M&A によって引き継いだ事業の継続・成長に向けた統合やすり合わせ等の取組</u>（PMI：Post Merger Integration）への支援に取り組むため，「中小 PMI 支援メニュー」を策定し，2022 年（令和 4 年）3 月 17 日に公表した。主なポイントとして以下のとおりである。

⑴　中小 PMI の「型」の提示，普及啓蒙
　①中小 PMI ガイドラインの策定（2022 年 3 月 17 日）
　②PMI に関するセミナーや研修等の実施
⑵　PMI の実践機会の提供
　①事業承継・引継ぎ補助金等による支援
　②経営資源集約化税制による支援
⑶　PMI 支援を行う専門家の育成等
　①士業等専門家との連携
　②中小企業診断士に対するガイドライン理解促進の枠組みの導入

まずは PMI と各用語の意味を本問ベースで押さえることを優先し，上記ポイントは余裕があれば押さえよう。

　ア：不適切である。「クロージング」に関する記述である。
　イ：適切である。「PMI」に関する記述である。
　ウ：不適切である。「中小 M&A」に関する記述である。
　エ：不適切である。「デュー・ディリジェンス（DD）」に関する記述である。

よって，イが正解である。

ものづくり補助金	ランク	1回目		2回目		3回目	
	A	／		／		／	

■**令和 4 年度　第 28 問　改題**

　「ものづくり・商業・サービス補助金」は，生産性向上に資する革新的サービス開発・試作品開発・生産プロセスの改善を行う中小企業・小規模事業者などの設備投資などを支援するものである。

　この補助金の対象となる者は，事業計画を策定し実施する中小企業・小規模事業者などである。この事業計画の要件として，最も適切なものはどれか。

　　ア　売上高を年平均成長率 3％以上向上

　　イ　給与支給総額を年平均成長率 1.5％以上向上

　　ウ　事業場内最低賃金を地域別最低賃金 100 円以上向上

　　エ　付加価値額を年平均成長率 5％以上向上

解答	イ

■解説

「ものづくり・商業・サービス補助金（ものづくり補助金）」に関する出題である。正式な事業名がよく変わるので，受験レベルでは「ものづくり補助金」と略して覚え，本問をベースに対象者と要件を優先して押さえておけばよい。いくつか支援メニュー（枠）があるが，すべての枠共通の要件は以下のとおりである。

〈対象者（すべての枠共通）〉

一定の要件を満たす事業計画（3～5年）を策定・実行する中小企業・小規模事業者・資本金10億円未満の特定事業者など（認定支援機関の確認は不要）

〈基本要件（すべての枠共通）〉

以下の要件のすべてを満たすこと

① 付加価値額の年平均成長率（CAGR）3％以上向上

② 給与支給総額の年平均成長率（CAGR）1.5％以上向上

③ 事業場内最低賃金の地域別最低賃金＋30円以上向上

※付加価値額，給与支給総額の考え方（定義）は，経営革新計画と同じである。また，ものづくり補助金の付加価値額，給与支給総額の伸び率の基準は，経営革新計画の承認基準とほぼ同じと考えてよい。

ア：不適切である。付加価値額を年平均成長率3％以上向上させる必要がある。

イ：適切である。上記の要件②に該当。

ウ：不適切である。100円以上ではなく30円以上向上が求められている。

エ：不適切である。年平均成長率5％以上ではなく年平均成長率3％以上が求められている。

よって，イが正解である。

ものづくり補助金	ランク	1回目	2回目	3回目
	A	／	／	／

■令和元年度　第15問（設問2）　改題

次の文章を読んで，下記の設問に答えよ。

「ものづくり・商業・サービス補助金」は，生産性向上に資する革新的サービス開発・試作品開発・生産プロセスの改善を行う中小企業・小規模事業者等の設備投資等を支援するものである。<u>一定の要件を満たす事業計画を策定・実行する中小企業・小規模事業者等</u>が主な対象となる。

（設問2）

文中の下線部に関する記述として，最も適切なものはどれか。

ア　1〜3年で，「付加価値額」年平均成長率3%，「給与支給総額」年平均成長率1.5%の向上及び事業場内最低賃金が地域別最低賃金 +30 円以上の水準

イ　1〜3年で，「付加価値額」年平均成長率5%，「給与支給総額」年平均成長率3%の向上及び事業場内最低賃金が地域別最低賃金 +60 円以上の水準

ウ　3〜5年で，「付加価値額」年平均成長率3%，「給与支給総額」年平均成長率1.5%の向上及び事業場内最低賃金が地域別最低賃金 +30 円以上の水準

エ　3〜5年で，「付加価値額」年平均成長率5%，「給与支給総額」年平均成長率3%の向上及び事業場内最低賃金が地域別最低賃金 +60 円以上の水準

解答	ウ

■**解説**

「ものづくり・商業・サービス補助金（ものづくり補助金)」に関する出題である。正式な事業名がよく変わるので，受験レベルでは「ものづくり補助金」と略して覚え，本問をベースに対象者と要件を優先して押さえておけばよい。

〈対象者（すべての枠共通)〉

一定の要件を満たす事業計画（3〜5年）を策定・実行する中小企業・小規模事業者・資本金10億円未満の特定事業者など（認定支援機関の確認は不要)

〈基本要件（すべての枠共通)〉

以下の要件のすべてを満たすこと

① 付加価値額を年平均成長率（CAGR）3％以上向上

② 給与支給総額を年平均成長率（CAGR）1.5％以上向上

③ 事業場内最低賃金が地域別最低賃金 +30円以上の水準

※付加価値額，給与支給総額の考え方（定義）は，経営革新計画と同じである。また，ものづくり補助金の付加価値額，給与支給総額の伸び率の基準は，経営革新計画の承認基準とほぼ同じと考えてよい。

〈支援内容（通常類型とグローバル枠の原則のみ掲載)〉

■補助上限額

・通常類型：従業員数21人以上：1,250万円，6〜20人：1,000万円，5人以下：750万円

・グローバル枠：3,000万円

■補助率

・通常類型：中小1／2，小規模事業者・再生事業者2／3

・グローバル枠：中小1／2，小規模事業者等2／3

※補助上限額，補助率について，受験上は深入りしないこと。

よって，ウが正解である。

ものづくり補助金	ランク	1回目		2回目		3回目	
	A	／		／		／	

■平成 29 年度　第 19 問（設問 1）　改題

次の文章を読んで，下記の設問に答えよ。

「ものづくり・商業・サービス補助金」は，中小企業・小規模事業者等が取り組む，革新的サービス開発・試作品開発・生産プロセスの改善に必要な設備投資等を支援するものである。

この施策の主な支援対象は，以下の全ての要件を満たす　A　年の事業計画を策定・実行する中小企業・小規模事業者等である。

① 付加価値額を年平均成長率　B　％以上向上
② 　C　を年平均成長率 1.5％以上向上
③ 事業場内最低賃金が地域別最低賃金　D　以上の水準

（設問 1）

文中の空欄 A と B に入る数値の組み合わせとして，最も適切なものはどれか。

　ア　A：2〜3　　B：3

　イ　A：2〜3　　B：5

　ウ　A：3〜5　　B：3

　エ　A：3〜5　　B：5

解答	ウ

■解説

　「ものづくり・商業・サービス補助金（ものづくり補助金）」に関する出題である。正式な事業名がよく変わるので，受験レベルでは「ものづくり補助金」と略して覚え，本問をベースに対象者と要件を優先して押さえておけばよい。

〈対象者（すべての枠共通）〉

　一定の要件を満たす事業計画（3～5年）を策定・実行する中小企業・小規模事業者・資本金10億円未満の特定事業者など（認定支援機関の確認は不要）

〈基本要件（すべての枠共通）〉

　以下の要件のすべてを満たすこと

　①　付加価値額を年平均成長率（CAGR）3％以上向上

　②　給与支給総額を年平均成長率（CAGR）1.5％以上向上

　③　事業場内最低賃金が地域別最低賃金 +30円以上の水準

　※付加価値額，給与支給総額の考え方（定義）は，経営革新計画と同じである。また，ものづくり補助金の付加価値額，給与支給総額の伸び率の基準は，経営革新計画の承認基準とほぼ同じと考えてよい。

〈支援内容（通常類型とグローバル枠の原則のみ掲載）〉

　■補助上限額

　　・通常類型：従業員数21人以上：1,250万円，6～20人：1,000万円，5人以下：750万円

　　・グローバル枠：3,000万円

　■補助率

　　・通常類型：中小1／2，小規模事業者・再生事業者2／3

　　・グローバル枠：中小1／2，小規模事業者等2／3

　　※補助上限額，補助率について，受験上は深入りしないこと。

　よって，空欄Aには「3～5」，空欄Bには「3」が入り，ウが正解である。

ものづくり補助金	ランク	1回目		2回目		3回目	
	A	/		/		/	

■平成 29 年度　第 19 問（設問 2）　改題

次の文章を読んで，下記の設問に答えよ。

「ものづくり・商業・サービス補助金」は，中小企業・小規模事業者等が取り組む，革新的サービス開発・試作品開発・生産プロセスの改善に必要な設備投資等を支援するものである。

この施策の主な支援対象は，以下の全ての要件を満たす　A　年の事業計画を策定・実行する中小企業・小規模事業者等である。

① 付加価値額を年平均成長率　B　％以上向上
② 　C　を年平均成長率 1.5％以上向上
③ 事業場内最低賃金が地域別最低賃金　D　以上の水準

（設問 2）
文中の空欄 C と D に入る語句の組み合わせとして，最も適切なものはどれか。

ア　C：営業利益　　　　D：+30 円

イ　C：経常利益　　　　D：+60 円

ウ　C：給与支給総額　　D：+30 円

エ　C：人件費　　　　　D：+60 円

解答	ウ

■解説

「ものづくり・商業・サービス補助金（ものづくり補助金）」に関する出題である。正式な事業名がよく変わるので，受験レベルでは「ものづくり補助金」と略して覚え，本問をベースに対象者と要件を優先して押さえておけばよい。

〈対象者（すべての枠共通）〉

一定の要件を満たす事業計画（3～5 年）を策定・実行する中小企業・小規模事業者・資本金 10 億円未満の特定事業者など（認定支援機関の確認は不要）

〈基本要件（すべての枠共通）〉

以下の要件のすべてを満たすこと

①　付加価値額を年平均成長率（CAGR）3% 以上向上

②　給与支給総額を年平均成長率（CAGR）1.5% 以上向上

③　事業場内最低賃金が地域別最低賃金 +30 円以上の水準

※付加価値額，給与支給総額の考え方（定義）は，経営革新計画と同じである。また，ものづくり補助金の付加価値額，給与支給総額の伸び率の基準は，経営革新計画の承認基準とほぼ同じと考えてよい。

なお，「給与支給総額」は給与所得にならない福利厚生費や退職手当等は含まれないが，付加価値額の構成要素である「人件費」には福利厚生費や退職手当等が含まれるという違いがある。

よって，空欄 C には「給与支給総額」，空欄 D には「+30 円」が入り，ウが正解である。

ものづくり補助金	ランク	1回目	2回目	3回目
	A	／	／	／

■平成 27 年度　第 28 問（設問 1）　改題

次の文章を読んで，下記の設問に答えよ。

「ものづくり・商業・サービス補助金」は，中小企業・小規模事業者等が取り組む，革新的サービス開発・試作品開発・生産プロセスの改善に必要な設備投資等を支援するものである。

この事業の主な支援対象は，どのように　　A　　を明記した以下の全ての要件を満たす　　B　　の事業計画を策定・実行する中小企業・小規模事業者等である。

①　　　C　　を年平均成長率 3％以上向上
②　　　D　　を年平均成長率 1.5％以上向上
③　事業場内最低賃金が地域別最低賃金 +30 円以上の水準

（設問 1）

文中の空欄 A と B に入る語句の組み合わせとして，最も適切なものはどれか。

ア　A：雇用環境を整備し人材活用を促進するか　　B：2～3 年

イ　A：雇用環境を整備し人材活用を促進するか　　B：3～5 年

ウ　A：他者と差別化し競争力を強化するか　　B：2～3 年

エ　A：他者と差別化し競争力を強化するか　　B：3～5 年

解答	エ

■解説

　「ものづくり・商業・サービス補助金（ものづくり補助金）」に関する出題である。正式な事業名がよく変わるので，受験レベルでは「ものづくり補助金」と略して覚え，本問をベースに対象者と要件を優先して押さえておけばよい。

〈対象者（すべての枠共通）〉

　一定の要件を満たす事業計画（3～5年）を策定・実行する中小企業・小規模事業者・資本金10億円未満の特定事業者など（認定支援機関の確認は不要）

〈基本要件（すべての枠共通）〉

　以下の要件のすべてを満たすこと

　①　付加価値額を年平均成長率（CAGR）3％以上向上

　②　給与支給総額を年平均成長率（CAGR）1.5％以上向上

　③　事業場内最低賃金が地域別最低賃金 +30円以上の水準

　※付加価値額，給与支給総額の考え方（定義）は，経営革新計画と同じである。また，ものづくり補助金の付加価値額，給与支給総額の伸び率の基準は，経営革新計画の承認基準とほぼ同じと考えてよい。

　なお，どのように他者と差別化し競争力を強化するか（空欄Aに該当）について，その方法や仕組み，実施体制など，具体的に事業計画書に記載して説明するよう求められている。

　よって，空欄Aには「他者と差別化し競争力を強化するか」，空欄Bには「3～5年」が入り，エが正解である。

ものづくり補助金	ランク	1 回目	2 回目	3 回目
	A	/	/	/

■平成 27 年度　第 28 問（設問 2）　改題

次の文章を読んで，下記の設問に答えよ。

「ものづくり・商業・サービス補助金」は，中小企業・小規模事業者等が取り組む，革新的サービス開発・試作品開発・生産プロセスの改善に必要な設備投資等を支援するものである。

この事業の主な支援対象は，どのように　　A　　を明記した以下の全ての要件を満たす　B　の事業計画を策定・実行する中小企業・小規模事業者等である。

① 　　C　　を年平均成長率 3％以上向上
② 　　D　　を年平均成長率 1.5％以上向上
③ 事業場内最低賃金が地域別最低賃金 +30 円以上の水準

（設問 2）

文中の空欄 C と D に入る語句の組み合わせとして，最も適切なものはどれか。

　ア　C：売上高　　　　D：人件費

　イ　C：売上高　　　　D：給与支給総額

　ウ　C：付加価値額　　D：人件費

　エ　C：付加価値額　　D：給与支給総額

解答	エ

■解説

　「ものづくり・商業・サービス補助金（ものづくり補助金）」に関する出題である。正式な事業名がよく変わるので，受験レベルでは「ものづくり補助金」と略して覚え，本問をベースに対象者と要件を優先して押さえておけばよい。

〈対象者（すべての枠共通）〉

　一定の要件を満たす事業計画（3～5年）を策定・実行する中小企業・小規模事業者・資本金10億円未満の特定事業者など（認定支援機関の確認は不要）

〈基本要件（すべての枠共通）〉

　以下の要件のすべてを満たすこと

①　付加価値額を年平均成長率（CAGR）3%以上向上

②　給与支給総額を年平均成長率（CAGR）1.5%以上向上

③　事業場内最低賃金が地域別最低賃金+30円以上の水準

※付加価値額，給与支給総額の考え方（定義）は，経営革新計画と同じである。また，ものづくり補助金の付加価値額，給与支給総額の伸び率の基準は，経営革新計画の承認基準とほぼ同じと考えてよい。

　なお，「給与支給総額」は給与所得にならない福利厚生費や退職手当等は含まれないが，付加価値額の構成要素である「人件費」には福利厚生費や退職手当等が含まれるという違いがある。

　よって，空欄Cには「付加価値額」，空欄Dには「給与支給総額」が入り，エが正解である。

成長型中小企業等研究開発支援事業	ランク	1回目		2回目		3回目	
	B	／		／		／	

■**令和4年度　第29問**

　次の文章の空欄AとBに入る語句の組み合わせとして，最も適切なものを下記の解答群から選べ。

　「成長型中小企業等研究開発支援事業」は，中小企業が大学・公設試験研究機関などと連携して行う，ものづくり基盤技術およびサービスの高度化に向けた研究開発などの取り組みを最大　A　支援するものである。

　この事業の支援対象となるには，大学，公設試験研究機関，最終製品を生産する川下製造業者，自社以外の中小企業・小規模事業者など，　B　で共同体を組んでいることが求められる。

〔解答群〕

　　ア　A：2年間　　　B：2者以上

　　イ　A：2年間　　　B：3者以上

　　ウ　A：3年間　　　B：2者以上

　　エ　A：3年間　　　B：3者以上

解答	ウ

■解説

　成長型中小企業等研究開発支援事業（Go-Tech 事業）は，中小企業のものづくり基盤技術及びサービスの高度化に向けて，大学・公設試等と連携して行う研究開発及びその事業化に向けた取組に要する費用を補助する補助金制度である。

〈支援対象〉
- ●大学，公設試験研究機関，最終製品を生産する川下製造業者，自社以外の中小企業・小規模事業者など，2者以上（空欄 B に該当）で共同体を組んでいること
- ●「中小企業の特定ものづくり基盤技術及びサービスの高度化等に関する指針」を踏まえた研究開発であること

〈支援内容（通常枠)〉
- ■補助金額：単年度 4,500 万円以下（3 年間の合計で 9,750 万円以下）
- ■補助率　：原則 2／3 以内（大学・公設試等は定額）
- ■事業期間：2〜3 年（空欄 A に該当）

〈支援機関〉
　国（経済産業局）

　よって，空欄 A には「3 年間」，空欄 B には「2 者以上」が入り，ウが正解である。

成長型中小企業等研究開発支援事業	ランク	1回目		2回目		3回目	
	B	/		/		/	

■令和元年度　第 22 問　改題

　中小製造業の A 社は，ものづくり基盤技術の高度化に向けた研究開発を行いたいと考えている。中小企業診断士 B 氏は，「成長型中小企業等研究開発支援事業」を紹介することとした。

　この事業に関する B 氏の説明として，最も適切なものはどれか。

ア　2 者以上の共同体を組んだ取り組みが支援要件に含まれます。

イ　5 年にわたり基礎研究を支援してくれます。

ウ　設備投資に関して固定資産税の特例を受けることができます。

エ　中小企業支援法の認定を受けた企業が対象になります。

解答	ア

■解説

　成長型中小企業等研究開発支援事業（Go-Tech 事業）は，中小企業のものづくり基盤技術及びサービスの高度化に向けて，大学・公設試等と連携して行う研究開発及びその事業化に向けた取組に要する費用を補助する補助金制度である。

〈支援対象〉

- ●大学，公設試験研究機関，最終製品を生産する川下製造業者，自社以外の中小企業・小規模事業者など，2者以上で共同体を組んでいること
- ●「中小企業の特定ものづくり基盤技術及びサービスの高度化等に関する指針」を踏まえた研究開発であること

〈支援内容（通常枠）〉

- ■補助金額：単年度 4,500 万円以下（3 年間の合計で 9,750 万円以下）
- ■補助率　：原則 2 ／ 3 以内（大学・公設試等は定額）
- ■事業期間：2〜3 年

〈支援機関〉

　国（経済産業局）

　ア：適切である。単独では申請できず，共同体を構成する必要がある。
　イ：不適切である。事業期間は 2〜3 年である（1 年のみは不可）。
　ウ：不適切である。このような規定はない。なお，設備投資に関する固定資産税の特例は，中小企業等経営強化法（生産性向上特別措置法は廃止され，中小企業等経営強化法に統合された）に基づく先端設備等導入計画の認定を受けた場合の支援措置として思い出せるとよい。
　エ：不適切である。上記の支援対象の解説参照。なお，中小企業支援法において認定制度があるのは，「認定情報提供機関」についてのみである。

　よって，アが正解である。

小規模事業者 持続化補助金	ランク	1 回目		2 回目		3 回目	
	A	／		／		／	

■令和 4 年度　第 22 問

　「小規模事業者持続化補助金（一般型）」は，小規模事業者が変化する経営環境の中で持続的に事業を発展させていくため，経営計画を作成し，販路開拓や生産性向上に取り組む費用等を支援するものである。

　この補助金の対象となる者として，最も適切なものはどれか。

　　ア　常時使用する従業員が 8 人の卸売業を営む個人事業主

　　イ　常時使用する従業員が 10 人の小売業を営む個人事業主

　　ウ　常時使用する従業員が 15 人のサービス業（宿泊業・娯楽業を除く）を営む
　　　　法人

　　エ　常時使用する従業員が 20 人の製造業を営む法人

解答	エ

■解説

　小規模事業者持続化補助金に関する出題である。

　小規模事業者持続化補助金は，小規模事業者等が商工会・商工会議所の助言等を受けて経営計画を作成し，販路開拓や生産性向上に取り組む費用を補助する事業である。補助対象者は，以下のとおりである。

〈対象者〉

　常時使用する従業員が20人（商業・サービス業（宿泊業・娯楽業を除く）の場合は5人）以下の法人・個人事業主

　事業名のとおり，「小規模事業者」が補助対象者となるが，中小企業基本法に規定する小規模企業者とは若干範囲が異なる（上記の下線部が異なる部分）。つまり，持続化補助金では，宿泊業・娯楽業の支援範囲を拡げている。同様の支援範囲の拡充は，小規模事業者経営改善資金融資制度（マル経融資）や小規模企業共済制度などでも行われている。

　　ア：不適切である。卸売業は「商業」に該当するが，従業員数が5人を超えるため，補助対象者には該当しない。

　　イ：不適切である。小売業は「商業」に該当するが，従業員数が5人を超えるため，補助対象者には該当しない。

　　ウ：不適切である。従業員数が5人を超えるため，補助対象者には該当しない。

　　エ：適切である。製造業であるので，常時使用する従業員が20人以下に該当すれば補助対象者となる。

　よって，エが正解である。

小規模事業者 持続化補助金	ランク	1回目		2回目		3回目	
	A	/		/		/	

■令和 3 年度　第 25 問（設問 1）　改題

　次の文章を読んで，下記の設問に答えよ。

　中小企業診断士の X 氏は，飲食業を営む Y 氏（従業員数 2 名）から，新たな販路開拓のためチラシ，ウェブサイト作成を行うための資金調達に関する相談を受けた。
　X 氏は，Y 氏に，「小規模事業者持続化補助金（一般型）」を紹介することとした。
　以下は，X 氏と Y 氏との会話である。

X 氏：「小規模事業者持続化補助金（一般型）の利用を検討してはいかがでしょうか。」
Y 氏：「その補助金には，どのような利用条件があるのでしょうか。また，どの程度の補助を受けることができるのでしょうか。」
X 氏：「　　A　　」

（設問 1）

　文中の空欄 A に入る説明として，最も適切なものはどれか。

　　ア　この補助金は，市区町村の認定を受けた事業計画に関する販路開拓の取組等を支援するものです。補助率は 2 分の 1 になります。

　　イ　この補助金は，市区町村の認定を受けた事業計画に関する販路開拓の取組等を支援するものです。補助率は 3 分の 2 になります。

　　ウ　この補助金は，経営計画を作成し，その計画に沿って行う販路開拓の取組等を支援するものです。補助率は 2 分の 1 になります。

　　エ　この補助金は，経営計画を作成し，その計画に沿って行う販路開拓の取組等を支援するものです。補助率は 3 分の 2 になります。

解答	エ

■解説
　小規模事業者持続化補助金に関する出題である。
　小規模事業者持続化補助金は，小規模事業者等が商工会・商工会議所の助言等を受けて経営計画を作成し，販路開拓や生産性向上に取り組む費用を補助する事業である。以下を押さえておきたい。

〈対象者〉
　常時使用する従業員が20人（商業・サービス業（宿泊業・娯楽業を除く）の場合は5人）以下の法人・個人事業主

〈支援内容（通常枠）〉
■補助率：3分の2以内
■補助上限額：
　50万円（原則）
■取組例：
　チラシ作成，ウェブサイト作成，商談会への参加，店舗改装　等

　なお，他にも枠（メニュー）があるが，受験対策上は通常枠の内容をこの解説ベースで押さえ，深入りはしないこと。

　よって，空欄Aには「この補助金は，経営計画を作成し，その計画に沿って行う販路開拓の取組等を支援するものです。補助率は3分の2になります。」が入り，エが正解である。なお，「市区町村の認定」という仕組みは，小規模事業者持続化補助金においては存在しない。

小規模事業者 持続化補助金	ランク	1回目		2回目		3回目	
	A	/		/		/	

■令和元年度　第 17 問（設問 1）
　次の文章を読んで，下記の設問に答えよ。

　中小企業診断士の A 氏は，小規模事業者の B 氏から，「小規模事業者持続化補助金について教えてほしい」との相談を受けた。以下は，A 氏と B 氏との会話の一部である。

B 氏：「小規模事業者持続化補助金について教えてください。」
A 氏：「小規模事業者は，人口減少や高齢化などによる地域の需要の変化に対応していくことが欠かせません。小規模事業者持続化補助金は，小規模事業者のビジネスプランに基づく経営を推進するため，①経営計画を作成し，その経営計画に基づく②取り組みを支援するものです。」

（設問 1）
　文中の下線部①の経営計画に関する記述として，最も適切なものはどれか。

　　ア　経営改善支援センターの助言等を受けて作成する。

　　イ　商工会・商工会議所の助言等を受けて作成する。

　　ウ　地域の金融機関の助言等を受けて作成する。

　　エ　認定支援機関の助言等を受けて作成する。

解答	イ

■解説

　小規模事業者持続化補助金は，小規模事業者が商工会・商工会議所の助言等を受けて経営計画を作成し，販路開拓や生産性向上に取り組む費用を補助する事業である。

〈対象者〉

　常時使用する従業員が20人（商業・サービス業（宿泊業・娯楽業を除く）の場合は5人）以下の法人・個人事業主

〈支援内容（通常枠）〉

　チラシ作成，ホームページ作成，商談会への参加，店舗改装等の費用に対して，補助率2／3以内，補助上限額50万円（原則）である。

　ア：不適切である。商工会・商工会議所の助言等を受けて経営計画を作成する。なお，実務的には助言を受けるのはどこでも構わないが，申請時に商工会・商工会議所に「支援計画書」の作成・交付を依頼し，受け取らなければならない。なお，経営改善支援センターは，2022年（令和4年）4月1日に中小企業再生支援協議会と統合され，中小企業者の収益力改善，事業再生，再チャレンジを一元的に支援する「中小企業活性化協議会」に名称変更した。

　イ：適切である。選択肢アの解説参照。

　ウ：不適切である。選択肢アの解説参照。

　エ：不適切である。選択肢アの解説参照。なお，認定支援機関とは，中小企業に対して専門性の高い支援事業を行える者として一定レベルにある個人，法人等を「経営革新等支援機関」として国が認定した者をいう。具体的には，中小企業診断士，税理士，地域の金融機関，中小企業支援機関等が認定されている。根拠法は中小企業等経営強化法である。

　よって，イが正解である。

小規模事業者 持続化補助金	ランク	1回目	2回目	3回目
	A	/	/	/

■令和元年度　第17問（設問2）

次の文章を読んで，下記の設問に答えよ。

　中小企業診断士のA氏は，小規模事業者のB氏から，「小規模事業者持続化補助金について教えてほしい」との相談を受けた。以下は，A氏とB氏との会話の一部である。

B氏：「小規模事業者持続化補助金について教えてください。」
A氏：「小規模事業者は，人口減少や高齢化などによる地域の需要の変化に対応していくことが欠かせません。小規模事業者持続化補助金は，小規模事業者のビジネスプランに基づく経営を推進するため，①経営計画を作成し，その経営計画に基づく②取り組みを支援するものです。」

（設問2）
　文中の下線部②に該当する取り組みとして，最も適切なものはどれか。

　　ア　雇用調整の取り組み

　　イ　事業承継の取り組み

　　ウ　販路開拓の取り組み

　　エ　連鎖倒産防止の取り組み

解答	ウ

■解説

　小規模事業者持続化補助金は，小規模事業者が商工会・商工会議所の助言等を受けて経営計画を作成し，販路開拓や生産性向上に取り組む費用を補助する事業である。

〈対象者〉

　常時使用する従業員が 20 人（商業・サービス業（宿泊業・娯楽業を除く）の場合は 5 人）以下の法人・個人事業主

〈支援内容（通常枠）〉

　チラシ作成，ホームページ作成，商談会への参加，店舗改装等の費用に対して，補助率 2 ／ 3 以内，補助上限額 50 万円（原則）である。

　　ア：不適切である。雇用調整とは，一般的には雇用量を減少させることを意味し，解雇，休業，出向等をいう。このような場合において，雇用を維持するために休業，教育訓練，出向を行うときに，休業手当又は賃金相当額の 1 ／ 2（中小企業の場合は 2 ／ 3）を助成する「雇用調整助成金」がある。

　　イ：不適切である。なお，事業承継・引継ぎを契機とする新たな取組（設備投資，販路開拓等）や廃業に係る費用，事業引継ぎ時の士業専門家の活用費用（仲介手数料，デューデリジェンス費用，企業概要書作成費用等）の一部を補助する「事業承継・引継ぎ補助金」がある。

　　ウ：適切である。「販路開拓」がキーワードである。上記の解説参照。

　　エ：不適切である。なお，「連鎖倒産防止」ときたら，「中小企業倒産防止共済」を思い出したい。

　よって，ウが正解である。

IT 導入補助金	ランク	1回目	2回目	3回目
	C	／	／	／

■令和 5 年度　第 25 問（設問 1）　改題

次の文章を読んで，下記の設問に答えよ。

IT 導入補助金は，売上や業務効率を高める IT ツールを導入する中小企業や小規模事業者などを支援するものである。

この補助金には用途や対象物などに応じて，「通常枠」，「セキュリティ対策推進枠」，「複数社連携 IT 導入枠」「インボイス枠」がある。

「通常枠」の補助率は，￣A￣である。「複数社連携 IT 導入枠」は，地域 DX の実現や生産性の向上を図るため，￣B￣の複数の中小企業や小規模事業者などが連携して IT ツール及びハードウェアを導入する取組について補助を行う。

（設問 1）

IT 導入補助金の枠に関する記述として，最も適切なものはどれか。

　ア　「通常枠」では生産性向上に資するハードウェア導入費用も補助対象としている。

　イ　「インボイス枠」ではインボイス制度に対応したハードウェア導入費用も補助対象としている。

　ウ　「セキュリティ対策推進枠」ではサイバーセキュリティ対策に資するハードウェア導入費用も補助対象としている。

　エ　「セキュリティ対策推進枠」ではサイバーセキュリティ対策に資する IT ツールであれば全て補助対象としている。

（注）本問は，2023 年版の IT 導入補助金の設問として出題されたが，当時の公募要領等を読み解くと明らかに不適切な出題であった。中小企業診断協会は訂正していないが，IT 導入補助金の改正があったこと，不適切な出題をベースに改題はできないことから，本書では本試験の設問を大幅に加筆修正して解答できるようにした。

解答	イ

■解説

　IT 導入補助金には支援メニューが「枠」という形で以下のとおり用意されている。

〈支援メニュー〉

1．通常枠
　・生産性向上に資する IT ツール（ソフトウェア，サービス）の導入費用を支援。
2．複数社連携 IT 導入枠
　・10 者以上の中小企業・小規模事業者等が連携した，インボイス制度への対応やキャッシュレス決済を導入する取組等を支援。
3．セキュリティ対策推進枠
　・独立行政法人情報処理推進機構（IPA）が公表する「サイバーセキュリティお助け隊サービスリスト」（※）に掲載されているセキュリティサービスの利用料を最大 2 年分補助。
　　※「サイバーセキュリティお助け隊サービス」とは，中小企業等に必要なサイバーセキュリティ対策をワンパッケージにまとめたサービスのこと。
4．インボイス枠
　・インボイス制度に対応した IT ツールの導入を支援。①インボイス対応類型，②電子取引類型に分かれている。
　・インボイス対応類型では，会計・受発注・決済ソフトに加え，PC・タブレット・レジ・券売機などハードウェア導入費用も支援。
　・電子取引類型では受発注ソフト導入を支援。大企業等も補助対象となっている。

　　ア：不適切である。通常枠ではハードウェア導入費用は補助対象外である。
　　イ：適切である。上記 4 の解説参照。
　　ウ：不適切である。セキュリティ対策推進枠ではハードウェア導入費用は補助対象外である。
　　エ：不適切である。補助対象は限定されている。上記 3 の解説参照。

　よって，イが正解である。

IT 導入補助金	ランク	1回目	2回目	3回目
	C	/	/	/

■**令和5年度　第25問（設問2）　改題**

次の文章を読んで，下記の設問に答えよ。

IT 導入補助金は，売上や業務効率を高める IT ツールを導入する中小企業や小規模事業者などを支援するものである。

この補助金には用途や対象物などに応じて，「通常枠」，「セキュリティ対策推進枠」，「複数社連携 IT 導入枠」「インボイス枠」がある。

「通常枠」の補助率は，　A　である。「複数社連携 IT 導入枠」は，地域 DX の実現や生産性の向上を図るため，　B　の複数の中小企業や小規模事業者などが連携して IT ツール及びハードウェアを導入する取組について補助を行う。

（設問2）

文中の空欄 A と B に入る語句の組み合わせとして，最も適切なものはどれか。

ア　A：2分の1以内　　B：5者以上

イ　A：2分の1以内　　B：10者以上

ウ　A：3分の2以内　　B：5者以上

エ　A：3分の2以内　　B：10者以上

解答	イ

■解説

　IT 導入補助金は，中小企業等の労働生産性の向上を目的として，業務効率化や DX の推進，サイバーセキュリティ対策，インボイス制度への対応等に向けた IT ツールの導入を支援する補助金である。

　IT 導入補助金には支援メニューが「枠」という形で用意されているが，頻出論点でもない IT 導入補助金のすべての枠の補助率や補助上限額を覚えるのは，負担と効果の面で得策ではない。本問の出題も踏まえ，以下を押さえる程度でよいであろう。令和 5 年度の本試験は，IT 導入補助金のかなり細かい部分が出題されているので，深入りは禁物である。

〈押さえておきたいポイント〉
1．通常枠の補助率は<u>2 分の 1 以内</u>（空欄 A に該当）
2．複数社連携 IT 導入枠は，<u>10 者以上</u>（空欄 B に該当）の中小企業・小規模事業者等が連携した取り組みを支援。
3．IT 導入補助金の補助対象は IT ツール（ソフトウェア，サービス）が原則。ただし，「インボイス枠のインボイス対応類型」と「複数社連携 IT 導入枠」のみハードウェア導入費用も補助対象となる。
4．セキュリティ対策推進枠では，独立行政法人情報処理推進機構（IPA）が公表する「サイバーセキュリティお助け隊サービスリスト」に掲載されているセキュリティサービスの利用料のみが補助対象となる。

　よって，空欄 A には「2 分の 1 以内」，空欄 B には「10 者以上」が入り，イが正解である。

事業再構築補助金	ランク	1回目		2回目		3回目	
	B	/		/		/	

■**令和 5 年度　第 28 問（設問 1）**

次の文章を読んで，下記の設問に答えよ。

　中小企業診断士の X 氏は，ポストコロナ時代の経済社会の変化に対応するため事業再構築に意欲を有する中小企業の経営者 Y 氏（食料品製造業）から，事業再構築補助金に関する相談を受けた。X 氏は，Y 氏に対して，中小企業庁の事業再構築指針に基づく説明を行うことにした。

　以下は，X 氏と Y 氏との会話である。

X 氏：「事業再構築とは，新市場進出（新分野展開，業態転換），事業転換，業種転換，
　　　　事業再編または国内回帰のいずれかを行う計画に基づく事業活動のことです。」
Y 氏：「そうなのですね。当社は，とくに新分野展開に関心があります。たとえば，
　　　　　A　などは，新分野展開に該当するのでしょうか。」
X 氏：「はい，該当します。ただし，新製品の売上高などに関する要件があります。」
Y 氏：「売上高に関する要件ですか。具体的に教えていただけますか。」
X 氏：「事業計画期間終了後，新製品の売上高が原則として総売上高の　B　となる
　　　　計画を策定することが必要になります。」

（設問 1）

　会話の中の空欄 A に入る記述として，最も適切なものはどれか。

　　ア　過去に製造していた自社製品を再製造し，新たな市場に進出すること
　　イ　自社の既存の製品を単に組み合わせて新製品を製造し，新たな市場に進出すること
　　ウ　自社の既存の製品に容易な改変を加えた新製品を製造し，新たな市場に進出すること
　　エ　他社の先行事例を参考に自社の既存製品と比較し高性能の製品を新規に開発し，新たな市場に進出すること

解答	エ

■解説

　事業再構築補助金は，新市場進出（新分野展開，業態転換），事業転換，業種転換，事業再編，国内回帰またはこれらの取組を通じた規模の拡大等，思い切った事業再構築に意欲を有する中小企業等の挑戦に必要な費用の一部を補助する事業である。

　事業再構築補助金には支援メニューが「枠」という形で複数用意されているが，全枠共通の要件の一つとして事業再構築指針に沿った事業計画を作成することが求められている。本問は，事業再構築指針にある新市場進出の定義が問われており，以下を押さえたい。

〈新市場進出の定義〉（※1と2の両方を満たすこと）
1　「新市場進出（新分野展開，業態転換）」とは，主たる業種又は主たる事業を変更することなく，新たな製品等を製造等し，新たな市場に進出することを指す。
2　「新市場進出（新分野展開，業態転換）」に該当するためには，①製品等の新規性要件，②市場の新規性要件，③売上高10％要件の3つを満たす必要がある。

　　ア：不適切である。製品等の新規性要件は，過去に製造等した実績がないことが必要である。
　　イ：不適切である。製品等の新規性要件は，単なる既存製品の組み合わせでは認められない。
　　ウ：不適切である。製品等の新規性要件は，既存の製品に容易な改変を加えた程度では認められない。
　　エ：適切である。製品等の新規性要件は，既存製品と比べて定量的に性能又は効能が異なること（製品等の性能や効能が定量的に計測できる場合に限る）が必要であり，かつ，過去に製造等した実績がないことを事業計画で示すことができれば，選択肢エの製品は他の選択肢と比較して製品等の新規性要件を満たす可能性が高く，新市場進出（新分野展開）に該当する可能性を残している。

　よって，空欄Aには「他社の先行事例を参考に自社の既存製品と比較し高性能の製品を新規に開発し，新たな市場に進出すること」が入り，エが正解である。

事業再構築補助金	ランク	1回目	2回目	3回目
	B	/	/	/

■令和5年度　第28問（設問2）

次の文章を読んで，下記の設問に答えよ。

　中小企業診断士のX氏は，ポストコロナ時代の経済社会の変化に対応するため事業再構築に意欲を有する中小企業の経営者Y氏（食料品製造業）から，事業再構築補助金に関する相談を受けた。X氏は，Y氏に対して，中小企業庁の事業再構築指針に基づく説明を行うことにした。

　以下は，X氏とY氏との会話である。

X氏：「事業再構築とは，新市場進出（新分野展開，業態転換），事業転換，業種転換，事業再編または国内回帰のいずれかを行う計画に基づく事業活動のことです。」

Y氏：「そうなのですね。当社は，とくに新分野展開に関心があります。たとえば，　A　などは，新分野展開に該当するのでしょうか。」

X氏：「はい，該当します。ただし，新製品の売上高などに関する要件があります。」

Y氏：「売上高に関する要件ですか。具体的に教えていただけますか。」

X氏：「事業計画期間終了後，新製品の売上高が原則として総売上高の　B　となる計画を策定することが必要になります。」

（設問2）

　会話の中の空欄Bに入る語句として，最も適切なものはどれか。

　　ア　5％以上

　　イ　10％以上

　　ウ　15％以上

　　エ　20％以上

解答	イ

■解説

　事業再構築補助金の要件に関する出題である。事業再構築補助金には支援メニューが「枠」という形で複数用意されているが，まずは全枠共通の申請要件を優先して押さえ，深入りしないほうが受験対策としては効果的である。

〈対象者（全枠共通要件）〉

　以下の要件をすべて満たす中小企業者・中堅企業・団体等

1　事業再構築指針に沿った事業計画を作成し，認定経営革新等支援機関の確認を受けること。

2　補助事業終了後3〜5年で付加価値額の年率平均3.0〜5.0％（申請枠により異なる）以上増加又は従業員一人当たり付加価値額の年率平均3.0〜5.0％（申請枠により異なる）以上増加させること

　そして，本問では上記1の要件について，事業再構築指針に示す新市場進出（新分野展開）の定義が問われている。

〈新市場進出の定義〉（※1と2の両方を満たすこと）

1　「新市場進出（新分野展開，業態転換)」とは，主たる業種又は主たる事業を変更することなく，新たな製品等を製造等し，新たな市場に進出することを指す。

2　「新市場進出（新分野展開，業態転換)」に該当するためには，①製品等の新規性要件，②市場の新規性要件，③売上高10％要件の3つを満たす必要がある。

　このうち，上記2の要件の一つである「売上高10％要件」が空欄Bで問われた。「売上高10％要件」では，3〜5年間の事業計画期間終了後，新たな製品の売上高が総売上高の10％（又は総付加価値額の15％）以上となる計画を策定することを求めている。

　よって，空欄Bには「10％以上」が入り，イが正解である。

事業再構築補助金	ランク	1回目		2回目		3回目	
	B	/		/		/	

■令和 3 年度　第 24 問（設問 1）　改題

次の文章を読んで，下記の設問に答えよ。

中小企業等事業再構築促進事業は，新分野展開や業態転換，事業・業種転換，事業再編またはこれらの取組を通じた規模の拡大等，思い切った事業再構築に意欲を有する中小企業等の挑戦を支援するものである。

この事業の対象となるのは，全枠共通で以下の(1)と(2)の両方を満たす中小企業等である。

(1)　事業再構築指針に沿った事業計画を作成し，認定経営革新等支援機関の確認を受けること。

(2)　補助事業終了後　　A　　で　　B　　の年率平均 3.0～5.0％（申請枠により異なる）以上増加又は従業員一人当たり　　B　　の年率平均 3.0～5.0％（申請枠により異なる）以上増加

また，この事業で，中小企業等に対する補助は，「成長枠」等いくつかの申請類型に分けられている。「成長枠」の場合，策定する事業計画は，①事業終了後　　A　　年で，　　B　　の年率平均　　C　　以上，又は従業員一人当たり　　B　　の年率平均　　C　　以上の増加，②事業終了後　　A　　で給与支給総額を年率平均　　D　　以上の増加，などを見込む事業計画である必要がある。

（設問 1）

文中の空欄 A と B に入る語句の組み合わせとして，最も適切なものはどれか。

ア　A：3～5 年　　　B：付加価値額

イ　A：3～5 年　　　B：経常利益

ウ　A：2～3 年　　　B：付加価値額

エ　A：2～3 年　　　B：経常利益

解答	ア

■解説

事業再構築補助金に関する出題である。

事業再構築補助金は，新分野展開や業態転換，事業・業種転換，事業再編又はこれらの取組を通じた規模の拡大等，思い切った事業再構築に意欲を有する中小企業等の挑戦を支援する事業である。概要は以下のとおりである。

〈対象者（全枠共通要件）〉

以下の要件をすべて満たす中小企業者・中堅企業・団体等

1　事業再構築指針に沿った事業計画を作成し，認定経営革新等支援機関の確認を受けること。

2　補助事業終了後<u>3〜5年</u>で<u>付加価値額</u>の年率平均3.0〜5.0％（申請枠により異なる）以上増加又は従業員一人当たり<u>付加価値額</u>の年率平均3.0〜5.0％（申請枠により異なる）以上増加させること

「付加価値額」は，営業利益，人件費，減価償却費の合計のことであり，経営革新計画の承認基準である「付加価値額」と同じである。

この補助金は，成長枠（旧通常枠）をはじめ，数種類の申請類型があり，それぞれに成果目標，補助上限額，補助率が異なる。頻繁に制度内容も変わるため，上記の対象者と成長枠の要件（次の設問を参照）を受験対策として押さえておきたい。

よって，空欄Aには「3〜5年」，空欄Bには「付加価値額」が入り，アが正解である。

（注）本試験当日，本問は採点の対象外とする旨の案内があった。補助金の制度変更に問題が対応していなかったためである。そのため，本書では本試験の設問を加筆修正して解答できるようにした。

事業再構築補助金	ランク	1回目		2回目		3回目	
	B	/		/		/	

■令和 3 年度　第 24 問（設問 2）　改題

次の文章を読んで，下記の設問に答えよ。

中小企業等事業再構築促進事業は，新分野展開や業態転換，事業・業種転換，事業再編またはこれらの取組を通じた規模の拡大等，思い切った事業再構築に意欲を有する中小企業等の挑戦を支援するものである。

この事業の対象となるのは，全枠共通で以下の(1)と(2)の両方を満たす中小企業等である。

(1)　事業再構築指針に沿った事業計画を作成し，認定経営革新等支援機関の確認を受けること。

(2)　補助事業終了後　A　で　B　の年率平均 3.0～5.0%（申請枠により異なる）以上増加又は従業員一人当たり　B　の年率平均 3.0～5.0%（申請枠により異なる）以上増加

また，この事業で，中小企業等に対する補助は，「成長枠」等いくつかの申請類型に分けられている。「成長枠」の場合，策定する事業計画は，①事業終了後　A　年で，　B　の年率平均　C　以上，又は従業員一人当たり　B　の年率平均　C　以上の増加，②事業終了後　A　で給与支給総額を年率平均　D　以上の増加，などを見込む事業計画である必要がある。

（設問 2）

文中の空欄 C と D に入る語句の組み合わせとして，最も適切なものはどれか。

ア　C：4.0%　　　　D：3.0%

イ　C：4.0%　　　　D：2.0%

ウ　C：5.0%　　　　D：3.0%

エ　C：5.0%　　　　D：2.0%

解答	イ

■解説

事業再構築補助金の成長枠の要件に関する出題である。

事業再構築補助金は，新分野展開や業態転換，事業・業種転換，事業再編又はこれらの取組を通じた規模の拡大等，思い切った事業再構築に意欲を有する中小企業等の挑戦を支援する事業である。新型コロナウイルス対策の目玉として，総額1兆円を超える予算が措置されたことで注目された施策で，2021年（令和3年）に創設された。数ある枠（メニュー）のうち，成長枠の要件は以下のとおりである。

〈成長枠の要件〉

以下のすべての要件を満たすこと。

① 事業再構築指針に沿った事業計画を作成し，認定経営革新等支援機関の確認を受けること。（全枠共通要件）

② 補助事業終了後3~5年で付加価値額の年率平均4.0%（空欄Cに該当）以上増加又は従業員一人当たり付加価値額の年率平均4.0%（空欄Cに該当）以上増加

③ 事業終了後3~5年で給与支給総額を年率平均2.0%（空欄Dに該当）以上の増加

④ 取り組む事業が，過去~今後のいずれか10年間で，市場規模が10%以上拡大する業種・業態（事務局が指定）に属していること

「付加価値額」「給与支給総額」は，経営革新計画の承認基準である「付加価値額」「給与支給総額」と同じである。

よって，空欄Cには「4.0%」，空欄Dには「2.0%」が入り，イが正解である。

地域団体商標	ランク	1回目		2回目		3回目	
	C	/		/		/	

■**令和 3 年度　第 29 問（設問 1）**

次の文章を読んで，下記の設問に答えよ。

地域団体商標制度は，地域の産品等について，事業者の信用の維持を図り，「地域ブランド」の保護による地域経済の活性化を目的として導入された。

地域ブランドを商標権で保護することによって，①ブランドが有名になった後，ブランドを生み出した事業者がブランド名を使えなくなることを防ぐ，②蓄積したブランドイメージを横取りされないようにする，③ブランドを産地結集の旗印にするなどの効果が期待できる。

（設問 1）

地域団体商標制度に登録するためのポイントに関する記述として，最も適切なものはどれか。

ア　一定の地理的範囲の需要者間で，ある程度有名であること

イ　商標全体が普通名称であること

ウ　商標の構成文字が図案化されていること

エ　品質基準が明文化された商品であること

解答	ア

■解説

　地域団体商標制度に関する出題である。経営法務の分野でもあるが，平成19年度に出題されたことがある。

　地域団体商標制度は，地域の産品等について，事業者の信用の維持を図り，「地域ブランド」の保護による地域経済の活性化を目的として2006年（平成18年）4月1日に導入された。「地域ブランド」として用いられることが多い地域の名称及び商品（サービス）の名称等からなる文字商標について，登録要件を緩和する制度（通常，「地域名＋商品（サービス）名」の組み合わせからなる文字商標は，「全国的に周知」となっていなければ登録不可）である。

〈地域団体商標の主な登録要件〉

① 地域に根ざした団体の出願であること

② 商標の構成が，「地域の名称」と「商品（サービス）名」等の組み合わせからなること。

③ 「地域の名称」が商品の生産地に該当する等，「地域の名称」と出願前から商標の使用をしている商品（サービス）とが密接な関連性を有すること

④ 一定の地理的範囲の需要者（最終消費者又は取引事業者）間である程度有名であること

　ア：適切である。上記④に該当する。地域団体商標の審査においては，周知性の立証が最もハードルが高い。

　イ：不適切である。商標全体が普通名称でないことがポイントである。例えば，いよかん，野沢菜，伊勢海老，奈良漬けは認められない。

　ウ：不適切である。商標が文字のみであることが重要であり，商標の構成文字が図案化されていないことがポイントである。

　エ：不適切である。農林水産物等の地理的表示（GI）制度や酒類の地理的表示（GI）制度と異なり，地域団体商標制度では品質基準を登録要件にはしていない。

　よって，アが正解である。

地域団体商標	ランク	1回目		2回目		3回目	
	C	╱		╱		╱	

■令和 3 年度　第 29 問（設問 2）

次の文章を読んで，下記の設問に答えよ。

　地域団体商標制度は，地域の産品等について，事業者の信用の維持を図り，「地域ブランド」の保護による地域経済の活性化を目的として導入された。

　地域ブランドを商標権で保護することによって，①ブランドが有名になった後，ブランドを生み出した事業者がブランド名を使えなくなることを防ぐ，②蓄積したブランドイメージを横取りされないようにする，③ブランドを産地結集の旗印にするなどの効果が期待できる。

（設問 2）

　地域団体商標制度に登録できる者として，最も不適切なものはどれか。

　　ア　NPO 法人

　　イ　商工会

　　ウ　当該地域で 30 年以上の業歴を有する株式会社

　　エ　農業協同組合

解答	ウ

■解説

　地域団体商標制度に関する出題である。以下の主な登録要件を押さえたい。

〈地域団体商標の主な登録要件〉

① 　地域に根ざした団体（※）の出願であること

② 　商標の構成が，「地域の名称」と「商品（サービス）名」等の組み合わせからなること。

③ 　「地域の名称」が商品の生産地に該当する等，「地域の名称」と出願前から商標の使用をしている商品（サービス）とが密接な関連性を有すること

④ 　一定の地理的範囲の需要者（最終消費者又は取引事業者）間である程度有名であること

※ 　今回，上記①の要件が問われているが，具体的には以下の団体が地域団体商標を登録できる。

　　1） 　事業協同組合等の特別の法律により設立された組合

　　2） 　商工会・商工会議所

　　3） 　NPO法人

　　4） 　これらに相当する外国の法人

　　5） 　地域未来投資促進法に基づく地域経済牽引事業計画の承認を受けた，一定の条件を満たした一般社団法人

　ア：適切である。上記3）に該当する。

　イ：適切である。上記2）に該当する。

　ウ：不適切である。特許庁のQ＆Aによれば，個人，法人格を有しない組合（LLPなど），設立根拠法において，加入自由の定めのない組合（農事組合法人など），一般社団法人（上記5）を除く），一般財団法人，地方公共団体，株式会社等は，地域団体商標の主体要件を満たさない。

　エ：適切である。上記1）に該当する。

　よって，ウが正解である。

第4章

金融・財務支援

▶▶ 出題項目のポイント

　中小企業の金融・財務支援に関係する施策を取りまとめた。施策ごとに内容が異なるため，それぞれ別個に理解をしていく必要がある。個別施策を理解するうえで，押さえておくべきポイントは，第3章の「出題項目のポイント」にある〈個別施策を理解するポイント〉を参考にしていただきたい。

　金融・財務支援施策は，主に融資，信用保証，税制，出資に分類できる。経営資源として「ヒト」「モノ」が揃っていても「カネ」が円滑に回らなければ企業活動はできない。中小企業は一般的に信用力に劣るため，金融機関からの融資が得にくい側面がある。その「カネ」について円滑に回るよう，各種施策が展開されているのである。特に，融資と信用保証に関しての施策は要チェックであり，融資・保証限度額，融資・保証期間（据置期間を含む），支援機関は押さえなければならない。

▶▶ 出題の傾向と勉強の方向性

　本章で取り上げた施策のうち，優先して覚えるべきは「小規模事業者経営改善資金融資制度（マル経融資）」，「高度化事業」，「中小企業税制」，「事業承継円滑化のための税制」である。これらの施策のうち1つは，ほぼ毎年出題されているからである。特に「小規模事業者経営改善資金融資制度（マル経融資）」は，出題がパターン化されており，本書をベースに押さえることで本試験に十分対応できる。

　融資，信用保証については，関係する支援機関は主に日本政策金融公庫，信用保証協会，中小企業基盤整備機構など限定され，覚えやすい。融資施策は，各政府系金融機関の特徴を押さえたうえで，個別施策の内容を押さえること。また，信用保証については，信用補完制度の枠組みを押さえたうえで個別施策の内容を押さえるとよいであろう。

　税制は，法人税，所得税，相続税，贈与税についての理解が必要であるが，税理士試験ではないので詳しい内容までは不要である。法人税における「中小法人」の優遇措置として何があるかを中心に，本書をベースに出題された箇所を優先して覚えたい。

　中小企業投資育成株式会社やファンド事業といった出資関連施策は，出題実績が少なく，本書ベースの学習が優先される。

■取組状況チェックリスト

女性，若者／シニア起業家支援資金

問題番号	ランク	1回目		2回目		3回目	
令和4年度　第26問	A	/		/		/	
平成27年度　第19問	A	/		/		/	

再チャレンジ支援融資制度

問題番号	ランク	1回目		2回目		3回目	
平成26年度　第18問	C*	/		/		/	

BCP 融資

問題番号	ランク	1回目		2回目		3回目	
令和5年度　第23問（設問1）	C	/		/		/	
令和5年度　第23問（設問2）	C	/		/		/	

信用補完制度

問題番号	ランク	1回目		2回目		3回目	
平成19年度　第24問（設問1）	B	/		/		/	

セーフティネット保証制度

問題番号	ランク	1回目		2回目		3回目	
平成24年度　第22問	B	/		/		/	

予約保証制度

問題番号	ランク	1回目		2回目		3回目	
平成28年度　第22問	C*	/		/		/	

中小企業税制

問題番号	ランク	1回目		2回目		3回目	
令和5年度　第26問（設問1）	A	/		/		/	
令和5年度　第26問（設問2）	A	/		/		/	
令和4年度　第19問	B	/		/		/	
令和4年度　第25問（設問1）	A	/		/		/	
令和4年度　第25問（設問2）	A	/		/		/	
令和3年度　第27問（設問1）	B	/		/		/	

問題番号	ランク	1回目		2回目		3回目	
令和 3 年度 第 27 問（設問 2）	B	／		／		／	
令和 2 年度 第 20 問（設問 1）	A	／		／		／	
令和 2 年度 第 20 問（設問 2）	A	／		／		／	
平成 30 年度 第 22 問（設問 1）	A	／		／		／	
平成 30 年度 第 22 問（設問 2）	A	／		／		／	
平成 29 年度 第 23 問（設問 1）	A	／		／		／	
平成 29 年度 第 23 問（設問 2）	A	／		／		／	
平成 27 年度 第 18 問	A	／		／		／	
平成 27 年度 第 23 問	A	／		／		／	
平成 17 年度 第 18 問（設問 1）	A	／		／		／	

事業承継円滑化のための税制

問題番号	ランク	1回目		2回目		3回目	
令和 5 年度 第 27 問（設問 1）	A	／		／		／	
令和 5 年度 第 27 問（設問 2）	A	／		／		／	
令和 2 年度 第 17 問	A	／		／		／	
平成 27 年度 第 24 問（設問 1）	A	／		／		／	
平成 27 年度 第 24 問（設問 2）	A	／		／		／	
平成 26 年度 第 28 問	B	／		／		／	

中小企業投資育成株式会社

問題番号	ランク	1回目		2回目		3回目	
平成 22 年度 第 21 問	C＊	／		／		／	

＊印の問題と解説は，「過去問完全マスター」の HP（URL：https://jissen-c.jp/）よりダウンロードできます。

新創業融資制度	ランク	1回目	2回目	3回目
	A	／	／	／

■令和5年度　第20問（設問1）

次の文章を読んで，下記の設問に答えよ。

　飲食業の創業を予定しているX氏（現在，飲食業とは別業種に勤務中）から，「創業資金を借り入れたい」との相談を受けた中小企業診断士のY氏は，「新創業融資制度」を紹介することとした。

　以下は，X氏とY氏との会話である。

X氏：「新創業融資制度ですか。初めて聞きました。それは，どのような融資なのでしょうか。」

Y氏：「この制度における対象者は，これから創業する方や税務申告を2期終えていない方です。Xさんは対象に含まれますね。　A　，　B　で融資を受けることができます。」

X氏：「そうですか。私が，この融資を受けるための要件を教えてください。」

Y氏：「自己資金に関する要件があります。具体的には，創業時において，創業資金総額の　C　の自己資金が確認できることが必要です。自己資金とは，事業に使用される予定の資金です。」

X氏：「創業に向けて貯金をしてきたので，この要件はクリアできると思います。」

（設問1）

　会話の中の空欄AとBに入る語句の組み合わせとして，最も適切なものはどれか。

　　ア　A：事業計画などの審査を通じ　　　B：無担保・経営者保証
　　イ　A：事業計画などの審査を通じ　　　B：無担保・無保証人
　　ウ　A：商工会・商工会議所の推薦により　B：無担保・経営者保証
　　エ　A：商工会・商工会議所の推薦により　B：無担保・無保証人

解答	イ

■解説

　新創業融資制度は，創業支援施策の中心となっている融資制度である。以下のポイントを押さえよう。

〈試験上のポイント〉
1　融資機関（窓口）：日本政策金融公庫
2　特徴：無担保・無保証人
　　　　ビジネスプラン（事業計画）を審査
3　融資対象：開業している場合は，税務申告を2期終えていない者
4　融資限度額：3,000万円（うち運転資金1,500万円）
5　利率：必ずしも低利となるわけではない
6　貸付期間：各融資制度で定める返済期間以内
　　※新創業融資制度は，新規開業資金など日本政策金融公庫が指定する各融資制度を利用する場合に無担保・無保証人の取り扱いができる特例措置である。よって，試験対策上，貸付期間を暗記する必要はない。
7　融資要件：税務申告を1期終えていない者などは，創業資金総額の10分の1以上の自己資金を用意すること（ただし，「勤務経験がある企業と同じ業種の事業を始める者」や「産業競争力強化法に定める認定特定創業支援等事業を受けて事業を始める者」などは本要件を満たすものとする）

　本問は，上記2のポイントについて問われている。

　なお，選択肢ウ，エの選択肢にある「商工会・商工会議所の推薦により」というキーワードを見た際は，小規模事業者経営改善資金融資制度（マル経融資）を思い出していただきたい。

　よって，空欄Aには「事業計画などの審査を通じ」，空欄Bには「無担保・無保証人」が入り，イが正解である。

新創業融資制度	ランク	1回目	2回目	3回目
	A	／	／	／

■令和5年度　第20問（設問2）

次の文章を読んで，下記の設問に答えよ。

飲食業の創業を予定している X 氏（現在，飲食業とは別業種に勤務中）から，「創業資金を借り入れたい」との相談を受けた中小企業診断士の Y 氏は，「新創業融資制度」を紹介することとした。

以下は，X 氏と Y 氏との会話である。

X氏：「新創業融資制度ですか。初めて聞きました。それは，どのような融資なのでしょうか。」

Y氏：「この制度における対象者は，これから創業する方や税務申告を2期終えていない方です。X さんは対象に含まれますね。　A　，　B　で融資を受けることができます。」

X氏：「そうですか。私が，この融資を受けるための要件を教えてください。」

Y氏：「自己資金に関する要件があります。具体的には，創業時において，創業資金総額の　C　の自己資金が確認できることが必要です。自己資金とは，事業に使用される予定の資金です。」

X氏：「創業に向けて貯金をしてきたので，この要件はクリアできると思います。」

（設問2）

会話の中の空欄Cに入る語句として，最も適切なものはどれか。

　ア　10分の1以上
　イ　5分の1以上
　ウ　3分の1以上
　エ　2分の1以上

解答	ア

■解説

　新創業融資制度は，創業支援施策の中心となっている融資制度である。以下のポイントを押さえよう。

〈試験上のポイント〉
　1　融資機関（窓口）：日本政策金融公庫
　2　特徴：無担保・無保証人
　　　　　　ビジネスプラン（事業計画）を審査
　3　融資対象：開業している場合は，税務申告を2期終えていない者
　4　融資限度額：3,000万円（うち運転資金1,500万円）
　5　利率：必ずしも低利となるわけではない
　6　貸付期間：各融資制度で定める返済期間以内
　　　※新創業融資制度は，新規開業資金など日本政策金融公庫が指定する各融資制度を利用する場合に無担保・無保証人の取り扱いができる特例措置である。よって，試験対策上，貸付期間を暗記する必要はない。
　7　融資要件：税務申告を1期終えていない者などは，創業資金総額の10分の1以上の自己資金を用意すること（ただし，「勤務経験がある企業と同じ業種の事業を始める者」や「産業競争力強化法に定める認定特定創業支援等事業を受けて事業を始める者」などは本要件を満たすものとする）

　本問は，上記7のポイントについて問われている。
　なお，上記7のポイントについて補足すると，この要件は，新たに事業を始める者，事業開始後税務申告を1期終えていない者に適用される。ただし，勤務経験がある企業と同じ業種の事業を始める者や，産業競争力強化法に定める認定特定創業支援等事業を受けて事業を始める者など一定の要件に該当する者は，この要件を満たすものとして取り扱われる。したがって，与件にあるX氏は「飲食業とは別業種に勤務中」のため，創業資金総額の10分の1以上の自己資金を用意する必要がある。

　よって，空欄Cには「10分の1以上」が入り，アが正解である。

新創業融資制度	ランク	1回目	2回目	3回目
	A	／	／	／

■**令和元年度　第 18 問（設問 1）**

次の文章を読んで，下記の設問に答えよ。

中小企業診断士の A 氏は，創業を計画している B 氏から，「創業資金を借り入れたいので，これに関する支援策を教えてほしい」との相談を受けた。B 氏は，関西地方において食品小売業の創業を予定している。以下は，A 氏と B 氏との会話の一部である。

A氏：「創業に当たって，雇用の計画はありますか。」

B氏：「1 名雇用する予定です。」

A氏：「それでは，日本政策金融公庫の新創業融資制度の利用を検討してはいかがでしょうか。」

B氏：「その新創業融資制度の利用に当たっては，何か要件はありますか。」

A氏：「B さんのビジネスプランについて，日本政策金融公庫が審査をします。また，現在お勤めの企業とは異なる業種の創業ですので，①創業時における自己資金に関する要件があります。」

B氏：「ビジネスプランは，ほぼ完成しています。創業に備えて，ある程度の自己資金も準備しています。その新創業融資制度について，もう少し詳しく教えてくれますか。」

A氏：「では，②貸付限度額などの支援内容について説明しましょう。」

（設問 1）

文中の下線部①に関する具体的な説明として，最も適切なものはどれか。

ア　創業資金総額の 2 分の 1 以上の自己資金を確認できること

イ　創業資金総額の 3 分の 1 以上の自己資金を確認できること

ウ　創業資金総額の 5 分の 1 以上の自己資金を確認できること

エ　創業資金総額の 10 分の 1 以上の自己資金を確認できること

解答	エ

■解説

新創業融資制度は，創業支援施策の中心となっている融資制度である。以下のポイントを押さえよう。

〈試験上のポイント〉

1　融資機関（窓口）：日本政策金融公庫

2　特徴：無担保・無保証人

　　　　ビジネスプラン（事業計画）を審査

3　融資対象：開業している場合は，税務申告を2期終えていない者

4　融資限度額：3,000万円（うち運転資金1,500万円）

5　利率：必ずしも低利となるわけではない

6　貸付期間：各融資制度で定める返済期間以内

※新創業融資制度は，新規開業資金など日本政策金融公庫が指定する各融資制度を利用する場合に無担保・無保証人の取り扱いができる特例措置である。よって，試験対策上，貸付期間を暗記する必要はない。

7　融資要件：税務申告を1期終えていない者などは，創業資金総額の10分の1以上の自己資金を用意すること（ただし，「勤務経験がある企業と同じ業種の事業を始める者」や「産業競争力強化法に定める認定特定創業支援等事業を受けて事業を始める者」などは本要件を満たすものとする）

ア：不適切である。上記7の解説参照。

イ：不適切である。上記7の解説参照。

ウ：不適切である。上記7の解説参照。

エ：適切である。なお，「現在勤めている企業と同じ業種の事業を始める者」，「産業競争力強化法に定める認定特定創業支援事業を受けて事業を始める者」等は，上記7の要件を適用しない場合もある。

よって，エが正解である。

新創業融資制度	ランク	1回目	2回目	3回目
	A	／	／	／

■令和元年度　第18問（設問2）

次の文章を読んで，下記の設問に答えよ。

中小企業診断士のA氏は，創業を計画しているB氏から，「創業資金を借り入れたいので，これに関する支援策を教えてほしい」との相談を受けた。B氏は，関西地方において食品小売業の創業を予定している。以下は，A氏とB氏との会話の一部である。

（中　略）

B氏：「その新創業融資制度の利用に当たっては，何か要件はありますか。」

A氏：「Bさんのビジネスプランについて，日本政策金融公庫が審査をします。また，現在お勤めの企業とは異なる業種の創業ですので，①創業時における自己資金に関する要件があります。」

B氏：「ビジネスプランは，ほぼ完成しています。創業に備えて，ある程度の自己資金も準備しています。その新創業融資制度について，もう少し詳しく教えてくれますか。」

A氏：「では，②貸付限度額などの支援内容について説明しましょう。」

（設問2）

文中の下線部②に関して，A氏のB氏に対する説明として，最も適切なものはどれか。

ア　原則として，保証人もしくは担保が必要です。貸付限度額は2,000万円，運転資金の限度額は1,000万円です。

イ　原則として，保証人もしくは担保が必要です。貸付限度額は3,000万円，運転資金の限度額は1,500万円です。

ウ　原則として，無担保・無保証人です。貸付限度額は2,000万円，運転資金の限度額は1,000万円です。

エ　原則として，無担保・無保証人です。貸付限度額は3,000万円，運転資金の限度額は1,500万円です。

解答	エ

■解説

　新創業融資制度は，創業支援施策の中心となっている融資制度である。以下のポイントを押さえよう。

〈試験上のポイント〉

1　融資機関（窓口）：日本政策金融公庫

2　特徴：無担保・無保証人

　　　　ビジネスプラン（事業計画）を審査

3　融資対象：開業している場合は，税務申告を2期終えていない者

4　融資限度額：3,000万円（うち運転資金1,500万円）

5　利率：必ずしも低利となるわけではない

6　貸付期間：各融資制度で定める返済期間以内

　※新創業融資制度は，新規開業資金など日本政策金融公庫が指定する各融資制度を利用する場合に無担保・無保証人の取り扱いができる特例措置である。よって，試験対策上，貸付期間を暗記する必要はない。

7　融資要件：税務申告を1期終えていない者などは，創業資金総額の10分の1以上の自己資金を用意すること（ただし，「勤務経験がある企業と同じ業種の事業を始める者」や「産業競争力強化法に定める認定特定創業支援等事業を受けて事業を始める者」などは本要件を満たすものとする）

　ア：不適切である。新創業融資制度は，「無担保・無保証人」がキーワードである。

　イ：不適切である。選択肢アと上記2の解説参照。

　ウ：不適切である。上記4の解説参照。

　エ：適切である。上記4の解説参照。

よって，エが正解である。

新創業融資制度	ランク	1回目		2回目		3回目	
	A	/		/		/	

■平成26年度　第23問

　これから創業するA氏は，創業資金の借り入れについて，中小企業診断士のB氏に相談を行った。B氏は，A氏に日本政策金融公庫の「新創業融資制度」を紹介することにした。

　この制度に関する，B氏のA氏への説明として，最も適切なものはどれか。

　ア　貸付利率は，基準利率より低い金利です。

　イ　資金使途は，創業時に必要な設備資金ですので，運転資金は対象になりません。

　ウ　事前の経営相談，事後の経営指導を受けることが条件になります。

　エ　担保や保証条件は，原則として，無担保・無保証人です。

解答	エ

■解説

新創業融資制度全般に関する出題である。

創業支援施策の中心となっている融資制度である。過去に何度も問われている論点であり，確実に正解しなければならない。以下のポイントを押さえよう。

〈試験上のポイント〉

1 融資機関（窓口）：日本政策金融公庫

2 特徴：無担保・無保証人

　　　　ビジネスプラン（事業計画）を審査

3 融資対象：開業している場合は，税務申告を2期終えていない者

4 融資限度額：3,000万円（うち運転資金1,500万円）

5 利率：必ずしも低利となるわけではない

6 貸付期間：各融資制度で定める返済期間以内

※新創業融資制度は，新規開業資金など日本政策金融公庫が指定する各融資制度を利用する場合に無担保・無保証人の取り扱いができる特例措置である。よって，試験対策上，貸付期間を暗記する必要はない。

7 融資要件：税務申告を1期終えていない者などは，創業資金総額の10分の1以上の自己資金を用意すること（ただし，「勤務経験がある企業と同じ業種の事業を始める者」や「産業競争力強化法に定める認定特定創業支援等事業を受けて事業を始める者」などは本要件を満たすものとする）

ア：不適切である。資金使途など状況により日本政策金融公庫の基準金利となる場合もあり，必ずしも低い金利となるわけではない。

イ：不適切である。運転資金も対象となる。なお，高度化事業は設備資金のみを対象としている。

ウ：不適切である。このような条件は無い。なお，高度化事業では事前，事後の診断・助言を条件としている。

エ：適切である。新創業融資制度の特徴である。上記2の解説参照。

よって，エが正解である。

小規模事業者経営改善資金融資制度	ランク	1回目		2回目		3回目	
	A	／		／		／	

■令和 3 年度　第 26 問（設問 1）
　次の文章を読んで，下記の設問に答えよ。

　中小企業診断士の X 氏は，製造業を営む小規模事業者の Y 氏から，「小規模事業者向けの融資制度を知りたい」との相談を受けた。
　X 氏は Y 氏に「小規模事業者経営改善資金融資制度（マル経融資)」を紹介することとした。

（設問 1）
　文中の下線部に関する X 氏から Y 氏への説明として，最も適切なものはどれか。

　　ア　主たる事業所の所在する市区町村の融資担当課へ申し込みをしてください。

　　イ　小規模事業者が経営計画を作成し，その計画に沿って行う経営発展の取組を
　　　　資金面から支援します。

　　ウ　対象資金は，運転資金だけでなく，設備資金も対象になります。設備資金の
　　　　貸付期間は 10 年以内です。

　　エ　地域の小規模事業者を，担保もしくは保証人を付けることによって無利息で
　　　　支援する制度です。

解答	ウ

■解説

　小規模事業者経営改善資金融資制度（マル経融資）に関する出題である。以下の試験上のポイントは必ず押さえておくことが重要である。

〈試験上のポイント〉

1　審査機関（融資機関）：日本政策金融公庫
2　推薦・指導機関：商工会・商工会議所
3　特徴：無担保・無保証人・低利
4　融資対象：中小企業基本法に定める小規模企業者（ただし，サービス業のうち宿泊業と娯楽業は20人以下の法人・個人事業主まで対象を拡大）。
5　融資限度額：2,000万円
6　貸付期間：設備資金10年以内（据置期間2年以内）
　　　　　　　運転資金7年以内（据置期間1年以内）
7　融資要件：・商工会・商工会議所の経営指導員による経営指導を原則6か月以上受けていること
　　　　　　　・税金を完納していること
　　　　　　　・原則として同一地区で1年以上事業を行っていること
　　　　　　　・日本政策金融公庫の非対象業種（風俗業など）ではないこと

ア：不適切である。申込窓口は，主たる事業所の所在する地区の商工会・商工会議所である。
イ：不適切である。1,500万円超の貸付を受ける場合は，貸付前に事業計画を作成する必要があるが，1,500万円以下の貸付を受ける場合は経営計画の作成は不要である。
ウ：適切である。上記6の貸付期間を参照。
エ：不適切である。マル経融資は，無担保・無保証人・低利が特徴である。

よって，ウが正解である。

小規模事業者経営 改善資金融資制度	ランク	1回目	2回目	3回目
	A	／	／	／

■令和 3 年度　第 26 問（設問 2）

次の文章を読んで，下記の設問に答えよ。

　中小企業診断士の X 氏は，製造業を営む小規模事業者の Y 氏から，「小規模事業者
向けの融資制度を知りたい」との相談を受けた。

　X 氏は Y 氏に「小規模事業者経営改善資金融資制度（マル経融資）」を紹介するこ
ととした。

（設問 2）

　以下は，文中の下線部の融資対象に関する X 氏と Y 氏の会話である。会話の中の
空欄 A と B に入る語句の組み合わせとして，最も適切なものを下記の解答群から選
べ。

X氏：「融資対象となるには，商工会・商工会議所の経営指導員による経営指導
　　　を　 A 　受けていることや，原則として同一の商工会等の地区内で 　 B 　こ
　　　となどの条件があります。」
Y氏：「この条件は，当社は満たしていますね。」

〔解答群〕

　ア　A：原則 3 か月以上　　B：1 年以上事業を行っている

　イ　A：原則 3 か月以上　　B：2 年以上事業を行っている

　ウ　A：原則 6 か月以上　　B：1 年以上事業を行っている

　エ　A：原則 6 か月以上　　B：2 年以上事業を行っている

解答	ウ

■解説

　小規模事業者経営改善資金融資制度（マル経融資）に関する出題である。以下の試験上のポイントは必ず押さえておくことが重要である。

〈試験上のポイント〉
1　審査機関（融資機関）：日本政策金融公庫
2　推薦・指導機関：商工会・商工会議所
3　特徴：無担保・無保証人・低利
4　融資対象：中小企業基本法に定める小規模企業者（ただし，サービス業のうち宿泊業と娯楽業は 20 人以下の法人・個人事業主まで対象を拡大）。
5　融資限度額：2,000 万円
6　貸付期間：設備資金 10 年以内（据置期間 2 年以内）
　　　　　　　運転資金 7 年以内（据置期間 1 年以内）
7　融資要件：・商工会・商工会議所の経営指導員による経営指導を原則 6 か月以上（空欄 A に該当）受けていること
　　　　　　　・税金を完納していること
　　　　　　　・原則として同一地区で 1 年以上事業を行っている（空欄 B に該当）こと
　　　　　　　・日本政策金融公庫の非対象業種（風俗業など）ではないこと

　よって，空欄 A には「原則 6 か月以上」，空欄 B には「1 年以上事業を行っている」が入り，ウが正解である。

小規模事業者経営改善資金融資制度	ランク	1回目		2回目		3回目	
	A	／		／		／	

■平成30年度　第17問（設問1）

次の文章を読んで，下記の設問に答えよ。

中小企業診断士のX氏は，衣料品小売業を営む小規模事業者のY氏から，「小規模事業者向けの融資制度を知りたい」との相談を受けた。Y氏は，Z商工会の経営指導員による経営指導を3年間受けており，Z商工会地区で5年間事業を行っている。そこで，X氏はY氏に「小規模事業者経営改善資金融資制度」を紹介することにした。

以下は，X氏とY氏との会話である。

X氏：「小規模事業者経営改善資金融資制度は，小規模事業者の経営改善のための有利な融資制度です。」

Y氏：「私は，融資対象になりますでしょうか。」

X氏：「対象となるには，商工会・商工会議所の経営指導員による経営指導を原則　　A　　受けていること，所得税，法人税，事業税，都道府県民税などの税金を原則として完納していること，原則として同一の商工会等の地区内で　　B　　事業を行っていることなどの要件がありますが，Yさんは該当しますね。」

Y氏：「具体的な支援内容について教えていただけますか。」

X氏：「この融資制度では，低利で融資を受けることができます。融資対象となる資金は，設備資金と運転資金で，貸付限度額は　　C　　です。担保・保証人は　　D　　。」

Y氏：「ありがとうございます。さっそく，利用を検討してみます。」

（設問1）

文中の空欄AとBに入る語句の組み合わせとして，最も適切なものはどれか。

　　ア　A：6か月以上　　B：1年以上

　　イ　A：6か月以上　　B：2年以上

　　ウ　A：1年以上　　B：1年以上

　　エ　A：1年以上　　B：2年以上

解答	ア

■解説

　小規模事業者経営改善資金融資制度に関する出題である。

　この制度は，「マル経融資」と呼称されることがあるので，どちらで問われても対応できるようにすること。以下のポイントは必ず押さえること。

〈試験上のポイント〉

1　審査機関（融資機関）：日本政策金融公庫

2　推薦・指導機関：商工会・商工会議所

3　特徴：無担保・無保証人

4　融資対象：中小企業基本法に定める小規模企業者（ただし，サービス業のうち宿泊業と娯楽業は 20 人以下の法人・個人事業主まで対象を拡大）。

5　融資限度額：2,000 万円

6　利率：低利

7　貸付期間：設備資金 10 年以内（据置期間 2 年以内）

　　　　　　　運転資金 7 年以内（据置期間 1 年以内）

8　融資要件：・商工会・商工会議所の経営指導員による経営指導を原則 6 か月以上（空欄 A に該当）受けていること

　　　　　　　・税金を完納していること

　　　　　　　・原則として同一地区で 1 年以上（空欄 B に該当）事業を行っていること

　　　　　　　・日本政策金融公庫の非対象業種（風俗業など）ではないこと

　よって，空欄 A には「6 か月以上」，空欄 B には「1 年以上」が入り，アが正解である。

小規模事業者経営改善資金融資制度	ランク	1回目		2回目		3回目	
	A	/		/		/	

■**平成30年度　第17問（設問2）**

次の文章を読んで，下記の設問に答えよ。

中小企業診断士のX氏は，衣料品小売業を営む小規模事業者のY氏から，「小規模事業者向けの融資制度を知りたい」との相談を受けた。Y氏は，Z商工会の経営指導員による経営指導を3年間受けており，Z商工会地区で5年間事業を行っている。そこで，X氏はY氏に「小規模事業者経営改善資金融資制度」を紹介することにした。

以下は，X氏とY氏との会話である。

X氏：「小規模事業者経営改善資金融資制度は，小規模事業者の経営改善のための有利な融資制度です。」

Y氏：「私は，融資対象になりますでしょうか。」

X氏：「対象となるには，商工会・商工会議所の経営指導員による経営指導を原則　　A　　受けていること，所得税，法人税，事業税，都道府県民税などの税金を原則として完納していること，原則として同一の商工会等の地区内で　　B　　事業を行っていることなどの要件がありますが，Yさんは該当しますね。」

Y氏：「具体的な支援内容について教えていただけますか。」

X氏：「この融資制度では，低利で融資を受けることができます。融資対象となる資金は，設備資金と運転資金で，貸付限度額は　　C　　です。担保・保証人は　　D　　。」

Y氏：「ありがとうございます。さっそく，利用を検討してみます。」

（設問2）

文中の空欄CとDに入る数値と語句の組み合わせとして，最も適切なものはどれか。

　　ア　C：1,000万円　　　D：不要です

　　イ　C：1,000万円　　　D：必要になることもあります

　　ウ　C：2,000万円　　　D：不要です

　　エ　C：2,000万円　　　D：必要になることもあります

解答	ウ

■解説

　小規模事業者経営改善資金融資制度に関する出題である。

　この制度は，「マル経融資」と呼称されることがあるので，どちらで問われても対応できるようにすること。以下のポイントは必ず押さえること。

〈試験上のポイント〉

1　審査機関（融資機関）：日本政策金融公庫

2　推薦・指導機関：商工会・商工会議所

3　特徴：無担保・無保証人（空欄Dに該当）

4　融資対象：中小企業基本法に定める小規模企業者（ただし，サービス業のうち宿泊業と娯楽業は20人以下の法人・個人事業主まで対象を拡大）。

5　融資限度額：2,000万円（空欄Cに該当）

6　利率：低利

7　貸付期間：設備資金10年以内（据置期間2年以内）
　　　　　　　運転資金7年以内（据置期間1年以内）

8　融資要件：・商工会・商工会議所の経営指導員による経営指導を原則6か月以上受けていること
　　　　　　　・税金を完納していること
　　　　　　　・原則として同一地区で1年以上事業を行っていること
　　　　　　　・日本政策金融公庫の非対象業種（風俗業など）ではないこと

　よって，空欄Cには「2,000万円」，空欄Dには「不要です」が入り，ウが正解である。

小規模事業者経営改善資金融資制度	ランク	1回目		2回目		3回目	
	A	/		/		/	

■平成 27 年度　第 15 問（設問 1）

次の文章を読んで，下記の設問に答えよ。

中小企業のうち特に小規模事業者は，経営内容が不安定であること，担保・信用力が乏しいこと等の理由から事業の生命線ともいうべき金融確保の面で極めて困難な立場に置かれている。

こうした状況に鑑み，小規模事業者経営改善資金融資制度（マル経融資）は，小規模事業者の資金繰りを支援する制度である。

（設問 1）

マル経融資（通常枠）に関する記述として，最も不適切なものはどれか。

ア　貸付期間は，運転資金 7 年以内，設備資金 10 年以内である。

イ　貸付限度額は 2,000 万円である。

ウ　金利は日本政策金融公庫の基準金利である。

エ　日本政策金融公庫の審査を経て，融資が実施される。

解答	ウ

■解説

　小規模事業者経営改善資金融資制度（マル経融資）に関する出題である。以下の試験上のポイントは必ず押さえておくことが重要である。

〈試験上のポイント〉

1　審査機関（融資機関）：日本政策金融公庫

2　推薦・指導機関：商工会・商工会議所

3　特徴：無担保・無保証人

4　融資対象：中小企業基本法に定める小規模企業者（ただし，サービス業のうち宿泊業と娯楽業は20人以下の法人・個人事業主まで対象を拡大）。

5　融資限度額：2,000万円

6　利率：低利

7　貸付期間：設備資金10年以内（据置期間2年以内）

　　　　　　　運転資金7年以内（据置期間1年以内）

8　融資要件：・商工会・商工会議所の経営指導員による経営指導を原則6か月以上受けていること

　　　　　　　・税金を完納していること

　　　　　　　・原則として同一地区で1年以上事業を行っていること

　　　　　　　・日本政策金融公庫の非対象業種（風俗業など）ではないこと

　ア：適切である。貸付期間は，運転資金7年以内，設備資金10年以内である。なお，据置期間についてもそれぞれ押さえておきたい。

　イ：適切である。貸付限度額は2,000万円である。なお，横断学習として新創業融資制度の貸付限度額も押さえておきたい。

　ウ：不適切である。マル経融資の特徴は「無担保・無保証人・低利」である。したがって，金利は日本政策金融公庫の基準金利より低い。

　エ：適切である。商工会・商工会議所の推薦を受けて日本政策金融公庫が審査を行い，融資が実施される。

　よって，ウが正解である。

小規模事業者経営 改善資金融資制度	ランク	1回目		2回目		3回目	
	A	/		/		/	

■平成 27 年度　第 15 問（設問 2）

次の文章を読んで，下記の設問に答えよ。

　中小企業のうち特に小規模事業者は，経営内容が不安定であること，担保・信用力が乏しいこと等の理由から事業の生命線ともいうべき金融確保の面で極めて困難な立場に置かれている。

　こうした状況に鑑み，小規模事業者経営改善資金融資制度（マル経融資）は，小規模事業者の資金繰りを支援する制度である。

（設問 2）

　マル経融資（通常枠）の融資対象になるための要件に関する説明として，最も適切なものはどれか。

　　ア　経常利益が黒字であること。

　　イ　原則として同一の商工会・商工会議所の地区内で 1 年以上事業を行っていること。

　　ウ　商工会・商工会議所の会員であること。

　　エ　商工会・商工会議所の経営指導員による経営指導を原則 3 カ月以上受けていること。

解答	イ

■解説

　小規模事業者経営改善資金融資制度（マル経融資）に関する出題である。以下の試験上のポイントは必ず押さえておくことが重要である。

〈試験上のポイント〉

1　審査機関（融資機関）：日本政策金融公庫
2　推薦・指導機関：商工会・商工会議所
3　特徴：無担保・無保証人
4　融資対象：中小企業基本法に定める小規模企業者（ただし，サービス業のうち宿泊業と娯楽業は20人以下の法人・個人事業主まで対象を拡大）。
5　融資限度額：2,000万円
6　利率：低利
7　貸付期間：設備資金10年以内（据置期間2年以内）
　　　　　　　運転資金7年以内（据置期間1年以内）
8　融資要件：・商工会・商工会議所の経営指導員による経営指導を原則6か月以上受けていること
　　　　　　　・税金を完納していること
　　　　　　　・原則として同一地区で1年以上事業を行っていること
　　　　　　　・日本政策金融公庫の非対象業種（風俗業など）ではないこと

　ア：不適切である。そのような要件はない。ただし，経常利益や経営者の信用度，将来の収益見込みなどが審査されて融資判断されることになる。

　イ：適切である。原則として同一地区で1年以上事業を行っていることが必要である。

　ウ：不適切である。そのような要件はない。なお試験には関係ないが，会員になるよう勧誘されることはある。

　エ：不適切である。商工会・商工会議所の経営指導員による経営指導を原則6か月以上受けていることが必要である。

　よって，イが正解である。

高度化事業	ランク	1回目	2回目	3回目
	A	／	／	／

■令和 5 年度　第 22 問（設問 1）

次の文章を読んで，下記の設問に答えよ。

　高度化事業では，工場団地・卸団地，ショッピングセンター等の整備，商店街のアーケード・カラー舗装等の整備などを行う中小企業組合等に対して，　A　と中小企業基盤整備機構が協調して　B　の貸付けを行う。貸付けに際しては，事前に事業計画について専門的な立場から診断・助言を行う。

（設問 1）

　文中の空欄 A と B に入る語句の組み合わせとして，最も適切なものはどれか。

ア　A：市区町村　　B：設備資金

イ　A：市区町村　　B：設備資金と運転資金

ウ　A：都道府県　　B：設備資金

エ　A：都道府県　　B：設備資金と運転資金

解答	ウ

■解説

高度化事業に関する出題である。

高度化事業は，工場団地・卸団地，ショッピングセンター等の整備，商店街のアーケード・カラー舗装等の整備などを行う中小企業組合等に対して，都道府県（空欄Aに該当）と(独)中小企業基盤整備機構が協調して設備資金（空欄Bに該当）の貸付けを行う融資制度である。

貸付けに際しては，事前に事業計画について専門的な立場から診断・助言を行う。また，貸付後も運営診断・アドバイスは随時行っている。

支援対象者は事業協同組合などの中小企業組合等であり，中小企業者単独では高度化事業は利用できない。また，貸付限度額はなく（ただし，貸付割合は原則80％。つまり，残りの20％は別の手段で資金調達する必要がある），運転資金の貸付は行っていないのが特徴である。

よって，空欄Aには「都道府県」，空欄Bには「設備資金」が入り，ウが正解である。

高度化事業	ランク	1回目	2回目	3回目
	A	／	／	／

■令和5年度　第22問（設問2）

次の文章を読んで，下記の設問に答えよ。

高度化事業では，工場団地・卸団地，ショッピングセンター等の整備，商店街のアーケード・カラー舗装等の整備などを行う中小企業組合等に対して，　A　と中小企業基盤整備機構が協調して　B　の貸付けを行う。貸付けに際しては，事前に事業計画について専門的な立場から診断・助言を行う。

（設問2）

高度化事業の貸付条件などに関する記述として，最も適切なものはどれか。

ア　貸付割合は原則として50％以内，貸付期間は10年以内である。

イ　貸付割合は原則として50％以内，貸付期間は20年以内である。

ウ　貸付割合は原則として80％以内，貸付期間は10年以内である。

エ　貸付割合は原則として80％以内，貸付期間は20年以内である。

解答	エ

■解説

高度化事業に関する出題である。以下のポイントを押さえておきたい。

〈試験上のポイント〉

1　融資機関：中小企業基盤整備機構・都道府県
2　特徴：・中小企業基盤整備機構と都道府県が融資財源を出し合っている
　　　　　・診断と融資の一体化支援（原則として都道府県が診断・助言実施）
　　　　　・貸付後も診断・助言が行われる（貸したままにはしない）
3　融資対象：中小企業者（組合など），商工会，公益法人など
4　貸付割合（原則）：80%
5　貸付期間（原則）：20年以内
6　注意点：・貸付対象は設備資金のみ（運転資金の貸付は無い）
　　　　　・A方式は1つの都道府県で行われる事業，B方式は複数の都道府県
　　　　　　にまたがる広域の事業をいう。ゆえに，中小企業者に直接貸し付け
　　　　　　るのは，A方式では都道府県，B方式では中小企業基盤整備機構と
　　　　　　なる（財源は中小企業基盤整備機構と都道府県が出し合っている）。
　　　　　・中小企業者が実施する事業と第3セクターなどが実施する事業があ
　　　　　　る。第3セクターなどが実施する事業名（地域産業創造基盤整備事
　　　　　　業，商店街整備等支援事業）は押さえておこう。
　　※中小企業者が実施する事業は名前と内容を押さえる必要がある（別項にて解説）。

ア：不適切である。貸付割合は原則80%，貸付期間は原則20年以内である。
イ：不適切である。貸付割合は原則80%である。
ウ：不適切である。貸付期間は原則20年以内である。
エ：適切である。上記4・5の解説参照。

よって，エが正解である。

高度化事業	ランク	1回目	2回目	3回目
	B	／	／	／

■**平成 28 年度　第 23 問（設問 1）**

次の文章を読んで，下記の設問に答えよ。

　高度化事業は，中小企業者が共同で事業環境の改善や経営基盤の強化に取り組む場合に必要となる資金について，事業計画に対するアドバイスを受けたうえで，長期・低利（または無利子）で貸付けを受けることができるものである。

　高度化事業に対する貸付割合は，原則として ┃ A ┃ ％以内であり，貸付対象は ┃ B ┃ である。

　主な事業の活用例のうち，「 ┃ C ┃ 」は，商店街に，アーケードやカラー舗装，駐車場などを整備したり，各商店を改装し，商店街の魅力・利便性を向上させ集客力を高めるものである。

（設問 1）

文中の空欄 A と B に入る数値と語句の組み合わせとして，最も適切なものはどれか。

　　ア　A：50　　　B：運転資金・設備資金

　　イ　A：50　　　B：設備資金

　　ウ　A：80　　　B：運転資金・設備資金

　　エ　A：80　　　B：設備資金

解答	エ

■**解説**

　高度化事業に関する出題である。以下のポイントを押さえておけば正解できる問題である。

〈試験上のポイント〉

1　融資機関：中小企業基盤整備機構・都道府県
2　特徴：・中小企業基盤整備機構と都道府県が融資財源を出し合っている
　　　　　・診断と融資の一体化支援（原則として都道府県が診断・助言実施）
　　　　　・貸付後も診断・助言が行われる（貸したままにはしない）
3　融資対象：中小企業者（組合など），商工会，公益法人など
4　貸付割合（原則）：80％
5　貸付期間（原則）：20年以内
6　注意点：・貸付対象は設備資金のみ（運転資金の貸付は無い）
　　　　　・A方式は1つの都道府県で行われる事業，B方式は複数の都道府県にまたがる広域の事業をいう。ゆえに，中小企業者に直接貸し付けるのは，A方式では都道府県，B方式では中小企業基盤整備機構となる（財源は中小企業基盤整備機構と都道府県が出し合っている）。
　　　　　・中小企業者が実施する事業と第3セクターなどが実施する事業がある。第3セクターなどが実施する事業名（地域産業創造基盤整備事業，商店街整備等支援事業）は押さえておこう。
　　※中小企業者が実施する事業は名前と内容を押さえる必要がある（別項にて解説）。

　よって，空欄Aには「80」，空欄Bには「設備資金」が入り，エが正解である。

高度化事業	ランク	1回目	2回目	3回目
	B	／	／	／

■**平成28年度　第23問（設問2）**

次の文章を読んで，下記の設問に答えよ。

　高度化事業は，中小企業者が共同で事業環境の改善や経営基盤の強化に取り組む場合に必要となる資金について，事業計画に対するアドバイスを受けたうえで，長期・低利（または無利子）で貸付けを受けることができるものである。

　高度化事業に対する貸付割合は，原則として　A　％以内であり，貸付対象は　B　である。

　主な事業の活用例のうち，「　C　」は，商店街に，アーケードやカラー舗装，駐車場などを整備したり，各商店を改装し，商店街の魅力・利便性を向上させ集客力を高めるものである。

（設問2）

文中の空欄Cに入る語句として，最も適切なものはどれか。

　　ア　共同施設事業

　　イ　施設集約化事業

　　ウ　集積区域整備事業

　　エ　集団化事業

解答	ウ

■解説

高度化事業の事業名とその内容に関する出題である。

高度化事業には，中小企業者が実施する事業と第3セクターなどが実施する事業がある。まず，第3セクターなどが実施する事業名（地域産業創造基盤整備事業，商店街整備等支援事業）は押さえた上で，中小企業者が実施する事業の活用例については，まずは本問をベースに押さえておくとよい。なお，本問の解説では，施策利用ガイドブックにある表現を使用している。

ア：不適切である。共同施設事業は，中小企業者が共同で利用する共同物流センター，加工場や倉庫などの施設を建設し，事業の効率化，取引先の拡大を図る事業である。

イ：不適切である。施設集約化事業は，大型店の出店などに対抗するため，地域の中小小売商業者らが，共同で入居するショッピングセンターを建設し，集客力・販売力を向上させる事業である。

ウ：適切である。集積区域整備事業は，商店街に，アーケードやカラー舗装，駐車場などを整備したり，各商店を改装し，商店街の魅力・利便性を向上させ集客力を高める事業である。

エ：不適切である。集団化事業は，工場を拡張したいが隣接地に用地を確保できない，騒音問題のため操業に支障があるなどの問題を抱える中小企業者が集まり，適地に設備の整った工場を新設し，事業の拡大・効率化，公害問題の解決を図る事業である。

よって，空欄Cには「集積区域整備事業」が入り，ウが正解である。

高度化事業	ランク	1回目	2回目	3回目
	B	／	／	／

■**平成 26 年度　第 16 問**

　A県にて製造業を営む中小企業者が共同で事業環境の改善に取り組むために，県内において「高度化事業」の実施を計画している。中小企業者から「高度化事業」に関する相談を受けた中小企業診断士B氏のアドバイスとして，最も適切なものはどれか。

ア　貸付けに当たっては，事業計画について，都道府県が中小企業診断士等の専門家を活用するなどして診断・助言を行います。

イ　貸付対象は，設備資金と運転資金になります。

ウ　貸付割合は，原則として必要資金総額の3分の2以内になります。

エ　「共同施設事業」は，工場を拡張したいが隣接地に用地を確保できない，騒音問題のため操業に支障があるなどの問題を抱える中小企業者が集まり，郊外に設備の整った工場を新設し，事業の拡大・効率化，公害問題の解決を図るものです。

解答	ア

■解説

　高度化事業に関する出題である。以下のポイントを押さえておけば正解できる問題である。

〈試験上のポイント〉

1　融資機関：中小企業基盤整備機構・都道府県

2　特徴：・中小企業基盤整備機構と都道府県が融資財源を出し合っている

　　　　　・診断と融資の一体化支援（原則として都道府県が診断・助言実施）

　　　　　・貸付後も診断・助言が行われる（貸したままにはしない）

3　融資対象：中小企業者（組合など），商工会，公益法人など

4　貸付割合（原則）：<u>80％</u>

5　貸付期間（原則）：20年以内

6　注意点：・貸付対象は<u>設備資金のみ</u>（運転資金の貸付はない）

　　　　　・A方式は1つの都道府県で行われる事業，B方式は複数の都道府県にまたがる広域の事業をいう。ゆえに，中小企業者に直接貸し付けるのは，A方式では都道府県，B方式では中小企業基盤整備機構となる（財源は中小企業基盤整備機構と都道府県が出し合っている）。

　　　　　・中小企業者が実施する事業と第3セクターなどが実施する事業がある。第3セクターなどが実施する事業名（地域産業創造基盤整備事業，商店街整備等支援事業）は押さえておこう。

　　※中小企業者が実施する事業は名前と内容を押さえる必要がある（別項にて解説）。

　ア：適切である。なお，貸付後も診断・助言を行うのが本事業の特徴である。

　イ：不適切である。設備資金のみが貸付対象であり，運転資金は含まれない。

　ウ：不適切である。貸付割合は，原則として80％以内である。

　エ：不適切である。「共同施設事業」とは，中小企業者が共同で利用する共同物流センター，加工場や倉庫などの施設を建設し，事業の効率化，取引先の拡大を図る事業である。本肢は集団化事業の内容である。

　よって，アが正解である。

女性，若者／シニア 起業家支援資金	ランク	1回目		2回目		3回目	
	A	／		／		／	

■令和 4 年度　第 26 問

　飲食店を経営する A 氏から融資制度の相談を受けた中小企業診断士の B 氏は，A 氏に「女性，若者／シニア起業家支援資金」を紹介した。

　「女性，若者／シニア起業家支援資金」の対象となる A 氏の属性として，最も適切なものはどれか。

　　ア　新規開業して 1 年の 40 歳の男性

　　イ　新規開業して 5 年の 45 歳の女性

　　ウ　新規開業して 10 年の 60 歳の女性

　　エ　新規開業して 15 年の 70 歳の男性

解答	イ

■解説

女性，若者／シニア起業家支援資金の対象者に関する出題である。

この制度は，女性，若者，高齢者のうち新規開業しておおむね7年以内の者を優遇金利で支援する融資制度である。試験対策として以下を押さえておくこと（貸付対象を優先）。

〈試験上のポイント〉

1　貸付機関（窓口）：日本政策金融公庫

2　特徴（利率）：低利融資（ただし，土地取得資金は基準利率）

3　貸付対象：新規開業しておおむね7年以内の者で下記に該当する者

　　　　　　・女性（年齢は関係ない）

　　　　　　・若者（35歳未満）

　　　　　　・高齢者（55歳以上）

4　貸付限度額：7億2,000万円

5　貸付期間：設備資金20年以内（うち据置期間2年以内）

　　　　　　運転資金7年以内（うち据置期間2年以内）

　　※結果として，新規開業しておおむね7年以内であっても，「35歳以上55歳未満の男性」は貸付対象ではないことを押さえておけばよい。

ア：不適切である。新規開業からおおむね7年以内であるが，35歳以上55歳未満の男性は貸付対象とならない。

イ：適切である。新規開業からおおむね7年以内であり，女性（年齢は関係ない）であるので，貸付対象となる。

ウ：不適切である。新規開業からおおむね7年以内の範囲にないので，貸付対象者とはならない。

エ：不適切である。新規開業からおおむね7年以内の範囲にないので，貸付対象者とはならない。

よって，イが正解である。

女性，若者／シニア 起業家支援資金	ランク	1 回目		2 回目		3 回目	
	A	/		/		/	

■平成 27 年度　第 19 問

　中小企業診断士 A 氏のもとに，下記のア〜エの 4 人の個人事業主から経営資金借り入れに関する相談があった。A 氏は，その中の 1 人に日本政策金融公庫の「女性，若者／シニア起業家支援資金」を紹介することにした。

　A 氏が上記の融資制度を紹介した人物として，最も適切なものはどれか。

　ア　雑貨卸売業（新規開業して 6 年）を経営する B 氏（28 歳，男性）

　イ　惣菜小売店（新規開業して 12 年）を経営する C 氏（60 歳，女性）

　ウ　日本料理店（新規開業して 10 年）を経営する D 氏（40 歳，女性）

　エ　洋菓子小売店（新規開業して 3 年）を経営する E 氏（50 歳，男性）

解答	ア

■解説

　女性，若者／シニア起業家支援資金の対象者に関する出題である。

　この制度は，女性，若者，高齢者のうち新規開業しておおむね7年以内の者を優遇金利で支援する融資制度である。試験対策として以下を押さえておくこと（貸付対象を優先）。

〈試験上のポイント〉

　1　貸付機関（窓口）：日本政策金融公庫

　2　特徴（利率）：低利融資（ただし，土地取得資金は基準利率）

　3　貸付対象：新規開業しておおむね7年以内の者で下記に該当する者

　　　　　　・女性（年齢は関係ない）

　　　　　　・若者（35歳未満）

　　　　　　・高齢者（55歳以上）

　4　貸付限度額：7億2,000万円

　5　貸付期間：設備資金20年以内（うち据置期間2年以内）

　　　　　　　　運転資金7年以内（うち据置期間2年以内）

　　※結果として，新規開業しておおむね7年以内であっても，「35歳以上55歳未満の男性」は貸付対象ではないことを押さえておけばよい。

　ア：適切である。新規開業からおおむね7年以内であり，若者（35歳未満）であるので，貸付対象となる。

　イ：不適切である。新規開業からおおむね7年以内の範囲にないので，貸付対象者とはならない。

　ウ：不適切である。新規開業からおおむね7年以内の範囲にないので，貸付対象者とはならない。

　エ：不適切である。新規開業からおおむね7年以内であるが，35歳以上55歳未満の男性は貸付対象とならない。

　よって，アが正解である。

BCP 融資	ランク	1回目		2回目		3回目	
	C	／		／		／	

■令和5年度　第23問（設問1）

次の文章を読んで，下記の設問に答えよ。

社会環境対応施設整備資金融資制度（BCP 融資）は，防災のための施設整備に必要な資金の融資を行うものである。

この制度の対象となるのは，以下のとおりである。

・　A に基づく，「事業継続力強化計画」または「　B　」の認定を受けている中小企業者

・中小企業 BCP 策定運用指針に則り，自ら策定した BCP に基づいて，施設の耐震化，消防用設備やデータバックアップサーバの整備などの防災のための施設等の整備を行う中小企業者

（設問1）

文中の空欄 A に入る法律として，最も適切なものはどれか。

　　ア　産業競争力強化法

　　イ　新エネルギー利用等の促進に関する特別措置法

　　ウ　地域未来投資促進法

　　エ　中小企業等経営強化法

<table>
<tr><td>解答</td><td>エ</td></tr>
</table>

■解説

　社会環境対応施設整備資金融資制度（BCP 融資）に関する出題である。

　本制度では，災害等による事業中断を最小限にとどめるために必要な施設整備に要する資金の融資を受けることができる。
　頻出論点ではないので，本問で問われた支援対象者については，以下のとおり押さえておきたい。

〈支援対象者〉
・<u>中小企業等経営強化法</u>（空欄Aに該当）に基づく，「事業継続力強化計画」または「連携事業継続力強化計画」の認定を受けている中小企業者
・中小企業 BCP 策定運用指針に則り，自ら策定した BCP（事業継続計画）に基づいて，施設の耐震化，消防用設備やデータバックアップサーバの整備などの防災のための施設等の整備を行う中小企業者

　なお，「連携事業継続力強化計画」とは，複数の事業者が連携して防災・減災に取り組む計画である。単独で中小企業が取り組む場合は，「事業継続力強化計画」を作成する。両計画の認定をするのは国（経済産業大臣）である。

　よって，空欄Aには「中小企業等経営強化法」が入り，エが正解である。

BCP 融資	ランク	1回目		2回目		3回目	
	C	/		/		/	

■令和5年度 第23問 (設問2)

次の文章を読んで，下記の設問に答えよ。

社会環境対応施設整備資金融資制度（BCP 融資）は，防災のための施設整備に必要な資金の融資を行うものである。

この制度の対象となるのは，以下のとおりである。

・ ┌ A ┐ に基づく，「事業継続力強化計画」または「┌ B ┐」の認定を受けている中小企業者

・中小企業 BCP 策定運用指針に則り，自ら策定した BCP に基づいて，施設の耐震化，消防用設備やデータバックアップサーバの整備などの防災のための施設等の整備を行う中小企業者

（設問2）

文中の空欄Bに入る計画として，最も適切なものはどれか。

    ア　共同振興計画

    イ　経営革新計画

    ウ　経営力向上計画

    エ　連携事業継続力強化計画

<table>
<tr><td>解答</td><td>エ</td></tr>
</table>

■解説

社会環境対応施設整備資金融資制度（BCP融資）に関する出題である。

本制度では，災害等による事業中断を最小限にとどめるために必要な施設整備に要する資金の融資を受けることができる。

頻出論点ではないので，本問で問われた支援対象者については，以下のとおり押さえておきたい。

〈支援対象者〉

・中小企業等経営強化法に基づく，「事業継続力強化計画」または「<u>連携事業継続力強化計画（空欄Bに該当）</u>」の認定を受けている中小企業者

・中小企業BCP策定運用指針に則り，自ら策定したBCP（事業継続計画）に基づいて，施設の耐震化，消防用設備やデータバックアップサーバの整備などの防災のための施設等の整備を行う中小企業者

なお，「連携事業継続力強化計画」とは，複数の事業者が連携して防災・減災に取り組む計画である。単独で中小企業が取り組む場合は，「事業継続力強化計画」を作成する。両計画の認定をするのは国（経済産業大臣）である。

よって，空欄Bには「連携事業継続力強化計画」が入り，エが正解である。

信用補完制度	ランク	1回目	2回目	3回目
	B	／	／	／

■平成 19 年度　第 24 問（設問 1）　改題

次の文章を読んで，下記の設問に答えよ。

X 社は，食品の加工販売業者である。昨年開発したオリジナル食品がヒットして，順調に売り上げを伸ばしている。原材料の仕入資金調達が必要であるが，担保として余力のある不動産が無いことから新たな資金調達が困難な状況にある。

X 社の社長から資金調達の相談を受けた中小企業診断士の Y 氏は，流動資産担保融資保証制度を紹介することにした。

以下は，Y 氏と X 社社長の会話である。

Y　　　氏：「売掛債権を担保とする売掛債権担保融資保証制度が従来ありましたが，平成 19 年度からは売掛債権に棚卸資産も加わって，流動資産担保融資保証制度になり，より充実しました。この制度を利用すれば，新たな資金調達の道が開けます。これは，金融機関が融資を行う際に，保有している売掛債権や棚卸資産を担保として信用保証協会が債務保証を行う制度です。」

X社社長：「信用保証協会はいくら保証してくれるのですか。」

（設問 1）

会話の中の下線部の信用保証協会に関する記述の正誤として，最も適切なものの組み合わせを下記の解答群から選べ。

a　保証業務のほかに，中小企業の経営相談，金融相談等の業務を行っている。

b　保証に際しては，経営者を保証人として徴求することはない。

c　信用保証協会が金融機関への代位弁済を行った後は，信用保証協会に求償権が発生し，信用保証協会が中小企業者から債権回収を行う。

〔解答群〕

ア　a：正　b：正　c：誤　　イ　a：正　b：誤　c：正

ウ　a：誤　b：正　c：誤　　エ　a：誤　b：誤　c：正

解答	イ

■解説

　信用保証協会に関する出題である。金融機関から融資を受ける際，信用保証協会が信用保証を付すことにより，中小企業の資金調達を行いやすくする制度を信用保証制度という。信用保証協会について，以下を押さえてほしいため，平成19年度の出題であるが特別に掲載している。

〈信用保証協会についての試験上のポイント〉
1　根拠法：信用保証協会法
2　窓口の数：全国51か所
3　保証料率：全国一律ではない
4　信用保険の締結先：日本政策金融公庫
　　※信用保険とは，信用保証協会が代位弁済した場合に，日本政策金融公庫が代位弁済した金額の70〜90%を保険金として支払う契約である。
5　求償権：信用保証協会が中小企業者に代わって金融機関に代位弁済した場合，求償権が信用保証協会に発生。債権回収は，信用保証協会が直接，中小企業者に対して行う。
6　業務内容：保証業務のほかに，経営相談，金融相談も実施
※平成27年10月1日よりNPO法人が信用保証制度を利用できるようになった。

　　a：適切である。債務保証だけが信用保証協会の業務ではない。中小企業投資育成株式会社が投資業務だけを行うのではなく，育成事業（コンサルテーション事業）を行っているのと同じである。
　　b：不適切である。むしろ，経営者本人を保証人として徴求することが多い。そのため，株式会社で有限責任といっても，会社が倒産した場合に経営者が債務保証しているので，経営者本人も自己破産することが多いのである（つまり実質的な無限責任）。
　　c：適切である。上記5の解説を参照。

　よって，「a：正，b：誤，c：正」となり，イが正解である。

セーフティネット保証制度	ランク	1回目	2回目	3回目
	B	／	／	／

■平成 24 年度　第 22 問

　中小企業の A 社は，取引先企業の倒産によって，経営の安定に支障を生じている。そこで，中小企業診断士の B 氏は，A 社への資金供給の円滑化を図るため，「経営安定関連保証制度（セーフティネット保証）」を紹介することにした。

　この制度に関する，B 氏の A 社への説明として，最も不適切なものはどれか。

ア　この制度を利用するためには，事業所の所在地を管轄する市町村長又は特別区長の認定が必要になります。

イ　信用保証協会が通常の保証限度額内で，とくに有利な条件で保証を行います。

ウ　制度を利用するための認定とは別に，金融機関及び信用保証協会による金融上の審査があります。

エ　取引先の倒産だけでなく，自然災害によって経営の安定に支障が生じたケースでも活用できます。

解答	イ

■解説

　セーフティネット保証制度に関する出題である。信用保証制度のメインの一つであるため，平成 24 年度の出題であるが特別に掲載している。

　取引先の倒産，自然災害，取引金融機関の経営合理化等により経営の安定に支障を生じている中小企業については，一般の保証枠（普通保証：2 億円以内，無担保保証：8,000 万円以内，無担保無保証人保証：2,000 万円以内）とは別枠での保証を行う。

　保証制度には他にもメニューがあるが，まずは本問のセーフティネット保証制度を優先して押さえておけばよい。

　ア：適切である。この制度の特徴である。経済環境の急激な変化に直面し，経営の安定に支障を生じている中小企業者であって，そのことについて事業所の所在地を管轄する市町村長または特別区長の認定を受けなければ利用できない。

　イ：不適切である。通常の保証限度額とは別枠で保証を行う。

　ウ：適切である。認定はこの制度を受けるための要件であり，別途，審査がある。どの制度にも共通するが，行政機関の認定，承認で無条件に融資や補助金が受けられることはない。

　エ：適切である。その他に，事故等，全国的に業況が悪化していると経済産業大臣が指定している業種，金融機関の破綻などで経営の安定に支障が生じたケースでも活用できる。

　よって，イが正解である。

中小企業税制	ランク	1回目	2回目	3回目
	A	／	／	／

■令和5年度　第26問（設問1）　改題

　以下は，電子部品製造業を営むX氏（従業員10名）と中小企業診断士Y氏との会話である。この会話を読んで，下記の設問に答えよ。

X氏：「法人化を予定しているのですが，法人税について教えていただけますか。」

Y氏：「中小企業の法人税率は，大法人と比較して，軽減されています。」

X氏：「具体的には，どのような制度になっているのでしょうか。」

Y氏：「資本金または出資金の額が　A　の法人などの年所得　B　の部分にかかる法人税率は，時限措置として，　C　に引き下げられています。詳しくは，国税局または税務署の税務相談窓口などにお問い合わせください。」

（設問1）

　会話の中の空欄Aに入る語句として，最も適切なものはどれか。

　　ア　1億円以下

　　イ　2億円以下

　　ウ　3億円以下

　　エ　5億円以下

解答	ア

■解説

中小企業者等の法人税率の特例に関する出題である。

　原則，資本金または出資金の額が1億円以下の法人は「中小法人」とされ，さまざまな税制措置を受けられる。しかし，以下の場合は中小企業者等の法人税率の特例は受けられない。

〈資本金又は出資金の額が1億円以下の法人であっても中小企業者等の法人税率の特例を受けられない法人〉
・大法人（資本金等の額が5億円以上の法人，相互会社，受託法人）との間に，完全支配関係（100%の出資関係）がある法人
・完全支配関係（100%の出資関係）にある複数の大法人に発行済株式等の全部を保有されている法人
・投資法人，特定目的会社，受託法人

　よって，空欄Aには「1億円以下」が入り，アが正解である。

中小企業税制	ランク	1回目		2回目		3回目	
	A	/		/		/	

■令和5年度　第26問（設問2）　改題

　以下は，電子部品製造業を営むX氏（従業員10名）と中小企業診断士Y氏との会話である。この会話を読んで，下記の設問に答えよ。

X氏：「法人化を予定しているのですが，法人税について教えていただけますか。」

Y氏：「中小企業の法人税率は，大法人と比較して，軽減されています。」

X氏：「具体的には，どのような制度になっているのでしょうか。」

Y氏：「資本金または出資金の額が　A　の法人などの年所得　B　の部分にかかる法人税率は，時限措置として，　C　に引き下げられています。詳しくは，国税局または税務署の税務相談窓口などにお問い合わせください。」

（設問2）

　会話の中の空欄BとCに入る語句の組み合わせとして，最も適切なものはどれか。

　　ア　B：600万円以下　　C：15%

　　イ　B：600万円以下　　C：19%

　　ウ　B：800万円以下　　C：15%

　　エ　B：800万円以下　　C：19%

解答	ウ

■解説

　中小企業者等の法人税率の特例に関する出題である。過去に何度も問われているので，必ず押さえなければならない。法人税の税率については以下を押さえよう。

〈法人税　税率〉

普通法人		大法人（資本金1億円超）
中小法人（資本金1億円以下）		
年800万円以下の所得	年800万円超の所得	
15%	23.2%	23.2%

　よって，空欄Bには「800万円以下」，空欄Cには「15%」が入り，ウが正解である。

中小企業税制	ランク	1回目		2回目		3回目	
	B	／		／		／	

■令和4年度　第19問

　A社は，食料品製造業を営む中小企業である。A社の社長から，雇用者の賃上げに関する相談を受けた中小企業診断士のB氏は，A社の社長に「中小企業向け賃上げ促進税制」を紹介することにした。

　A社の社長に対する，中小企業向け賃上げ促進税制に関するB氏の説明として，最も適切なものはどれか。

　　ア　「教育訓練のための費用」を一定の割合以上増加させた企業も，この税制の
　　　　対象になります。

　　イ　「新規採用のための費用」を一定の割合以上増加させた企業も，この税制の
　　　　対象になります。

　　ウ　「事業承継にかかわる費用」を一定の割合以上増加させた企業も，この税制
　　　　の対象になります。

　　エ　「労働生産性向上のための設備投資」を一定の割合以上増加させた企業も，
　　　　この税制の対象になります。

<table>
<tr><td>解答</td><td>ア</td></tr>
</table>

■解説

「中小企業向け賃上げ促進税制」に関する出題である。

「中小企業向け賃上げ促進税制」は，中小企業者等が，前年度より給与等を増加させた場合に，その増加額の一部を法人税（個人事業主は所得税）から税額控除できる制度である。制度の概要は以下のとおりである。

＜制度概要＞

	適用要件		税額控除
【通常要件】	雇用者給与等支給額が前年度と比べて1.5％以上増加	➡	控除対象雇用者給与等支給増加額の15％を法人税額又は所得税額から控除
【上乗せ要件①】	雇用者給与等支給額が前年度と比べて2.5％以上増加	➡	税額控除率を15％上乗せ
【上乗せ要件②】	教育訓練費の額が前年度と比べて5％以上増加	➡	税額控除率を10％上乗せ
【上乗せ要件③】	くるみん以上認定 or えるぼし2段階以上認定	➡	税額控除率を5％上乗せ

※控除対象雇用者給与等支給増加額の上限：調整雇用者給与等支給増加額が上限となります
※税額控除額の上限：法人税額又は所得税額の20％（通常・上乗せ共通）が上限となります

（出所：経済産業省「中小企業向け賃上げ促進税制ご利用ガイドブック」を参照して加筆修正）

なお，適用期間が決まっているが，受験上は気にしないこと。また，上記の概要も細かい内容となっているので，まずは「法人税率の特例」や「交際費等の損金算入の特例」を押さえることを優先されたい。

ア：適切である。通常要件と上乗せ要件②を満たしていれば，税額控除率が上乗せされる。

イ：不適切である。この税制の対象とはならない。

ウ：不適切である。この税制の対象とはならない。

エ：不適切である。この税制の対象とはならない。

よって，アが正解である。

中小企業税制	ランク	1回目	2回目	3回目
	A	/	/	/

■令和4年度　第25問（設問1）

次の文章を読んで，下記の設問に答えよ。

中小企業診断士のX氏は，地方都市で飲食料品小売業（資本金2,000万円，店舗数3店）を営むY氏から，「交際費を支出した場合の税制措置を知りたい」との相談を受けた。そこで，X氏は，Y氏に対して，交際費等の損金算入の特例について説明をすることとした。

以下は，上記の下線部に関するX氏とY氏との会話である。

X氏：「法人が支出した交際費等は原則として損金に算入できないこととされていますが，条件を満たせば一定額まで損金算入できる制度があります。」

Y氏：「当社も，この対象になるのでしょうか。」

X氏：「対象となる方は，資本金または出資金の額が　A　です。御社は，大法人との間に出資関係もありませんので，この制度の対象になります。」

Y氏：「この特例の具体的な内容について，お教えいただけますでしょうか。」

X氏：「次の2つのうち，どちらかを選択して損金算入することができます。1つは，支出した交際費等のうち　B　です。もしくは，支出した接待飲食費の　C　です。この場合は，　D　」

（設問1）

会話の中の空欄AとBに入る語句の組み合わせとして，最も適切なものはどれか。

ア　A：3,000万円以下の中小企業者　　B：800万円までの全額

イ　A：3,000万円以下の中小企業者　　B：2,000万円までの50%

ウ　A：1億円以下の法人　　B：800万円までの全額

エ　A：1億円以下の法人　　B：2,000万円までの50%

解答	ウ

■解説

　中小企業税制の交際費課税に関する出題である。過去に何度も問われているので，必ず押さえなければならない。

　交際費課税についてであるが，法人企業は交際費を支出した場合，全額損金不算入（費用として認められない）が原則である（個人事業者についてはこのような制限はない。もちろん，事業性のある経費であることが大前提である）。しかし，資本金1億円以下の法人（空欄Aに該当）は，次の(a)，(b)のうち，いずれかを選択して損金算入（つまり費用計上）できる。

(a)　支出した交際費等の年800万円までの全額（空欄Bに該当）
(b)　支出した接待飲食費の50％（支出する飲食費の上限はない）

　なお，資本金1億円以下の法人であっても，大法人（資本金又は出資金の額が5億円以上の法人），相互会社等の100％子会社は，交際費等の損金算入の特例が受けられない。

　よって，空欄Aには「1億円以下の法人」，空欄Bには「800万円までの全額」が入り，ウが正解である。

中小企業税制	ランク	1回目	2回目	3回目
	A	／	／	／

■令和4年度　第25問（設問2）

次の文章を読んで，下記の設問に答えよ。

　中小企業診断士のX氏は，地方都市で飲食料品小売業（資本金2,000万円，店舗数3店）を営むY氏から，「交際費を支出した場合の税制措置を知りたい」との相談を受けた。そこで，X氏は，Y氏に対して，<u>交際費等の損金算入の特例</u>について説明をすることとした。

　以下は，上記の下線部に関するX氏とY氏との会話である。

X氏：「法人が支出した交際費等は原則として損金に算入できないこととされていますが，条件を満たせば一定額まで損金算入できる制度があります。」

Y氏：「当社も，この対象になるのでしょうか。」

X氏：「対象となる方は，資本金または出資金の額が　A　です。御社は，大法人との間に出資関係もありませんので，この制度の対象になります。」

Y氏：「この特例の具体的な内容について，お教えいただけますでしょうか。」

X氏：「次の2つのうち，どちらかを選択して損金算入することができます。1つは，支出した交際費等のうち　B　です。もしくは，支出した接待飲食費の　C　です。この場合は，　D　」

（設問2）

　会話の中の空欄CとDに入る語句の組み合わせとして，最も適切なものはどれか。

ア　C：50%　　D：支出する接待飲食費の上限は2,000万円です。

イ　C：50%　　D：支出する接待飲食費の上限はありません。

ウ　C：80%　　D：支出する接待飲食費の上限は2,000万円です。

エ　C：80%　　D：支出する接待飲食費の上限はありません。

解答	イ

■解説

　中小企業税制の交際費課税に関する出題である。過去に何度も問われているので，必ず押さえなければならない。

　交際費課税についてであるが，法人企業は交際費を支出した場合，全額損金不算入（費用として認められない）が原則である（個人事業者についてはこのような制限はない。もちろん，事業性のある経費であることが大前提である）。しかし，資本金1億円以下の法人は，次の(a)，(b)のうち，いずれかを選択して損金算入（つまり費用計上）できる。

(a)　支出した交際費等の年800万円までの全額

(b)　支出した接待飲食費の50%（支出する接待飲食費の上限はない）（空欄C・Dに該当）

　なお，資本金1億円以下の法人であっても，大法人（資本金又は出資金の額が5億円以上の法人），相互会社等の100%子会社は，交際費等の損金算入の特例が受けられない。

　よって，空欄Cには「50%」，空欄Dには「支出する接待飲食費の上限はありません。」が入り，イが正解である。

中小企業税制	ランク	1回目	2回目	3回目
	B	／	／	／

■**令和3年度　第27問（設問1）**

次の文章を読んで，下記の設問に答えよ。

中小企業診断士のX氏は，青色申告書を提出するY氏（従業員数3名の個人小売業）から，「少額の設備投資を行った場合の税制措置を知りたい」との相談を受けた。

X氏は，Y氏に，「少額減価償却資産の特例」を紹介することとした。

（設問1）

文中の「少額減価償却資産の特例」の要件に関するX氏からY氏への説明として，最も適切なものはどれか。

　　ア　取得価額が10万円未満の減価償却資産の導入が支援の要件になります。

　　イ　取得価額が30万円未満の減価償却資産の導入が支援の要件になります。

　　ウ　取得価額が50万円未満の減価償却資産の導入が支援の要件になります。

　　エ　取得価額が80万円未満の減価償却資産の導入が支援の要件になります。

解答	イ

■解説

「少額減価償却資産の特例」に関する出題である。

「少額減価償却資産の特例」は，取得価額が30万円未満の減価償却資産を導入した場合，合計額300万円を限度として，全額損金に算入することができる制度である。

〈対象者〉

青色申告書を提出する，資本金または出資金の額が1億円以下の法人等（※1）または常時使用する従業員の数が1,000人以下の個人

※1　資本金または出資金の額が1億円以下の法人等であっても，次の法人は本税制の適用を受けることができない。
　　・大規模法人（資本金または出資金の額が1億円超の法人，大法人（※2）の100％子法人（※3）等）から2分の1以上の出資を受ける法人
　　・2以上の大規模法人から3分の2以上の出資を受ける法人
　　・常時使用する従業員の数が500人を超える法人
　　・税制の適用を受けようとする事業年度における平均所得金額（前3事業年度の所得金額の平均）が年15億円を超える法人（※3）
　　・連結法人
※2　資本金5億円以上の法人，相互法人・外国相互会社（常時使用する従業員が1,000人超のもの）または受託法人
※3　平成31年4月1日以降に開始する事業年度決算から適用

受験対策上は，下線部を優先して押さえ，※1〜3は余裕がある場合のみ押さえればよい。

よって，イが正解である。

中小企業税制	ランク	1回目	2回目	3回目
	B	／	／	／

■令和3年度　第27問（設問2）

次の文章を読んで，下記の設問に答えよ。

中小企業診断士のX氏は，青色申告書を提出するY氏（従業員数3名の個人小売業）から，「少額の設備投資を行った場合の税制措置を知りたい」との相談を受けた。

X氏は，Y氏に，「少額減価償却資産の特例」を紹介することとした。

（設問2）

文中の「少額減価償却資産の特例」の税制措置に関するX氏からY氏への説明として，最も適切なものはどれか。

ア　合計額100万円を限度として，合計額の2分の1までを損金に算入することができます。

イ　合計額100万円を限度として，全額損金に算入することができます。

ウ　合計額300万円を限度として，合計額の2分の1までを損金に算入することができます。

エ　合計額300万円を限度として，全額損金に算入することができます。

解答	エ

■解説

「少額減価償却資産の特例」に関する出題である。

「少額減価償却資産の特例」は，<u>取得価額が 30 万円未満の減価償却資産</u>を導入した場合，<u>合計額 300 万円を限度</u>として，<u>全額損金に算入</u>することができる制度である。

〈対象者〉

<u>青色申告書を提出する，資本金または出資金の額が 1 億円以下の法人</u>等（※ 1）または常時使用する従業員の数が 1,000 人以下の個人

※ 1　資本金または出資金の額が 1 億円以下の法人等であっても，次の法人は本税制の適用を受けることができない。

　・大規模法人（資本金または出資金の額が 1 億円超の法人，大法人（※ 2）の 100％子法人（※ 3）等）から 2 分の 1 以上の出資を受ける法人

　・2 以上の大規模法人から 3 分の 2 以上の出資を受ける法人

　・常時使用する従業員の数が 500 人を超える法人

　・税制の適用を受けようとする事業年度における平均所得金額（前 3 事業年度の所得金額の平均）が年 15 億円を超える法人（※ 3）

　・連結法人

※ 2　資本金 5 億円以上の法人，相互法人・外国相互会社（常時使用する従業員が 1,000人超のもの）または受託法人

※ 3　平成 31 年 4 月 1 日以降に開始する事業年度決算から適用

受験対策上は，下線部を優先して押さえ，※ 1〜3 は余裕がある場合のみ押さえればよい。

よって，エが正解である。

中小企業税制	ランク	1回目	2回目	3回目
	A	／	／	／

■令和2年度　第20問（設問1）

　中小企業者等には，法人税率の特例が設けられている。

　この制度の対象となる者や，措置の内容に関して，下記の設問に答えよ。

　なお，ここでいう中小企業者等には，大法人との間に完全支配関係がある法人，完全支配関係にある複数の大法人に発行済株式等の全部を保有されている法人，相互会社，投資法人，特定目的会社，受託法人は含まない。

（設問1）

　中小企業者等の法人税率の特例の対象に関する記述として，最も適切なものはどれか。

　　ア　資本金又は出資金の額が3千万円以下の法人等であること。

　　イ　資本金又は出資金の額が5千万円以下の法人等であること。

　　ウ　資本金又は出資金の額が1億円以下の法人等であること。

　　エ　資本金又は出資金の額が3億円以下の法人等であること。

解答	ウ

■解説

中小企業者等の法人税率の特例に関する出題である。

原則，資本金または出資金の額が1億円以下の法人は「中小法人」とされ，さまざまな税制措置を受けられる。しかし，以下の場合は中小企業者等の法人税率の特例は受けられない。

〈資本金又は出資金の額が1億円以下の法人であっても中小企業者等の法人税率の特例を受けられない法人〉

・大法人（資本金等の額が5億円以上の法人，相互会社，受託法人）との間に，完全支配関係（100％の出資関係）がある法人
・完全支配関係（100％の出資関係）にある複数の大法人に発行済株式等の全部を保有されている法人
・投資法人，特定目的会社，受託法人

よって，ウが正解である。

中小企業税制	ランク	1 回目		2 回目		3 回目	
	A	/		/		/	

■令和 2 年度　第 20 問（設問 2）　改題

中小企業者等には，法人税率の特例が設けられている。

この制度の対象となる者や，措置の内容に関して，下記の設問に答えよ。

なお，ここでいう中小企業者等には，大法人との間に完全支配関係がある法人，完全支配関係にある複数の大法人に発行済株式等の全部を保有されている法人，相互会社，投資法人，特定目的会社，受託法人は含まない。

（設問 2）

中小企業者等の法人税率の特例の内容として，最も適切なものはどれか。

ア　年所得 800 万円以下の部分にかかる法人税率が，令和 7 年 3 月 31 日までの措置として，15％に引き下げられている。

イ　年所得 800 万円以下の部分にかかる法人税率が，令和 7 年 3 月 31 日までの措置として，19％に引き下げられている。

ウ　年所得 1,000 万円以下の部分にかかる法人税率が，令和 7 年 3 月 31 日までの措置として，15％に引き下げられている。

エ　年所得 1,000 万円以下の部分にかかる法人税率が，令和 7 年 3 月 31 日までの措置として，19％に引き下げられている。

解答	ア

■解説

　中小企業税制の法人税に関する出題である。過去に何度も問われているので，必ず押さえなければならない。

　まず，軽減税率については以下を押さえよう。

〈法人税　税率〉

普通法人		
中小法人（資本金1億円以下）		大法人（資本金1億円超）
年800万円以下の所得	年800万円超の所得	
15%	23.2%	23.2%

　ア：適切である。上記の表を参照。

　イ：不適切である。19%は法人税法本則における税率である。現在は，年所得800万円以下の部分にかかる法人税率が，租税特別措置法によって15%に引き下げられている。

　ウ：不適切である。年所得800万円以下の部分にかかる法人税率が，租税特別措置法によって15%に引き下げられている。

　エ：不適切である。選択肢ウの解説を参照。

　よって，アが正解である。

中小企業税制	ランク	1回目	2回目	3回目
	A	／	／	／

■平成 30 年度　第 22 問（設問 1）

　次の文章を読んで，下記の設問に答えよ。

　法人が支出した交際費等は，原則として，全額を損金の額に算入しないこととされ
ているが，中小法人は，①　　A　　円までの交際費等の全額損金算入，②接待飲食費
の 50％の損金算入の選択適用が認められている。

　ここで，中小法人とは，普通法人のうち，各事業年度終了時において，資本金又は
出資金の額が　　B　　円以下の法人又は資本若しくは出資を有しない法人のことをい
う。

　なお，資本金が　　B　　円以下でも，大法人（資本金又は出資金の額が　　C　　円以
上の法人），相互会社等の 100％子会社は中小法人とはならない。

（設問 1）

　文中の空欄 A に入る数値として，最も適切なものはどれか。

　　ア　　300 万

　　イ　　500 万

　　ウ　　800 万

　　エ　1,000 万

解答	ウ

■解説

　中小企業税制の交際費課税に関する出題である。過去に何度も問われているので，必ず押さえなければならない。たびたび改正がある論点であり，改正情報に注意すること。

　交際費課税についてであるが，法人企業は交際費を支出した場合，全額損金不算入（費用として認められない）が原則である（個人事業者についてはこのような制限はない。もちろん，事業性のある経費であることが大前提である）。しかし，資本金1億円以下の中小法人は，次の(a)，(b)のうち，いずれかを選択して損金算入（つまり費用計上）できる。

　(a)　支出した交際費等の年800万（空欄Aに該当）円までの全額
　(b)　支出した接待飲食費の50％（支出する接待飲食費の上限はない）

　なお，資本金1億円以下の法人であっても，大法人（資本金又は出資金の額が5億円以上の法人），相互会社等の100％子会社は中小法人とはならないので，交際費等の損金算入の特例が受けられない。

　よって，空欄Aには「800万」が入り，ウが正解である。

中小企業税制	ランク	1回目		2回目		3回目	
	A	/		/		/	

■平成30年度　第22問（設問2）

次の文章を読んで，下記の設問に答えよ。

　法人が支出した交際費等は，原則として，全額を損金の額に算入しないこととされているが，中小法人は，① ［　A　］円までの交際費等の全額損金算入，②接待飲食費の50％の損金算入の選択適用が認められている。

　ここで，中小法人とは，普通法人のうち，各事業年度終了時において，資本金又は出資金の額が ［　B　］円以下の法人又は資本若しくは出資を有しない法人のことをいう。

　なお，資本金が ［　B　］円以下でも，大法人（資本金又は出資金の額が ［　C　］円以上の法人），相互会社等の100％子会社は中小法人とはならない。

（設問2）

　文中の空欄BとCに入る数値の組み合わせとして，最も適切なものはどれか。

　　ア　B：5,000万　　C：3億

　　イ　B：5,000万　　C：5億

　　ウ　B：1億　　　　C：3億

　　エ　B：1億　　　　C：5億

解答	エ

■解説

法人税法に規定する中小法人に関する出題である。

原則，資本金または出資金の額が1億（空欄Bに該当）円以下の法人は「中小法人」とされ，さまざまな税制措置を受けられる。しかし，以下の場合は中小法人とはならない。

〈資本金又は出資金の額が1億円以下の法人であっても中小法人とならない法人〉

・大法人（資本金等の額が5億（空欄Cに該当）円以上の法人，相互会社，受託法人）との間に，完全支配関係（100％の出資関係）がある法人

・完全支配関係（100％の出資関係）にある複数の大法人に発行済株式等の全部を保有されている法人

・投資法人，特定目的会社，受託法人

上記は細かい記載もあるので，受験上は設問文にあるように，「資本金1億円以下の法人であっても，資本金5億円以上の法人の子会社は中小法人にならない」と押さえておけばよい。

よって，空欄Bには「1億」，空欄Cには「5億」が入り，エが正解である。

中小企業税制	ランク	1回目		2回目		3回目	
	A	/		/		/	

■平成 29 年度　第 23 問（設問 1）

次の文章を読んで，下記の設問に答えよ。

　中小企業等の法人税率は軽減されている。具体的には，法人税法の本則（期限の定めなし）において，年 [　A　] 万円以下の所得金額について [　B　] ％に軽減されている。対象となるのは，資本金 [　C　] 億円以下の中小法人等である。国際的な経済環境の変化等により景気の先行きに不透明さが増す中，当該税率は時限的な措置として，租税特別措置で [　D　] ％に軽減されている。

（設問 1）

　文中の空欄 A と B に入る数値の組み合わせとして，最も適切なものはどれか。

　　ア　A：　800　　B：19

　　イ　A：　800　　B：25

　　ウ　A：1,000　　B：19

　　エ　A：1,000　　B：25

解答	ア

■解説

中小企業税制の法人税に関する出題である。過去に何度も問われているので，必ず押さえなければならない。

まず，軽減税率については以下を押さえよう。

〈法人税　税率〉

普通法人		
中小法人（資本金1億円以下）		大法人（資本金1億円超）
年800万円以下の所得	年800万円超の所得	
15%	23.2%	23.2%

資本金1億円以下の法人企業（中小法人）の法人税率は，年所得800万円以下の部分について法人税法の本則では19%となっている。しかし，この法人税率は，租税特別措置法によって時限措置としてさらに軽減され，15%となっている。

よって，空欄Aには「800」，空欄Bには「19」が入り，アが正解である。

中小企業税制	ランク	1回目		2回目		3回目	
	A	／		／		／	

■平成 29 年度　第 23 問（設問 2）

次の文章を読んで，下記の設問に答えよ。

中小企業等の法人税率は軽減されている。具体的には，法人税法の本則（期限の定めなし）において，年 ▢ A ▢ 万円以下の所得金額について ▢ B ▢ ％に軽減されている。対象となるのは，資本金 ▢ C ▢ 億円以下の中小法人等である。国際的な経済環境の変化等により景気の先行きに不透明さが増す中，当該税率は時限的な措置として，租税特別措置で ▢ D ▢ ％に軽減されている。

（設問 2）

文中の空欄ＣとＤに入る数値の組み合わせとして，最も適切なものはどれか。

ア　C：1　　D：12

イ　C：1　　D：15

ウ　C：3　　D：12

エ　C：3　　D：15

解答	イ

■解説

　中小企業税制の法人税に関する出題である。過去に何度も問われているので，必ず押さえなければならない。

　まず，軽減税率については以下を押さえよう。

〈法人税　税率〉

普通法人		
中小法人（資本金1億円以下）		大法人（資本金1億円超）
年800万円以下の所得	年800万円超の所得	
15%	23.2%	23.2%

　資本金1億円以下の法人企業（中小法人）については年所得800万円以下の部分について軽減された法人税率（本来は19%であるが，租税特別措置により15%）が適用されている。

　よって，空欄Cには「1」，空欄Dには「15」が入り，イが正解である。

中小企業税制	ランク	1回目		2回目		3回目	
	A	/		/		/	

■平成27年度　第18問

　中小企業診断士のX氏は，顧問先で機械製造業のY社長から「交際費を支出した場合の税制措置を知りたい」との相談を受けた。以下は，X氏とY社長との会話である。

　会話中の空欄AとBに入る記述の組み合わせとして，最も適切なものを下記の解答群から選べ。

　X　　氏：「中小企業には交際費の損金算入の特例があります。」
　Y社長：「当社も対象になるのでしょうか。」
　X　　氏：「対象は，資本金1億円以下の法人などです。御社も対象になりますよ。」
　Y社長：「どのような措置が受けられるのでしょうか。」
　X　　氏：「　A　または　B　のうち，どちらかを選択して損金算入できます。
　　　　　　　B　の場合，支出する飲食費についての上限はありません。詳しいことは，税理士に相談してくださいね。」
　Y社長：「ありがとうございます。よく分かりました。」

〔解答群〕
　　ア　A：支出した交際費等の500万円までの全額　　B：支出した飲食費の50%

　　イ　A：支出した交際費等の500万円までの全額　　B：支出した飲食費の80%

　　ウ　A：支出した交際費等の800万円までの全額　　B：支出した飲食費の50%

　　エ　A：支出した交際費等の800万円までの全額　　B：支出した飲食費の80%

解答	ウ

■解説

中小企業税制の交際費課税に関する出題である。過去に何度も問われているので，必ず押さえなければならない。たびたび改正がある論点であり，改正情報に注意すること。

交際費課税についてであるが，法人企業は交際費を支出した場合，全額損金不算入（費用として認められない）が原則である（個人事業者についてはこのような制限はない。もちろん，事業性のある経費であることが大前提である）。しかし，資本金1億円以下の中小法人は，次の（a），（b）のうち，いずれかを選択して損金算入（つまり費用計上）できる。

   （a）　支出した交際費等の年800万円までの全額
   （b）　支出した飲食費の50%（支出する飲食費の上限はない）

よって，空欄Aには「支出した交際費等の800万円までの全額」，空欄Bには「支出した飲食費の50%」が入り，ウが正解である。

中小企業税制	ランク	1回目		2回目		3回目	
	A	／		／		／	

■平成 27 年度　第 23 問　改題

中小企業者，協同組合等は，税制上の様々な特別措置を受けることができる。法人税率の特例に関する記述として最も適切なものはどれか。

ア　資本金 100 万円の小売業者は，年所得 1,000 万円以下の部分に軽減税率 15%が適用される。

イ　資本金 500 万円の製造業者は，年所得 800 万円以下の部分に軽減税率 15%が適用される。

ウ　資本金 2 億円の製造業者は，年所得 800 万円以下の部分に軽減税率 15%が適用される。

エ　中小企業等協同組合は，年所得 1,000 万円以下の部分に軽減税率 15%が適用される。

解答	イ

■解説

　中小企業税制の法人税に関する出題である。過去に何度も問われているので，必ず押さえなければならない。

　まず，軽減税率については以下を押さえよう。

〈法人税　税率〉

普通法人		
中小法人（資本金1億円以下）		大法人（資本金1億円超）
年800万円以下の所得	年800万円超の所得	
15%	23.2%	23.2%

　資本金1億円以下の法人企業（中小法人）については年所得800万円以下の部分について軽減された法人税率が適用されている。

　　ア：不適切である。資本金1億円以下の中小法人の年800万円以下の所得について，税率の軽減措置がある。なお，中小法人の判定において業種は関係ない（以下同じ）。

　　イ：適切である。選択肢アの解説参照。

　　ウ：不適切である。選択肢アの解説参照。

　　エ：不適切である。中小企業等協同組合は，年所得800万円以下の部分に軽減税率が適用される。中小企業等協同組合であれば，出資総額に関係なく軽減税率が適用される。なお，受験対策上，詳細まで押さえる必要はないが，受験対策として学ぶ中小企業組合で出資総額に関係なく軽減税率が適用される組合としては，事業協同組合，商工組合，商店街振興組合がある。一方，企業組合，協業組合は税制上，株式会社と同じく普通法人として扱われ，出資総額が1億円以下の場合には，年間所得800万円以下の部分に対する法人税については中小法人と同様，軽減税率が適用される。

　よって，イが正解である。

中小企業税制	ランク	1回目	2回目	3回目
	A	／	／	／

■平成 17 年度　第 18 問（設問 1）

次の文章を読んで，下記の設問に答えよ。

　中小企業者は税制上のさまざまな特別措置が受けられる。<u>中小法人</u>については，法人税について軽減税率（所得　A　万円まで　B　%）が適用されているのをはじめ，交際費の一部（年　C　万円までの交際費支出のうち　D　割まで）損金算入制度が講じられている。

（設問 1）

　文中の下線部に該当する中小法人について，その正誤の組み合わせとして最も適切なものを下記の解答群から選べ。

　　a　資本金 1 億円，従業者数 100 人の卸売業者

　　b　資本金 2 億円，従業者数 50 人の製造業者

　　c　資本金 8 千万円，従業者数 60 人の小売業者

　　d　資本金 5 千万円，従業者数 30 人のサービス業者

〔解答群〕
　ア　a：正　b：正　c：誤　d：正
　イ　a：正　b：誤　c：正　d：正
　ウ　a：正　b：誤　c：誤　d：誤
　エ　a：誤　b：正　c：誤　d：誤
　オ　a：誤　b：誤　c：誤　d：正

<table>
<tr><td>解答</td><td>イ</td></tr>
</table>

■解説

中小企業税制が適用される中小法人に関する出題である。

法人税の軽減税率，中小企業投資促進税制，交際費の一部損金算入などは中小法人に該当しないと適用ができない。中小企業基本法の中小企業者の定義とは異なるため，ここで下記のとおり横断的に理解することが望まれる（そのため，平成 17 年度の出題であるが，特別に掲載した）。

区分	中小企業基本法の中小企業者	中小企業基本法の小規模企業者	小規模基本法の小企業者	法人税法の中小法人
製造業その他	資本金 3 億円以下又は従業員数 300 人以下	常時使用する従業員が 20 人以下	概ね常時使用する従業員が 5 人以下	資本金 1 億円以下
卸売業	資本金 1 億円以下又は従業員数 100 人以下	常時使用する従業員が 5 人以下		
小売業	資本金 5,000 万円以下又は従業員数 50 人以下			
サービス業	資本金 5,000 万円以下又は従業員数 100 人以下			

a：適切である。資本金 1 億円以下であることのみを確認できればよく，業種や従業員数は正誤の判定にまったく関係がない。

b：不適切である。資本金が 1 億円を超えているため，中小法人に該当しない。

c：適切である。資本金 1 億円以下となっている。

d：適切である。資本金 1 億円以下となっている。

よって，「a：正，b：誤，c：正，d：正」の組み合わせとなり，イが正解である。

事業承継円滑化の ための税制	ランク	1回目		2回目		3回目	
	A	/		/		/	

■令和5年度　第27問（設問1）　改題

　以下は，事業承継について検討を進めている X 氏（印刷業経営者，従業員30名）と中小企業診断士 Y 氏との会話である。

　この会話を読んで，下記の設問に答えよ。

X 氏：「事業承継を円滑化するための税制措置について知りたいのですが，教えていただけますか。」

Y 氏：「法人版事業承継税制があります。この制度は事業承継円滑化のための税制措置で，中小企業・小規模事業者の非上場株式などに係る相続税・贈与税が納税猶予・免除されるものです。平成30年4月1日に，法人版事業承継税制の特例措置が創設されました。」

X 氏：「特例措置ですか。具体的には，どのような措置なのでしょうか。」

Y 氏：「平成30年4月1日から令和8年3月31日までに，経営承継円滑化法に基づく「　　　　　」を都道府県知事に提出したうえで，平成30年1月1日から令和9年12月31日までの10年間に行われた非上場株式の贈与・相続が対象となります。従前の措置も一般措置として存在していますが，特例措置については一般措置と比べて大きく優遇される内容が拡充されています。詳しくは，国税局または税務署の税務相談窓口などにお問い合わせください。」

（設問1）

　会話の中の空欄に入る計画として，最も適切なものはどれか。

　　ア　活性化計画

　　イ　経営改善計画

　　ウ　経営発達支援計画

　　エ　特例承継計画

解答	エ

■**解説**

　法人版事業承継税制の特例措置に関する出題である。

　まず，法人版事業承継税制には一般措置と特例措置があることを押さえたい。そして，共通事項として，法人版事業承継税制では，後継者（親族外も対象）が，相続，遺贈，贈与により，非上場会社の株式等を先代経営者から取得し，経営承継円滑化法に係る都道府県知事の認定を受け，その会社を経営していく場合には，その後継者が納付すべき相続税・贈与税のうち，その株式等に係る相続税・贈与税の納税が猶予され，後継者が死亡した場合などには，猶予税額が免除される。

　しかし，一般措置では全額が納税猶予されるわけではなく，使い勝手が悪かった。そこで，時限措置として2018年（平成30年）に特例措置が創設された。一般措置も存在しているが，特例措置は一般措置と比べて大幅に優遇されている。

　特例措置を受けるためには，以下の要件をすべて満たす必要がある。

① 2018年（平成30年）4月1日から2026年（令和8年）3月31日までに経営承継円滑化法に基づく「特例承継計画（空欄に該当）」を都道府県知事に提出すること。
② 2018年（平成30年）1月1日から2027年（令和9年）12月31日までの10年間に非上場株式の贈与・相続を行うこと。

　よって，空欄には「特例承継計画」が入り，エが正解である。

事業承継円滑化の ための税制	ランク	1回目	2回目	3回目
	A	／	／	／

■令和 5 年度　第 27 問（設問 2）　改題

　以下は，事業承継について検討を進めている X 氏（印刷業経営者，従業員 30 名）と中小企業診断士 Y 氏との会話である。

　この会話を読んで，下記の設問に答えよ。

X 氏：「事業承継を円滑化するための税制措置について知りたいのですが，教えていただけますか。」

Y 氏：「法人版事業承継税制があります。この制度は事業承継円滑化のための税制措置で，中小企業・小規模事業者の非上場株式などに係る相続税・贈与税が納税猶予・免除されるものです。平成 30 年 4 月 1 日に，法人版事業承継税制の特例措置が創設されました。」

X 氏：「特例措置ですか。具体的には，どのような措置なのでしょうか。」

Y 氏：「平成 30 年 4 月 1 日から令和 8 年 3 月 31 日までに，経営承継円滑化法に基づく「　　　　　」を都道府県知事に提出したうえで，平成 30 年 1 月 1 日から令和 9 年 12 月 31 日までの 10 年間に行われた非上場株式の贈与・相続が対象となります。従前の措置も一般措置として存在していますが，特例措置については一般措置と比べて大きく優遇される内容が拡充されています。詳しくは，国税局または税務署の税務相談窓口などにお問い合わせください。」

（設問 2）

　会話の中の下線部に関する記述として，最も適切なものはどれか。

　　ア　後継者が自主廃業や売却を行う際，承継時の株価を基に贈与税・相続税を納税することが認められるようになった。

　　イ　事業承継税制の適用後 5 年間で平均 8 割以上の雇用を維持すれば，納税が猶予されるようになった。

　　ウ　対象株式数の上限が撤廃され，納税猶予割合は 100 ％に拡大された。

　　エ　1 人の先代経営者から，2 人までの後継者に対して贈与・相続される株式が対象になった。

解答	ウ

■解説

　一般措置と比べて特例措置は以下のとおり大幅に優遇されている。

① 経営環境変化に対応した減免制度を導入

　　後継者が自主廃業や売却を行う際，経営環境の変化により株価が下落した場合でも，一般措置では承継時の株価を基に贈与・相続税が納税されていたところ，特例措置では売却時や廃業時の評価額を基に納税額を再計算する。これにより，承継時の株価を基に計算された納税額との差額が減免される。

② 対象株式数の上限撤廃，猶予割合を 100% に拡大

　　一般措置では，納税猶予の対象になるのは発行済議決権株式総数の 3 分の 2 までであり，さらに相続税の納税猶予割合は 80% であったところ，特例措置では対象株式数の上限を撤廃し，納税猶予割合も 100% に拡大。これにより，事業承継時の贈与税・相続税の支払い負担はゼロとなる。

③ 雇用要件の抜本的見直し

　　一般措置では，事業承継税制の適用後 5 年間で平均 8 割以上の雇用を維持できなければ猶予された税額の全額を納付しなければならなかったところ，人手不足の現状を受け，雇用要件を弾力化し，特例措置では 5 年平均 8 割が未達成の場合でも猶予を継続可能とする（経営悪化等が理由の場合は，認定支援機関の指導助言が必要となる）。

④ 対象者の制限の大幅な緩和

　　一般措置では，一人の先代経営者から一人の後継者に対して贈与・相続される株式のみが対象であったところ，特例措置では親族外を含む複数の株主から，代表者である後継者（最大 3 人まで）への承継も対象となる。

　　ア：不適切である。上記①の解説参照。
　　イ：不適切である。上記③の解説参照。
　　ウ：適切である。上記②の解説参照。
　　エ：不適切である。上記④の解説参照。
　よって，ウが正解である。

314

事業承継円滑化の ための税制	ランク	1回目	2回目	3回目
	A	／	／	／

■**令和2年度　第17問**

　中小企業の経営者であるA氏は，後継者に事業を円滑に引き継ぎたいと考えている。中小企業診断士のB氏は，「経営承継円滑化法」による総合的支援をA氏に紹介することとした。

　以下は，A氏とB氏との会話である。

B氏：「後継者に事業を承継する場合などに，経営承継円滑化法に基づき，<u>事業承継の円滑化に向けた支援</u>を受けることができます。」

A氏：「どのような支援を受けることができるのでしょうか。」

　文中の下線部に関する記述として，<u>最も不適切な</u>ものはどれか。

　ア　遺留分に関する民法の特例

　イ　事業再編，事業統合を含む経営者の交代を契機として経営革新を行う場合，その取り組みに要する経費の3分の1補助

　ウ　事業承継に伴う多額の資金ニーズが生じている場合，都道府県知事の認定を受けることを前提として，信用保険の別枠化による信用保証枠の実質的な拡大

　エ　都道府県知事から経営承継円滑化法の認定を受けた場合，相続税・贈与税の納税の猶予・免除

解答	イ

■解説

事業承継の円滑化のための支援策に関する出題である。以下を押さえたい。

〈主な事業承継の円滑化のための支援策〉

1　経営承継円滑化法による事業承継円滑化に向けた総合的支援

○遺留分に関する民法の特例

○金融支援

○法人版事業承継税制

○個人版事業承継税制

※遺留分に関する民法の特例に関しては，遺留分権利者全員との合意と経済産業大臣の確認及び家庭裁判所の許可が必要。

※金融支援，法人版及び個人版事業承継税制については都道府県知事の認定を受けることが必要。

2　事業承継総合支援事業

中小企業者等の円滑な事業承継・引継ぎを促進するため，各都道府県に設置された「事業承継・引継ぎ支援センター」が相談対応をはじめ，事業承継計画の策定支援やマッチング支援等を行う。

3　事業承継・引継ぎ補助金

事業再編，事業統合を含む経営者の交代を契機として経営革新等を行う事業者に対して，その取組に要する経費の一部を補助。また，専門家活用型では，譲渡側・譲受側双方の士業専門家の活用にかかる費用を補助。

ア：適切である。生前贈与株式（除外合意）や後継者の貢献による生前贈与株式の価値上昇分（固定合意）を遺留分減殺請求の対象外とする民法の特例である。

イ：不適切である。原則，補助率は2分の1である。

ウ：適切である。そのほか金融支援として，株式会社日本政策金融公庫等による代表者個人に対する融資制度もある。

エ：適切である。法人版及び個人版事業承継税制のことである。

よって，イが正解である。

事業承継円滑化のための税制	ランク	1回目		2回目		3回目	
	A	／		／		／	

■**平成27年度　第24問（設問1）　改題**

次の文章を読んで，下記の設問に答えよ。

　後継者に事業を引き継ぐ場合，「中小企業における経営の承継の円滑化に関する法律」に基づき，事業承継円滑化に向けた金融や税制などの総合的な支援を受けることができる。

　事業承継税制については，この法律における都道府県知事の認定を受けた　　A　　の後継者が対象となる。雇用確保をはじめとする事業継続要件などを満たす場合に，自社株式等にかかる　　B　　や　　C　　の納税が猶予される。

（設問1）

文中の空欄Aに入る語句として，最も適切なものはどれか。

　　ア　資本金5,000万円以下の法人企業

　　イ　資本金1億円以下の法人企業

　　ウ　資本金3億円以上の法人企業

　　エ　非上場中小企業

<table>
<tr><td>解答</td><td>エ</td></tr>
</table>

■解説

　中小企業における経営の承継の円滑化に関する法律（経営承継円滑化法）に基づく相続税の納税猶予に関する出題である。

　背景として，相続が生じたときに多額の相続税負担が生じ，その納税資金を充分に確保できないことにより，事業承継が困難になることなどがあった。事業廃業による雇用や企業の技術，ノウハウが失われないようにするため，法的に措置がされることとなったのである。

　経営承継円滑化法による<u>都道府県知事の認定を受けた非上場中小企業の後継者</u>は，取得した非上場株式等に係る部分について，課税価格の<u>80％</u>に対応する<u>相続税，全額（100％）</u>の贈与税の納税が猶予される。ただし，以前から後継者が既に保有していた議決権株式を含め発行済完全議決権株式総数の２／３に達するまでの部分に限る（この制度とは別に，平成30年４月１日より，認定経営革新等支援機関の指導及び助言を受けて「<u>特例承継計画</u>」を作成し，都道府県に提出した場合，<u>発行済株式総数の全部</u>について，<u>相続税，贈与税ともに全額の納税猶予</u>が受けられる新たな制度が創設された）。

　また，平成25年度税制改正により事業承継税制が拡充された（平成27年１月１日より適用）。ポイントは以下のとおりである。余裕があれば押さえておきたい。

〈ポイント〉

　　1　親族外承継の対象化：<u>親族に限らず適任者を後継者にできる</u>

　　2　雇用８割維持要件の緩和
　　　　承継後も雇用の８割以上を維持する必要があるが，その要件を見る際は「５年間平均」（平成29年４月１日から，平均を計算する際に端数を切り捨てる改正が行われた）で評価（改正前は５年間毎年で評価）されることになった。なお，特例承認計画を提出した場合は，雇用８割維持要件も原則不要となった。

　　3　役員退任要件の緩和
　　　　改正前は，現経営者は贈与時に役員を退任しなければならなかったが，改正後は贈与時に代表者を退任すればよく，有給役員として残留できるようになった。

　よって，空欄Ａには「非上場中小企業」が入り，エが正解である。

事業承継円滑化の ための税制	ランク	1回目	2回目	3回目
	A	／	／	／

■平成 27 年度　第 24 問（設問 2）　改題

次の文章を読んで，下記の設問に答えよ。

　後継者に事業を引き継ぐ場合，「中小企業における経営の承継の円滑化に関する法律」に基づき，事業承継円滑化に向けた金融や税制などの総合的な支援を受けることができる。

　事業承継税制については，この法律における都道府県知事の認定を受けた　A　の後継者が対象となる。雇用確保をはじめとする事業継続要件などを満たす場合に，自社株式等にかかる　B　や　C　の納税が猶予される。

（設問 2）

　文中の空欄 B と C に入る語句の組み合わせとして，最も適切なものはどれか。

　　ア　B：相続税　　C：住民税

　　イ　B：相続税　　C：贈与税

　　ウ　B：法人税　　C：住民税

　　エ　B：法人税　　C：贈与税

解答	イ

■解説

中小企業における経営の承継の円滑化に関する法律（経営承継円滑化法）に基づく相続税の納税猶予に関する出題である。

背景として，相続が生じたときに多額の相続税負担が生じ，その納税資金を充分に確保できないことにより，事業承継が困難になることなどがあった。事業廃業による雇用や企業の技術，ノウハウが失われないようにするため，法的に措置がされることとなったのである。

経営承継円滑化法による都道府県知事の認定を受けた非上場中小企業の後継者は，取得した非上場株式等に係る部分について，課税価格の80%に対応する相続税，全額（100%）の贈与税の納税が猶予される。ただし，以前から後継者が既に保有していた議決権株式を含め発行済完全議決権株式総数の2／3に達するまでの部分に限る（この制度とは別に，平成30年4月1日より，認定経営革新等支援機関の指導及び助言を受けて「特例承継計画」を作成し，都道府県に提出した場合，発行済株式総数の全部について，相続税，贈与税ともに全額の納税猶予が受けられる新たな制度が創設された）。

また，平成25年度税制改正により事業承継税制が拡充された（平成27年1月1日より適用）。ポイントは以下のとおりである。余裕があれば押さえておきたい。

〈ポイント〉
1 親族外承継の対象化：親族に限らず適任者を後継者にできる
2 雇用8割維持要件の緩和
  承継後も雇用の8割以上を維持する必要があるが，その要件を見る際は「5年間平均」（平成29年4月1日から，平均を計算する際に端数を切り捨てる改正が行われた）で評価（改正前は5年間毎年で評価）されることになった。なお，特例承認計画を提出した場合は，雇用8割維持要件も原則不要となった。
3 役員退任要件の緩和
  改正前は，現経営者は贈与時に役員を退任しなければならなかったが，改正後は贈与時に代表者を退任すればよく，有給役員として残留できるようになった。

よって，空欄Bには「相続税」，空欄Cには「贈与税」が入り，イが正解である。

事業承継円滑化の ための税制	ランク	1回目		2回目		3回目	
	B	／		／		／	

■平成 26 年度　第 28 問

　世代の交代期を迎えた中小企業の後継者が事業承継した場合，相続税，贈与税，または所得税の特例措置を受けることができる。事業承継円滑化のための税制措置として，最も不適切なものはどれか。

　　ア　特定小規模宅地を相続した場合，評価額が減額となる課税の特例措置がある。

　　イ　非上場株式等についての相続税の納税猶予制度がある。

　　ウ　非上場株式等についての贈与税の納税猶予制度がある。

　　エ　非上場の相続株式を他社に売却した場合，所得税の納税猶予制度がある。

解答	エ

■解説

　事業承継円滑化のための税制に関する出題である。

　中小企業の後継者が事業承継した場合，相続税，贈与税，または所得税の特例措置を受けることができる。対象者は下記のとおりである。

〈対象者〉

　・非上場株式を相続または贈与により取得した中小企業の後継者

　・特定小規模宅地を相続した個人事業者・中小企業の後継者

〈内容〉

1　非上場株式等についての相続税の納税猶予制度（内容は別項）

2　非上場株式等についての贈与税の納税猶予制度（内容は別項）

3　特定小規模宅地（事業用・居住用）の減額（相続税）

　　一定の特定事業用宅地と特定居住用宅地は，評価額の80％が減額となる課税の特例を受けることができる。相続税の納税猶予制度との併用が可能。

4　非上場の相続株式を自社に売却した場合の課税の特例（所得税）

　　一定期間内に非上場の相続株式を自社に売却した場合，一定の手続きを要件にみなし配当課税（最高55.945％の累進課税）でなく，譲渡益全体について譲渡益課税（20.315％の分離課税）が適用される。

5　相続時精算課税制度（贈与税・相続税）

　　一定要件を満たした場合，親から子への贈与について2,500万円の非課税枠（限度額まで複数回使用可）があり，これを超える部分については税率一律20％で課税する制度。相続時に贈与時の時価で贈与財産を相続財産と合算して相続税額を計算し，精算する。

　ア：適切である。上記3の解説参照（受験対策上，詳細まで押さえなくてよい）。

　イ：適切である。課税価格の80％に対応する相続税が納税猶予される。

　ウ：適切である。贈与税の全額が納税猶予される。

　エ：不適切である。「他社」に売却した場合は制度の適用はない。上記4の解説
　　　参照（受験対策上，詳細まで押さえなくてよい）。

　よって，エが正解である。

第5章

共済制度

▶▶ 出題項目のポイント

　中小企業政策でよく出題される3つの共済制度について取りまとめた。3つの共済制度とは，小規模企業共済，中小企業倒産防止共済（経営セーフティ共済），中小企業退職金共済のことをいう。3つの共済制度は当然に違う施策であり，内容も異なるが，覚えるべきポイントは同じであるので，3つを同時に比較しながら暗記するとよい。

〈共済制度　暗記のポイント〉
　1　根拠法
　2　運営機関
　3　加入対象
　4　制度内容
　5　掛金の税法上の扱い
　6　月額掛金の金額

　「4　制度内容」を解説すると，小規模企業共済は経営者の退職金制度，中小企業倒産防止共済は，連鎖倒産危機の際に無担保・無保証人・無利子で掛金総額に応じて貸し付けする制度（「無担保・無保証人・無利子」とすべてセットされているのは倒産防止共済のみである），中小企業退職金共済は，中小企業に勤務する従業員の退職金制度（掛金は企業が払う）である。また，「5　掛金の税法上の扱い」とは，小規模企業共済は個人の所得から控除（経営者個人の所得税の内容），それ以外の共済は法人なら損金，個人事業者であれば必要経費となるので注意すること。
　あとは，各共済制度ごとに上記暗記ポイント以外の論点を押さえればよい。

▶▶ 出題の傾向と勉強の方向性

　3つの共済制度はそれぞれの内容を入れ替えて「引っかけ問題」が作られることが多いので，一緒に覚えることが効率的である。出題自体はパターン化されており，本書をベースに押さえることで本試験に十分対応できる。

■取組状況チェックリスト

1. 共済制度

小規模企業共済制度

問題番号	ランク	1回目		2回目		3回目	
令和5年度 第21問（設問1）	A	／		／		／	
令和5年度 第21問（設問2）	A	／		／		／	
令和2年度 第19問（設問1）	A	／		／		／	
令和2年度 第19問（設問2）	A	／		／		／	
平成28年度 第16問	A	／		／		／	
平成26年度 第17問（設問1）	A	／		／		／	
平成26年度 第17問（設問2）	A	／		／		／	

中小企業倒産防止共済制度

問題番号	ランク	1回目		2回目		3回目	
令和4年度 第23問（設問1）	A	／		／		／	
令和4年度 第23問（設問2）	A	／		／		／	
令和元年度 第19問	A	／		／		／	
平成29年度 第22問（設問1）	A	／		／		／	
平成29年度 第22問（設問2）	A	／		／		／	

中小企業退職金共済制度

問題番号	ランク	1回目		2回目		3回目	
令和3年度 第28問	A	／		／		／	
平成30年度 第23問	A	／		／		／	
平成27年度 第17問	A	／		／		／	

小規模企業共済制度	ランク	1回目		2回目		3回目	
	A	/		/		/	

■**令和 5 年度　第 21 問（設問 1）**

次の文章を読んで，下記の設問に答えよ。

小規模企業共済制度は，掛け金を納付することで，　A　である。

納付した掛金合計額の　B　で，事業資金などの貸付けを受けることができる。

（設問 1）

文中の空欄AとBに入る語句の組み合わせとして，最も適切なものはどれか。

ア　A：簡単に従業員の退職金制度を設けることができる共済制度
　　B：2 分の 1 以内

イ　A：簡単に従業員の退職金制度を設けることができる共済制度
　　B：範囲内

ウ　A：経営者が生活の安定や事業の再建を図るための資金をあらかじめ準備し
　　　　ておくための共済制度
　　B：2 分の 1 以内

エ　A：経営者が生活の安定や事業の再建を図るための資金をあらかじめ準備し
　　　　ておくための共済制度
　　B：範囲内

解答	エ

■解説

　小規模企業共済制度は，小規模企業の経営者が廃業や退職に備え，生活の安定や事業の再建を図るための資金をあらかじめ準備しておくための共済制度（空欄Aに該当）で，いわば「経営者の退職金制度」である。

　支援内容として，以下の内容は押さえておきたい。

1．毎月の掛金
　　掛金月額は1,000円から70,000円の範囲内（500円刻み）で自由に決められる。また，加入後に増額または減額することも可能。

2．税法上の特典
　　・その年に納付した掛金はその年分の総所得金額から全額所得控除できる。
　　・共済金の受け取り方は「一括」「分割」「一括と分割の併用」が可能。一括受取の場合は退職所得，分割受取の場合は公的年金等の雑所得，解約の場合は一時所得として取り扱われる。

3．契約者貸付制度
　　納付した掛金合計額の範囲内（空欄Bに該当）で事業資金などの貸付けを無担保・無保証人で受けることができる。

　なお，選択肢ア，イにある「簡単に従業員の退職金制度を設けることができる共済制度」とは，中小企業退職金共済制度のことである。

　よって，空欄Aには「経営者が生活の安定や事業の再建を図るための資金をあらかじめ準備しておくための共済制度」，空欄Bには「範囲内」が入り，エが正解である。

小規模企業共済制度	ランク	1回目	2回目	3回目
	A	/	/	/

■令和5年度　第21問（設問2）

次の文章を読んで，下記の設問に答えよ。

小規模企業共済制度は，掛け金を納付することで，　A　である。

納付した掛金合計額の　B　で，事業資金などの貸付けを受けることができる。

（設問2）

小規模企業共済制度に関する記述として，最も適切なものはどれか。

ア　18,000円以下の掛金を増額する事業主に対して，増額分の3分の1を増額した月から1年間，国が助成する。

イ　共済金の受け取り方は，「一括」「分割」「一括と分割の併用」が可能である。

ウ　その年に納付した掛金の50%は，その年分の総所得金額から所得控除できる。

エ　初めて加入した事業主に対して，掛金月額の2分の1を4カ月目から1年間，国が助成する。

<table>
<tr><td>解答</td><td>イ</td></tr>
</table>

■解説

　小規模企業共済制度に関する出題である。

　共済制度については，単独で覚えるより3つの共済制度を横断的に学習するほうが効率的である。以下，ポイントを示す。

〈3つの共済制度：試験上のポイント〉

	退職金共済	小規模企業共済	倒産防止共済
根拠法	中小企業退職金共済法	小規模企業共済法	中小企業倒産防止共済法
運営機関	勤労者退職金共済機構	中小企業基盤整備機構	中小企業基盤整備機構
加入対象	中小企業者	小規模企業者に該当する，個人事業主（共同経営者含む）と法人役員等（※）	中小企業者
内容	従業員の退職金支給	経営者の退職金支給	連鎖倒産防止のための貸付
掛金の税法上の扱い	法人：損金 個人：必要経費	経営者本人の所得から控除	法人：損金 個人：必要経費
月額掛金	5千円〜3万円 （16種類）	1千円〜7万円 （500円刻み）	5千円〜20万円 （5千円刻み）

※小規模企業活性化法による改正により，平成26年4月1日から，宿泊業と娯楽業については，従業員数20人以下に加入資格の範囲が拡大（従来は5人以下が対象であった。中小企業基本法の小規模企業者の定義は変わっていないことに注意）。

　ア：不適切である。そのような助成制度はない。記載の内容は，中小企業退職金共済制度のことである。

　イ：適切である。一括受取の場合は退職所得，分割受取の場合は公的年金等の雑所得，解約の場合は一時所得として取り扱われる。

　ウ：不適切である。その年に納付した掛金はその年分の総所得金額から<u>全額</u>所得控除できる。

　エ：不適切である。そのような助成制度はない。記載の内容は，中小企業退職金共済制度のことである。

　よって，イが正解である。

小規模企業共済制度	ランク	1回目		2回目		3回目	
	A	／		／		／	

■令和 2 年度　第 19 問 （設問 1）

　小規模企業共済制度は，小規模企業の経営者が廃業や退職に備え，生活の安定や事業の再建を図るための資金をあらかじめ準備しておくための共済制度で，いわば「経営者の退職金制度」である。

　小規模企業共済制度に関して，下記の設問に答えよ。

（設問 1）

　この制度の加入対象に該当する者として，<u>最も不適切なもの</u>はどれか。

　　ア　事業に従事する組合員数が 10 人の企業組合の役員

　　イ　事業に従事する組合員数が 10 の事業協同組合の役員

　　ウ　常時使用する従業員数が 10 人の製造業の個人事業主，共同経営者

　　エ　常時使用する従業員数が 10 人の会社（製造業）の役員

解答	イ

■解説

小規模企業共済制度に関する出題である。

小規模企業共済の加入対象は，以下のとおりである。加入対象は本試験でもよく出題されているので，確実に押さえておきたい。

〈小規模企業共済の加入対象〉

1．常時使用する従業員の数が20人（サービス業の場合は娯楽業・宿泊業に限る）以下の個人事業主，共同経営者または会社の役員

2．常時使用する従業員の数が5人（商業，サービス業（娯楽業・宿泊業を除く））以下の個人事業主，共同経営者または会社の役員

3．事業に従事する組合員の数が20人以下の企業組合の役員

4．常時使用する従業員の数が20人以下の協業組合の役員

5．常時使用する従業員の数が20人以下であって，農業の経営を主として行っている農事組合法人の役員

　ア：適切である。上記3を参照。

　イ：不適切である。組合員数に関係なく事業協同組合の役員は加入対象に該当しない。

　ウ：適切である。「共同経営者」も加入対象に該当するのがポイントである。上記1を参照。

　エ：適切である。上記1を参照。

よって，イが正解である。

小規模企業共済制度	ランク	1回目		2回目		3回目	
	A	／		／		／	

■**令和2年度　第19問（設問2）**

　小規模企業共済制度は，小規模企業の経営者が廃業や退職に備え，生活の安定や事業の再建を図るための資金をあらかじめ準備しておくための共済制度で，いわば「経営者の退職金制度」である。

　小規模企業共済制度に関して，下記の設問に答えよ。

（設問2）

　この制度に関する記述として，最も適切なものはどれか。

　　ア　掛金総額の10倍以内の範囲で事業資金の貸付制度を利用できる。

　　イ　共済金の受け取りは一括・分割どちらも可能である。

　　ウ　その年に納付した掛金は，課税所得金額に税率を乗じて計算した税額から全額控除できる。

　　エ　月々の掛金は定額10,000円である。

解答	イ

■**解説**

　小規模企業共済制度に関する出題である。

　小規模企業共済では，小規模企業者が掛金を積み立てることで，廃業，死亡，老齢（65歳以上で15年以上掛金を納付）または役員を退職した場合に掛金の月額・納付月数に応じ共済金が支払われる。以下の内容は押さえておきたい。

1．毎月の掛金

　　掛金月額は1,000円から70,000円の範囲内（500円刻み）で自由に決められる。また，加入後に増額または減額することも可能。

2．税法上の特典

　　・その年に納付した掛金はその年分の総所得金額から全額所得控除できる。

　　・共済金の受け取り方は「一括」「分割」「一括と分割の併用」が可能。一括受取の場合は退職所得，分割受取の場合は公的年金等の雑所得，解約の場合は一時所得として取り扱われる。

3．契約者貸付制度

　　納付した掛金合計額の範囲内で事業資金などの貸付けを無担保・無保証人で受けることができる。

ア：不適切である。小規模企業共済の経営者貸付制度では，納付した掛金合計額の範囲内で事業資金の貸付けを無担保・無保証人で受けることができる。

イ：適切である。また，「一括と分割の併用」も選択可能である。なお，受け取り方法によって税法上の取扱いが異なる（上記2を参照）。

ウ：不適切である。その年分の総所得金額から全額所得控除できる。税額控除ではないので，注意すること。

エ：不適切である。上記1を参照。

よって，イが正解である。

小規模企業共済制度	ランク	1回目		2回目		3回目	
	A	/		/		/	

■平成28年度 第16問

中小企業診断士のA氏は，飲食店を経営するB氏から「廃業や退職に備え，生活の安定や事業の再建を図るための資金をあらかじめ準備しておきたい」と相談を受けた。そこで，A氏はB氏に，いわば「経営者の退職金制度」である小規模企業共済制度を紹介することにした。

この制度に関する，A氏のB氏に対する説明として，最も適切なものはどれか。

ア　一括して受け取られる共済金は一時所得として取り扱われます。

イ　勤労者退職金共済機構と退職金共済契約を結び，掛金を払うだけで，簡単に退職金制度を設けることができます。

ウ　この制度の対象となるのは，1年以上継続して事業を行っている中小企業者です。

エ　その年に納付した掛金は全額所得控除できます。

解答	エ

■解説

小規模企業共済制度に関する出題である。

本問はひっかけの選択肢として中小企業退職金共済制度や中小企業倒産防止共済制度（経営セーフティ共済）の内容が混在している。3つの共済制度の総合問題として知識を補強していただきたい。

　ア：不適切である。一括して受け取られる共済金は退職所得，10年または15年で受け取られる分割共済金については公的年金等の雑所得として取り扱われる。なお，解約の場合は一時所得として取り扱われる。

　イ：不適切である。中小企業者が独立行政法人中小企業基盤整備機構と共済契約を締結する。本選択肢の内容は，中小企業退職金共済制度のことである。

　ウ：不適切である。中小企業倒産防止共済制度の適用対象者についての内容である。

　エ：適切である。その年に納付した掛金は，その年の加入者個人の総所得金額から全額所得控除できる。退職金共済や倒産防止共済と異なるので注意すること。

よって，エが正解である。

小規模企業共済制度	ランク	1回目	2回目	3回目
	A	/	/	/

■平成26年度　第17問（設問1）
　次の文章を読んで，下記の設問に答えよ。

　小規模企業共済制度は，共済契約者が独立行政法人中小企業基盤整備機構（中小機構）に掛金を納付し，中小機構がこれらの掛金を運用した上で，共済金等を給付する制度である。昭和40年に制度が創設され，平成25年3月末の在籍者は約122万人となっている。

（設問1）
　文中の「小規模企業共済制度」の加入対象として，最も不適切なものはどれか。

　　ア　事業に従事する組合員の数が20人以下の企業組合の役員

　　イ　小規模企業の共同経営者

　　ウ　小規模企業の常用の従業員

　　エ　小規模企業の役員

解答	ウ

■解説

小規模企業共済制度に関する出題である。

共済制度については，単独で覚えるより3つの共済制度を横断的に学習する方が効率的である。以下，ポイントを示す。

〈3つの共済制度：試験上のポイント〉

	退職金共済	小規模企業共済	倒産防止共済
根拠法	中小企業退職金共済法	小規模企業共済法	中小企業倒産防止共済法
運営機関	勤労者退職金共済機構	中小企業基盤整備機構	中小企業基盤整備機構
加入対象	中小企業者	小規模企業者に該当する，個人事業主（共同経営者含む）と法人役員等（※）	中小企業者
内容	従業員の退職金支給	経営者の退職金支給	連鎖倒産防止のための貸付
掛金の税法上の扱い	法人：損金 個人：必要経費	経営者本人の所得から控除	法人：損金 個人：必要経費
月額掛金	5千円～3万円 （16種類）	1千円～7万円 （500円刻み）	5千円～20万円 （5千円刻み）

※小規模企業活性化法による改正により，平成26年4月1日から，宿泊業と娯楽業については，従業員数20人以下に加入資格の範囲が拡大（従来は5人以下が対象であった。中小企業基本法の小規模企業者の定義は変わっていないことに注意）。

ア：適切である。上記，加入対象の「等」には，組合員数20人以下の企業組合の役員，従業員数20人以下の協業組合の役員，従業員数20人以下の農業の経営を主として行っている農事組合法人の役員が含まれる。

イ：適切である。小規模企業者の個人事業主が営む事業の経営に携わる個人（共同経営者）は加入対象である。

ウ：不適切である。小規模企業共済は経営者が加入対象である。一方，中小企業退職金共済制度であれば，従業員が加入対象となる。

エ：適切である。加入対象に該当する事業者の法人役員は加入対象である。

よって，ウが正解である。

小規模企業共済制度	ランク	1回目		2回目		3回目	
	A	╱		╱		╱	

■平成 26 年度　第 17 問（設問 2）

次の文章を読んで，下記の設問に答えよ。

小規模企業共済制度は，共済契約者が独立行政法人中小企業基盤整備機構（中小機構）に掛金を納付し，中小機構がこれらの掛金を運用した上で，共済金等を給付する制度である。昭和 40 年に制度が創設され，平成 25 年 3 月末の在籍者は約 122 万人となっている。

（設問 2）

文中の「小規模企業共済制度」に関する記述として，最も適切なものはどれか。

　ア　新たに加入した共済契約者に対して，掛金月額の一部を国が助成する。

　イ　売掛金や受取手形などの回収が困難となった場合，共済金が支払われる。

　ウ　契約者貸付制度が設けられており，貸付けの担保，保証人は不要である。

　エ　その年に納付した掛金について，一定の額を税額控除できる。

解答	ウ

■解説

　小規模企業共済制度に関する出題である。

　本問はひっかけの選択肢として中小企業退職金共済制度や中小企業倒産防止共済制度（経営セーフティ共済）の内容が混在している。3つの共済制度の総合問題として知識を補強していただきたい。

　　ア：不適切である。なお，中小企業退職金共済制度では初めて加入した中小企業者に対して，掛金月額の2分の1（上限5千円）を従業員ごとに加入後4か月目から1年間，国が助成する制度がある。

　　イ：不適切である。なお，中小企業倒産防止共済制度（経営セーフティ共済）では，このような場合，無担保・無保証人・無利子で共済金の貸付けを受けることができる。

　　ウ：適切である。契約者貸付制度では，原則として納付した掛金総額の範囲内（無担保・無保証人）で，事業資金などの貸付けを受けることができる。契約者貸付制度には，一般貸付けのほか，傷病災害時貸付け，緊急経営安定貸付け，事業承継貸付け，廃業準備貸付けなどの貸付制度がある。

　　エ：不適切である。納付した掛金について，税金を直接差し引く税額控除ではなく，税額を計算する元となる所得（「所得×税率＝税額」となる）を減額する所得控除がされる。退職金共済や倒産防止共済と異なり，小規模企業共済は経営者個人が加入する個人年金保険のようなものである。したがって，法人や事業資金から掛金を支出するものではないため，経営者本人の個人所得から控除するのである。

　よって，ウが正解である。

中小企業倒産防止 共済制度	ランク	1回目		2回目		3回目	
	A	/		/		/	

■**令和4年度　第23問（設問1）**

　以下は，中小企業診断士のA氏と，顧問先の情報処理・提供サービス業（従業員数5名）の経営者B氏との会話である。この会話に基づき下記の設問に答えよ。

　　A氏：「自社の経営が順調でも，取引先の倒産という不測の事態はいつ起こるか分かりません。そのような不測の事態に備えておくことが大切です。」

　　B氏：「確かにそうですね。どのように備えておけばよいでしょうか。」

　　A氏：「たとえば，①経営セーフティ共済という制度があります。この制度への加入を検討してはいかがでしょうか。」

　　B氏：「どのような制度か教えていただけますか。」

　　A氏：「経営セーフティ共済は，取引先企業の倒産による連鎖倒産を防止するため，②共済金の貸付けを受けることができる制度です。」

（設問1）

　会話の中の下線部①の制度の加入対象として，最も適切なものはどれか。

　　ア　3カ月継続して事業を行っている中小企業者

　　イ　6カ月継続して事業を行っている小規模企業者

　　ウ　1年継続して事業を行っている中小企業者

　　エ　新規開業する者

解答	ウ

■解説

　中小企業倒産防止共済制度（経営セーフティ共済）に関する出題である。なお，経営セーフティ共済とは，中小企業倒産防止共済制度の別称である。

　受験対策上は，3つの共済制度を比較（別項を参照）して横断的に押さえたうえで，倒産防止共済独自のポイントとして以下を押さえること。

1　加入要件：<u>1年以上継続して事業を行っていること</u>
2　貸付要件：共済加入後6か月経過していること
3　貸付金の特徴：無担保・無保証人・無利子（ただし，貸付額の10分の1に相当する額を掛金総額から控除）
4　貸付額：売掛金や受取手形などの回収が困難となった額と，積み立てた掛金総額の10倍に相当する額のいずれか少ない額（貸付限度額8千万円）
5　臨時に事業資金を必要とするときは，解約手当金の範囲内で貸付けが受けられる「一時貸付金制度」があること

ア：不適切である。1年以上継続して事業を行っている中小企業者が加入できる。
イ：不適切である。加入対象者は小規模企業者ではなく中小企業者である。
ウ：適切である。上記1に該当する。
エ：不適切である。上記1の要件により，新規開業者は加入できない。

　よって，ウが正解である。

中小企業倒産防止共済制度	ランク	1 回目	2 回目	3 回目
	A	／	／	／

■**令和 4 年度　第 23 問（設問 2）**

　以下は，中小企業診断士の A 氏と，顧問先の情報処理・提供サービス業（従業員数 5 名）の経営者 B 氏との会話である。この会話に基づき下記の設問に答えよ。

　A 氏：「自社の経営が順調でも，取引先の倒産という不測の事態はいつ起こるか分かりません。そのような不測の事態に備えておくことが大切です。」

　B 氏：「確かにそうですね。どのように備えておけばよいでしょうか。」

　A 氏：「たとえば，①経営セーフティ共済という制度があります。この制度への加入を検討してはいかがでしょうか。」

　B 氏：「どのような制度か教えていただけますか。」

　A 氏：「経営セーフティ共済は，取引先企業の倒産による連鎖倒産を防止するため，②共済金の貸付けを受けることができる制度です。」

（設問 2）

　会話の中の下線部②に関する A 氏から B 氏への説明として，最も適切なものはどれか。

　ア　共済金の貸付けに当たっては，担保・保証人は必要ありません。

　イ　共済金の貸付けは無利子ですが，貸付けを受けた共済金の 20 分の 1 に相当する額が積み立てた掛金総額から控除されます。

　ウ　償還期間は貸付け額に応じて 10 年～15 年の毎月均等償還です。

　エ　取引先企業が倒産し，売掛金や受取手形などの回収が困難となった場合，この回収困難額と，積み立てた掛金総額の 5 倍のいずれか少ない額の貸付けを受けることができます。貸付限度額は 5,000 万円です。

解答	ア

■解説

中小企業倒産防止共済制度（経営セーフティ共済）に関する出題である。

受験対策上は，3つの共済制度を比較（別項を参照）して横断的に押さえたうえで，倒産防止共済独自のポイントとして以下を押さえること。

1　加入要件：1年以上継続して事業を行っていること
2　貸付要件：共済加入後6か月経過していること
3　貸付金の特徴：<u>無担保・無保証人・無利子</u>（ただし，貸付額の<u>10分の1</u>に相当する額を掛金総額から控除）
4　貸付額：売掛金や受取手形などの回収が困難となった額と，積み立てた掛金総額の10倍に相当する額の<u>いずれか少ない額</u>（貸付限度額8千万円）
5　臨時に事業資金を必要とするときは，解約手当金の範囲内で貸付けが受けられる「一時貸付金制度」があること

ア：適切である。上記3に該当する。中小企業倒産防止共済といえば「無担保・無保証人・無利子」がキーワードである。
イ：不適切である。上記3を参照。
ウ：不適切である。償還期間は貸付け額に応じて<u>5年〜7年</u>（うち据置期間6か月）の毎月均等分割償還である。細かい内容なので余裕があれば押さえよう。
エ：不適切である。上記4を参照。なお，貸付限度額が8千万円ということは，掛金の積立上限は総額800万円までということである。

よって，アが正解である。

中小企業倒産防止 共済制度	ランク	1回目	2回目	3回目
	A	／	／	／

■令和元年度　第 19 問

　中小企業診断士の A 氏は，食品製造業（従業員数 15 人）の経営者の B 氏から「取引先企業の倒産による連鎖倒産を防止したい」と相談を受けた。そこで，A 氏は B 氏に，「経営セーフティ共済」の愛称を持つ中小企業倒産防止共済制度を紹介することとした。

　この制度に関する，A 氏の B 氏に対する説明として，最も適切なものはどれか。

　　ア　共済金の貸付けに当たっては，担保が必要になる場合があります。

　　イ　共済金の貸付けは無利子ですが，貸付けを受けた共済金の 10 分の 1 に相当する額が掛金総額から控除されます。

　　ウ　対象となる方は，6 カ月以上継続して事業を行っている小規模企業者です。

　　エ　毎年の掛金の 80％は損金に算入できます。

	解答	イ

■解説

中小企業倒産防止共済制度（経営セーフティ共済）に関する出題である。

経営セーフティ共済とは，中小企業倒産防止共済制度の別称である。まず，以下のポイントを押さえること。

〈3つの共済制度：試験上のポイント〉

	退職金共済	小規模企業共済	倒産防止共済
根拠法	中小企業退職金共済法	小規模企業共済法	中小企業倒産防止共済法
運営機関	勤労者退職金共済機構	中小企業基盤整備機構	中小企業基盤整備機構
加入対象	中小企業者	小規模企業者に該当する，個人事業主（共同経営者含む）と法人役員等（※）	中小企業者
内容	従業員の退職金支給	経営者の退職金支給	連鎖倒産防止のための貸付
掛金の税法上の扱い	法人：損金 個人：必要経費	経営者本人の所得から控除	法人：損金 個人：必要経費
月額掛金	5千円〜3万円 （16種類）	1千円〜7万円 （500円刻み）	5千円〜20万円 （5千円刻み）

※小規模企業活性化法による改正により，平成26年4月1日から，宿泊業と娯楽業については，従業員数20人以下に加入資格の範囲が拡大（従来は5人以下が対象であった。中小企業基本法の小規模企業者の定義は変わっていないことに注意）。

ア：不適切である。中小企業倒産防止共済といえば「無担保・無保証人・無利子」がキーワードである。

イ：適切である。「無担保・無保証人・無利子」ではあるが，貸付額の10分の1に相当する額が掛金総額から控除される。

ウ：不適切である。加入要件は1年以上継続して事業を行っていることであり，貸付要件は共済加入後6か月経過していることが必要である。

エ：不適切である。掛金の全額（100%）が損金に算入できる。

よって，イが正解である。

中小企業倒産防止 共済制度	ランク	1回目		2回目		3回目	
	A	／		／		／	

■平成 29 年度　第 22 問（設問 1）

　次の文章を読んで，下記の設問に答えよ。

　中小企業診断士の X 氏は，情報処理サービス業を営む Y 氏から，「自社の経営は健全だが，取引先の倒産という事態はいつ起こるかわからない。そのような不測の事態に備えたい。」との相談を受けた。そこで，X 氏は Y 氏に，「経営セーフティ共済」を紹介することとした。以下は，X 氏と Y 氏との会話である。

X 氏：「経営セーフティ共済は，中小企業倒産防止共済制度の愛称です。」

Y 氏：「当社は，その共済制度に加入できますか。」

X 氏：「対象となる方は，　A　以上継続して事業を行っている中小企業ですので，御社は対象になりますよ。」

Y 氏：「具体的には，どのような支援を受けることができるのでしょうか。」

X 氏：「取引先企業が倒産し，売掛金や受取手形などの回収が困難となった場合，共済金の貸付けを受けることができます。貸付けにあたっては，　B　。共済金の貸付けは無利子ですが，貸付けを受けた共済金の　C　に相当する額が掛金総額から控除されます。」

Y 氏：「掛金について教えてください。」

X 氏：「掛金月額は 5,000 円から 200,000 円の範囲内で設定できます。加入後増額することもできますよ。掛金総額が　D　まで積立てることができます。毎年の掛金は損金に算入できます。」

Y 氏：「それはいい制度ですね。さっそく，加入を検討したいと思います。」

（設問 1）

　文中の空欄 A と B に入る数値の組み合わせとして，最も適切なものはどれか。

　　ア　A：6 か月　　B：担保・保証人が必要になる場合もあります

　　イ　A：6 か月　　B：担保・保証人は必要ありません

　　ウ　A：1 年　　　B：担保・保証人が必要になる場合もあります

　　エ　A：1 年　　　B：担保・保証人は必要ありません

解答		エ	

■解説

中小企業倒産防止共済制度（経営セーフティ共済）に関する出題である。

経営セーフティ共済とは，中小企業倒産防止共済制度の別称である。まず，以下のポイントを押さえること。

〈3つの共済制度：試験上のポイント〉

	退職金共済	小規模企業共済	倒産防止共済
根拠法	中小企業退職金共済法	小規模企業共済法	中小企業倒産防止共済法
運営機関	勤労者退職金共済機構	中小企業基盤整備機構	中小企業基盤整備機構
加入対象	中小企業者	小規模企業者に該当する，個人事業主（共同経営者含む）と法人役員等（※）	中小企業者
内容	従業員の退職金支給	経営者の退職金支給	連鎖倒産防止のための貸付
掛金の税法上の扱い	法人：損金 個人：必要経費	経営者本人の所得から控除	法人：損金 個人：必要経費
月額掛金	5千円～3万円 （16種類）	1千円～7万円 （500円刻み）	5千円～20万円 （5千円刻み）

※小規模企業活性化法による改正により，平成26年4月1日から，宿泊業と娯楽業については，従業員数20人以下に加入資格の範囲が拡大（従来は5人以下が対象であった。中小企業基本法の小規模企業者の定義は変わっていないことに注意）。

上記ポイント以外に，倒産防止共済独自のポイントとして以下を押さえること。
1　加入要件：1年以上継続して事業を行っていること
2　貸付要件：共済加入後6か月経過していること
3　貸付金の特徴：無担保・無保証人・無利子（ただし，貸付額の10分の1に相当する額を掛金総額から控除）
4　貸付額：売掛金や受取手形などの回収が困難となった額と，積み立てた掛金総額の10倍に相当する額のいずれか少ない額（貸付限度額8千万円）
5　臨時に事業資金を必要とするときは，解約手当金の範囲内で貸付けが受けられる「一時貸付金制度」があること

よって，空欄Aには「1年」，空欄Bには「担保・保証人は必要ありません」が入り，エが正解である。

中小企業倒産防止共済制度	ランク	1回目	2回目	3回目
	A	/	/	/

■平成 29 年度　第 22 問（設問 2）

次の文章を読んで，下記の設問に答えよ。

中小企業診断士の X 氏は，情報処理サービス業を営む Y 氏から，「自社の経営は健全だが，取引先の倒産という事態はいつ起こるかわからない。そのような不測の事態に備えたい。」との相談を受けた。そこで，X 氏は Y 氏に，「経営セーフティ共済」を紹介することとした。以下は，X 氏と Y 氏との会話である。

X 氏：「経営セーフティ共済は，中小企業倒産防止共済制度の愛称です。」

Y 氏：「当社は，その共済制度に加入できますか。」

X 氏：「対象となる方は，　A　以上継続して事業を行っている中小企業ですので，御社は対象になりますよ。」

Y 氏：「具体的には，どのような支援を受けることができるのでしょうか。」

X 氏：「取引先企業が倒産し，売掛金や受取手形などの回収が困難となった場合，共済金の貸付けを受けることができます。貸付けにあたっては，　B　。共済金の貸付けは無利子ですが，貸付けを受けた共済金の　C　に相当する額が掛金総額から控除されます。」

Y 氏：「掛金について教えてください。」

X 氏：「掛金月額は 5,000 円から 200,000 円の範囲内で設定できます。加入後増額することもできますよ。掛金総額が　D　まで積立てることができます。毎年の掛金は損金に算入できます。」

Y 氏：「それはいい制度ですね。さっそく，加入を検討したいと思います。」

（設問 2）

文中の空欄 C と D に入る語句の組み合わせとして，最も適切なものはどれか。

ア　C：10 分の 1　　D：　800 万円

イ　C：10 分の 1　　D：1,000 万円

ウ　C：20 分の 1　　D：　800 万円

エ　C：20 分の 1　　D：1,000 万円

解答	ア	

■解説

中小企業倒産防止共済制度（経営セーフティ共済）に関する出題である。
まず，以下のポイントを押さえること。

〈3つの共済制度：試験上のポイント〉

	退職金共済	小規模企業共済	倒産防止共済
根拠法	中小企業退職金共済法	小規模企業共済法	中小企業倒産防止共済法
運営機関	勤労者退職金共済機構	中小企業基盤整備機構	中小企業基盤整備機構
加入対象	中小企業者	小規模企業者に該当する，個人事業主（共同経営者含む）と法人役員等（※）	中小企業者
内容	従業員の退職金支給	経営者の退職金支給	連鎖倒産防止のための貸付
掛金の税法上の扱い	法人：損金 個人：必要経費	経営者本人の所得から控除	法人：損金 個人：必要経費
月額掛金	5千円〜3万円 （16種類）	1千円〜7万円 （500円刻み）	5千円〜20万円 （5千円刻み）

※小規模企業活性化法による改正により，平成26年4月1日から，宿泊業と娯楽業については，従業員数20人以下に加入資格の範囲が拡大（従来は5人以下が対象であった。中小企業基本法の小規模企業者の定義は変わっていないことに注意）。

上記ポイント以外に，倒産防止共済独自のポイントとして以下を押さえること。
1　加入要件：1年以上継続して事業を行っていること
2　貸付要件：共済加入後6か月経過していること
3　貸付金の特徴：無担保・無保証人・無利子（ただし，貸付額の10分の1に相当する額を掛金総額から控除）
4　貸付額：売掛金や受取手形などの回収が困難となった額と，積み立てた掛金総額の10倍に相当する額のいずれか少ない額（貸付限度額8千万円。つまり掛金総額の上限は800万円）
5　臨時に事業資金を必要とするときは，解約手当金の範囲内で貸付けが受けられる「一時貸付金制度」があること

よって，空欄Cには「10分の1」，空欄Dには「800万円」が入り，アが正解である。

中小企業退職金共済制度	ランク	1回目	2回目	3回目
	A	／	／	／

■令和3年度　第28問

　独力では退職金制度をもつことが困難な中小企業も多い。中小企業診断士のA氏は，顧問先の機械器具卸売業（従業員数10名）の経営者B氏に，中小企業退職金共済制度を紹介することとした。

　A氏からB氏への説明として，最も適切なものはどれか。

ア　1年以上継続して事業を行っている中小企業者が対象となります。

イ　掛金は全額非課税になります。

ウ　小規模企業の経営者が利用できる，いわば「経営者の退職金制度」です。

エ　納付した掛金合計額の範囲内で事業資金の貸付けを受けることができます。

解答	イ

■解説

中小企業退職金共済制度に関する出題である。

本制度は，事業主の相互共済の仕組みと国の援助によって，独力では退職金制度をもつことが困難な中小企業について，退職金制度の整備を支援するものである。常用の従業員を対象とする一般の中小企業退職金共済制度（一般の中退共）と，特定業種（建設業，清酒製造業，林業）の期間雇用者等を対象とする特定業種退職金共済制度（それぞれ建退共，清退共，林退共）があるが，受験対策上は「一般の中小企業退職金共済制度」を押さえておけばよい。

なお，3つの共済制度のポイント（解説は次問以降を参照）以外の中小企業退職金共済制度独自のポイントがあるので，本問をベースに独自ポイントを押さえておくこと。

ア：不適切である。中小企業者（中小企業基本法に規定する中小企業者と同じである）であれば加入できる。事業年数による制限はない。なお，「1年以上継続して事業を行っている中小企業者が対象」となっているのは，中小企業倒産防止共済である。

イ：適切である。倒産防止共済と同じく，法人であれば損金，個人事業者であれば必要経費に算入できる（「全額非課税」と同じ意味）。なお，「非課税」という表現は「中小企業施策利用ガイドブック」にある表現である。最近は「非課税」という表現で本試験では出題される傾向にある。

ウ：不適切である。「経営者の退職金制度」は小規模企業共済である。中小企業退職金共済は「中小企業の従業員の退職金制度」であり，加入できる企業も小規模企業に限らず中小企業者が対象である。

エ：不適切である。そのような制度は無い。なお，納付した掛金合計額の範囲内で事業資金の貸付けを受けることができるのは，小規模企業共済の「契約者貸付け制度」である。また，中小企業倒産防止共済でも解約手当金の範囲内で事業資金の貸付けを受けることができる「一時貸付け金制度」がある。

よって，イが正解である。

中小企業退職金共済制度	ランク	1回目		2回目		3回目	
	A	/		/		/	

■平成 30 年度　第 23 問

　中小企業の X 社は，「安全・確実・有利に退職金制度を確立したい」と考えているが，独力では退職金制度をもつことが困難な状況である。そこで，中小企業診断士の Y 氏は，X 社の経営者に対して，「中小企業退職金共済制度」を紹介することにした。

　以下は，X 社の経営者と Y 氏との会話である。会話の中の空欄 A と B に入る語句の組み合わせとして，最も適切なものを下記の解答群から選べ。

X 社の経営者：「中小企業退職金共済制度とは，どのような制度なのですか。」

Y　　　　　氏：「勤労者退職金共済機構と退職金共済契約を結び，掛金を納付することで，簡単に退職金制度を設けることができます。　A　で，新規加入時等には掛金の一部を　B　が助成します。」

X 社の経営者：「ぜひ，その共済制度の利用を検討してみたいと思います。」

Y　　　　　氏：「詳しくは，勤労者退職金共済機構に問い合わせてみるといいですよ。」

〔解答群〕

　　ア　A：掛金の一部は非課税　　　B：国

　　イ　A：掛金の一部は非課税　　　B：都道府県

　　ウ　A：掛金は全額非課税　　　　B：国

　　エ　A：掛金は全額非課税　　　　B：都道府県

	解答	ウ

■解説

中小企業退職金共済制度に関する出題である。

まずは優先して以下のポイントを押さえたうえで，中小企業退職金共済制度独自のポイントを押さえよう。

〈3つの共済制度：試験上のポイント〉

	退職金共済	小規模企業共済	例産防止共済
根拠法	中小企業退職金共済法	小規模企業共済法	中小企業例産防止共済法
運営機関	勤労者退職金共済機構	中小企業基盤整備機構	中小企業基盤整備機構
加入対象	中小企業者	小規模企業者に該当する，個人事業主（共同経営者含む）と法人役員等（※）	中小企業者
内容	従業員の退職金支給	経営者の退職金支給	連鎖倒産防止のための貸付
掛金の税法上の扱い	法人：損金 個人：必要経費	経営者本人の所得から控除	法人：損金 個人：必要経費
月額掛金	5千円～3万円 （16種類）	1千円～7万円 （500円刻み）	5千円～20万円 （5千円刻み）

※小規模企業活性化法による改正により，平成26年4月1日から，宿泊業と娯楽業については，従業員数20人以下に加入資格の範囲が拡大（従来は5人以下が対象であった。中小企業基本法の小規模企業者の定義は変わっていないことに注意）。

本制度は，独力では退職金制度をもつことが困難な中小企業について，退職金制度の整備を支援するものである。そのため，掛金は全額非課税（空欄Aに該当。なお，「非課税」という表現は「中小企業施策利用ガイドブック」にある。上記の表の表現とともに押さえておきたい）で，新規加入時等には掛金の一部を国（空欄Bに該当）が助成する。具体的には，掛金月額の2分の1（上限5千円）を従業員ごとに加入後4か月目から1年間，国が助成する。

よって，空欄Aには「掛金は全額非課税」，空欄Bには「国」が入り，ウが正解である。

中小企業退職金共済制度	ランク	1 回目		2 回目		3 回目	
	A	/		/		/	

■平成 27 年度　第 17 問

　家具小売業を経営する A 氏から，「従業員の将来の生活を考えて，安全確実な退職金制度を確立したい」との相談を受けた中小企業診断士の B 氏は，「中小企業退職金共済制度」を紹介することにした。

　この制度に関する，B 氏の A 氏への説明として，最も適切なものはどれか。

　　ア　掛金の一部については非課税になります。

　　イ　新規加入時には掛金の一部を国が助成します。

　　ウ　（独）中小企業基盤整備機構と退職金共済契約を結びます。

　　エ　納付した掛金合計額の範囲内で事業資金などの貸付けを受けることができます。

<table>
<tr><td>解答</td><td>イ</td></tr>
</table>

■解説

中小企業退職金共済制度に関する出題である。

まずは優先して以下のポイントを押さえたうえで，中小企業退職金共済制度独自のポイントを押さえよう。

〈3つの共済制度：試験上のポイント〉

	退職金共済	小規模企業共済	倒産防止共済
根拠法	中小企業退職金共済法	小規模企業共済法	中小企業倒産防止共済法
運営機関	勤労者退職金共済機構	中小企業基盤整備機構	中小企業基盤整備機構
加入対象	中小企業者	小規模企業者に該当する，個人事業主（共同経営者含む）と法人役員等（※）	中小企業者
内容	従業員の退職金支給	経営者の退職金支給	連鎖倒産防止のための貸付
掛金の税法上の扱い	法人：損金 個人：必要経費	経営者本人の所得から控除	法人：損金 個人：必要経費
月額掛金	5千円～3万円 （16種類）	1千円～7万円 （500円刻み）	5千円～20万円 （5千円刻み）

※小規模企業活性化法による改正により，平成26年4月1日から，宿泊業と娯楽業については，従業員数20人以下に加入資格の範囲が拡大（従来は5人以下が対象であった。中小企業基本法の小規模企業者の定義は変わっていないことに注意）。

ア：不適切である。倒産防止共済と同じく，法人であれば損金，個人事業者であれば必要経費に算入できる。

イ：適切である。中小企業退職金共済に初めて加入した中小企業者に対して，掛金月額の2分の1（上限5千円）を従業員ごとに加入後4か月目から1年間，国が助成する。

ウ：不適切である。中小企業者が従業員ごとに独立行政法人勤労者退職金共済機構と退職金共済契約を締結する。

エ：不適切である。中小企業退職金共済では，事業資金などを貸付ける制度はない。なお，小規模企業共済であれば，原則として納付した掛金総額の範囲内（無担保・無保証人）で，事業資金などの貸付けを受けることができる。

よって，イが正解である。

第6章

その他

▶▶ 出題項目のポイント

　その他に分類した施策は，これまで出題実績が少ない施策であり，他の章に分類できないものであるため，「その他」としたものである。

　2014 年（平成 26 年）の「小規模基本法」制定，「小規模支援法」改正は，小規模企業者に政策の重点を置いた中小企業政策の転換点ともいえるので，受験対策としても重要である。参考書でも学習を進めていただきたい。

　「中小企業憲章」は，2010 年（平成 22 年）に閣議決定された，政府が今後取るべき中小企業政策の方針である。中小企業基本法の基本方針と乖離するものではないが，中小企業憲章はより現在の問題意識を反映したものとなっている。

　「中小企業政策の変遷」は，施策がいつできたかを問うものであり，施策の歴史（流れ）を覚えているかが問われている。

▶▶ 出題の傾向と勉強の方向性

　「小規模基本法」，「小規模支援法」を除き，本章で取り上げた施策は，出題実績も低く，細かな事項が問われているものでもあり，重点的に学習すべき分野ではない。したがって，本書をベースに学習すればよい。

　個別論点について言及すると，「中小企業憲章」については，何が書かれていたかを何となく想像できればよい。また，「中小企業政策の変遷」は，知っているか知らないかというレベルであり，過去問ベースに押さえ，それ以外は特別に対策する必要はない。むしろ，ここで時間をかけるよりは，他の事項，科目を学習することの方が，本試験合格のためには有効である。

　とにかく，細かな論点には執着せず，自分自身の学習の優先順位を考え，この分野は「深み」にはまらないことが重要である。

■取組状況チェックリスト

1. その他						

小規模基本法

問題番号	ランク	1回目		2回目		3回目
平成 29 年度 第 14 問（設問 1）	B	／		／		／
平成 29 年度 第 14 問（設問 2）	B	／		／		／
平成 27 年度 第 14 問（設問 2）	B	／		／		／

小規模支援法

問題番号	ランク	1回目		2回目		3回目
令和 3 年度 第 23 問（設問 1）	B	／		／		／
令和 3 年度 第 23 問（設問 2）	B	／		／		／
平成 27 年度 第 14 問（設問 3）	B	／		／		／

中小企業憲章

問題番号	ランク	1回目		2回目		3回目
平成 25 年度 第 19 問	C *	／		／		／

経営力再構築伴走支援モデル

問題番号	ランク	1回目		2回目		3回目
令和 4 年度 第 31 問	C	／		／		／

雇用調整助成金

問題番号	ランク	1回目		2回目		3回目
平成 27 年度 第 25 問	C *	／		／		／

中小企業政策の変遷

問題番号	ランク	1回目		2回目		3回目
令和 3 年度 第 21 問（設問 1）	C	／		／		／
令和 3 年度 第 21 問（設問 2）	C	／		／		／
平成 26 年度 第 21 問	C *	／		／		／

＊印の問題と解説は，「過去問完全マスター」の HP（URL：https://jissen-c.jp/）よりダウンロードできます。

小規模基本法	ランク	1回目		2回目		3回目	
	B	/		/		/	

■平成 29 年度　第 14 問（設問 1）　改題

　次の文章を読んで，下記の設問に答えよ。

　平成 26 年 6 月に成立した小規模企業振興基本法では，小規模企業の振興に関する施策を講じる際の①4 つの基本方針を定めている。さらに，同法に基づく，「小規模企業振興基本計画」（令和元年）では，その 4 つの基本方針の実現に向け，4 つの目標と②12 の重点施策を設定している。

（設問 1）

　文中の下線部①として，最も不適切なものはどれか。

　　ア　経営資源の有効な活用，人材育成・確保

　　イ　需要に応じた商品の販売，新事業展開の促進

　　ウ　小規模企業向けの金融の円滑化

　　エ　地域経済の活性化に資する事業活動の推進

解答	ウ

■解説

　小規模企業振興基本法（小規模基本法）に関する出題である。小規模基本法は，中小企業基本法と同じ「基本法」であり，今後の中小企業政策の方向性を大きく変えた法律といえる。

　基本方針を知るには，条文を見るのが近道であるので，以下に示す。

〇小規模企業振興基本法第6条

　政府は，次に掲げる基本方針に基づき，小規模企業の振興に関する施策を講ずるものとする。

　一　国内外の多様な需要に応じた商品の販売又は役務の提供の促進及び新たな事業の展開の促進を図ること。

　二　小規模企業の経営資源の有効な活用並びに小規模企業に必要な人材の育成及び確保を図ること。

　三　地域経済の活性化並びに地域住民の生活の向上及び交流の促進に資する小規模企業の事業活動の推進を図ること。

　四　小規模企業への適切な支援を実施するための支援体制の整備その他必要な措置を図ること。

　なお，試験対策としては，中小企業基本法の基本理念，基本方針の理解を最優先すること。

　　ア：適切である。小規模基本法第6条第2号に規定されている。

　　イ：適切である。小規模基本法第6条第1号に規定されている。

　　ウ：不適切である。

　　エ：適切である。小規模基本法第6条第3号に規定されている。

よって，ウが正解である。

小規模基本法	ランク	1回目		2回目		3回目	
	B	／		／		／	

■平成 29 年度　第 14 問（設問 2）　改題

次の文章を読んで，下記の設問に答えよ。

平成 26 年 6 月に成立した小規模企業振興基本法では，小規模企業の振興に関する施策を講じる際の①4 つの基本方針を定めている。さらに，同法に基づく，「小規模企業振興基本計画」（令和元年）では，その 4 つの基本方針の実現に向け，4 つの目標と②12 の重点施策を設定している。

（設問 2）

文中の下線部②に含まれる施策として，最も適切なものはどれか。

　　ア　海外進出支援

　　イ　公正な市場環境の整備

　　ウ　事業承継・円滑な廃業

　　エ　下請取引のあっせん

解答	ウ

■**解説**

　小規模企業振興基本法（小規模基本法）に基づく，小規模企業振興基本計画に関する出題である。2014 年（平成 26 年）6 月 20 日に成立した小規模基本法においては，小規模事業者の事業の持続的発展との基本原則にのっとり，小規模企業の振興に関する施策を講じる際の 4 つの基本方針を定めている。さらに，同法に基づき政府が定めた「小規模企業振興基本計画第Ⅱ期（2019 年 6 月 18 日閣議決定）」では，その 4 つの基本方針の実現に向け，4 つの目標と 12 の重点施策を以下のとおり設定している。

小規模企業振興基本計画	
4 つの目標	12 の重点施策
1．需要を見据えた経営の促進 顔の見える信頼関係をより積極的に活用した需要の創造・掘り起こし	①ビジネスプラン等に基づく経営の促進 ②需要開拓に向けた支援 ③新事業展開や高付加価値化の支援
2．新陳代謝の促進 多様な人材・新たな人材の活用による事業の展開・創出	④多様な小規模事業者の支援 ⑤起業・創業支援 ⑥事業承継・円滑な廃業 ⑦人材の確保・育成
3．地域経済の活性化に資する事業活動の推進 地域のブランド化・にぎわいの創出	⑧地域経済に波及効果のある事業の推進 ⑨地域のコミュニティを支える事業の推進
4．地域ぐるみで総力を挙げた支援体制の整備 事業者の課題を自らの課題と捉えたきめ細やかな対応	⑩国・地方公共団体・支援機関の連携強化とエコシステムの構築 ⑪手続きの簡素化・施策情報の提供 ⑫事業継続リスクへの対応能力の強化

　なお，2024 年（令和 6 年）は基本計画（第Ⅱ期）策定から 5 年が経過する年となり，本試験までに第Ⅲ期が策定される可能性が高い。ゆえに，本問は参考程度に留め，他の項目を学習したほうがよいだろう。

　　ア：不適切である。なお，中小企業憲章の行動指針に記載がある。

　　イ：不適切である。なお，中小企業憲章の行動指針に記載がある。

　　ウ：適切である。重点施策⑥に該当する。

　　エ：不適切である。

　よって，ウが正解である。

小規模基本法	ランク	1回目		2回目		3回目	
	B	/		/		/	

■平成 27 年度　第 14 問（設問 2）

次の文章を読んで，下記の設問に答えよ。

　小規模事業者は，地域の経済や雇用を支える極めて重要な存在であり，経済の好循環を全国津々浦々まで届けていくためには，その活力を最大限に発揮させることが必要不可欠である。

　平成 25 年の通常国会において，「　A　」が成立したが，　B　の基本理念にのっとりつつ，小規模企業に焦点を当て，「　A　」をさらに一歩進める観点から，平成 26 年の通常国会において「小規模企業振興基本法（小規模基本法）」および「　C　による小規模事業者の支援に関する法律の一部を改正する法律（小規模支援法）」が成立した。

（設問 2）

　文中の下線部に関する記述として，最も不適切なものはどれか。

　ア　この法律において「小企業者」とは，おおむね常時使用する従業員の数が 5 人以下の事業者をいう。

　イ　この法律において「小規模企業者」とは，中小企業基本法に規定する小規模企業者をいう。

　ウ　この法律において政府は，小規模企業をめぐる情勢の変化などを勘案し，おおむね 5 年ごとに基本計画を変更するものとした。

　エ　この法律は，小規模企業の事業活動の活性化を図る観点から，中小企業基本法等の一部を改正し，「基本理念」と「施策の方針」を明確化するものである。

解答	エ

■解説

　小規模企業振興基本法（小規模基本法）に関する出題である。小規模基本法は 2014 年（平成 26 年）6 月 27 日に施行された新法で，小規模企業の振興に関する施策について，総合的かつ計画的に，そして国，地方公共団体，支援機関等が一丸となって戦略的に実施するため，政府が基本計画を閣議決定し，国会に報告する等の新たな施策体系を構築するものである。小規模基本法は，中小企業基本法と同じ「基本法」であり，今後の中小企業政策の方向性を大きく変えた法律といえる。

　　ア：適切である。小規模基本法では，従来の小規模企業の定義とは別に「小企業者」を定義した。小規模基本法において「小企業者」とは，おおむね常時使用する従業員の数が5人以下の事業者をいう。「小企業者」は従来の「小規模企業者」とは異なり，業種では判定せず，従業員数のみで判定する。

　　イ：適切である。小規模基本法では，中小企業基本法の小規模企業者の定義を引用して「小規模企業者」を定義している。

　　ウ：適切である。政府が，おおむね5年ごとに小規模企業振興基本計画（基本計画）を策定し，小規模企業の振興を推進する。なお，政府は毎年，国会に「小規模企業の動向及び政府が小規模企業の振興に関して講じた施策に関する報告」を提出しなければならず，この報告が「小規模企業白書」である。

　　エ：不適切である。小規模基本法は新法であり，中小企業基本法の改正法ではない。選択肢エの内容は「小規模企業活性化法」のことである。なお，小規模基本法では，1999 年（平成 11 年）の中小企業基本法において定められた「成長発展」，すなわち売上や規模の拡大のみならず，技術やノウハウの向上，安定的な雇用の維持を含む「事業の持続的な発展」を図るべきこと，小企業者の円滑かつ着実な事業の運営を適切に支援することを位置付けている。その意味で，1999 年（平成 11 年）の中小企業基本法改正からの大きなパラダイムシフトといえるのである。

　よって，エが正解である。

小規模支援法	ランク	1回目	2回目	3回目
	B	／	／	／

■令和3年度　第23問（設問1）

次の文章を読んで，下記の設問に答えよ。

　身近な中小企業支援機関である商工会・商工会議所が伴走型支援を強化して，小規模事業者の経営戦略に踏み込み，経営の改善発達を支援するために，2014年に「　Ａ　の一部を改正する法律」が制定された。具体的には，商工会・商工会議所が「　Ｂ　計画」を策定し，　Ｃ　がこれを認定する仕組を設け，商工会・商工会議所による　Ｂ　事業の実施を促すこととしている。これにより，商工会・商工会議所の業務は，これまでは経営の基盤である記帳指導・税務指導が中心であったが，今後は，経営状況の分析や市場調査，販路開拓にも力点が置かれることとなった。

（設問1）

　文中の空欄Ａに入る語句として，最も適切なものはどれか。

　　ア　小規模企業活性化法

　　イ　小規模企業振興基本法

　　ウ　小規模事業者支援法

　　エ　中小企業等経営強化法

解答	ウ

■解説

「小規模支援法」（小規模事業者支援法。小規模支援法と略されることもある）に関する出題である。

今回は，2014年（平成26年）9月26日に施行された小規模支援法の改正法について取り上げられているが，この改正法は小規模企業振興基本法（小規模基本法）とともに小規模企業に焦点を当てたものとして注目された法律である。

ア：不適切である。小規模企業活性化法は，中小企業基本法をはじめ，中小企業信用保険法，小規模企業共済法など関連法規の改正法の通称であり，2013年（平成25年）9月20日に施行された。

イ：不適切である。小規模企業活性化法をさらに一歩進める観点から，「小規模企業振興基本法（小規模基本法）」が新法として制定され，2014年（平成26年）6月27日に施行された。小規模事業者の「事業の持続的発展」を基本原則として位置付けたことがポイントである。

ウ：適切である。小規模事業者支援法の一部改正法が2014年（平成26年）9月26日に施行された。この改正法により，商工会・商工会議所が策定する経営発達支援計画を国が認定する制度が創設された。小規模事業者による事業計画の策定を支援し，その着実なフォローアップを行う「伴走型」の支援を商工会・商工会議所が行うことがポイントである。

エ：不適切である。中小企業等経営強化法は，中小企業新事業活動促進法の改正によって名称変更されたものであり，2016年（平成28年）7月1日に施行された。このときに，「新たな事業活動」のみならず「本業の成長」も支援対象にした「経営力向上計画認定制度」が創設された。

よって，空欄Aには「小規模事業者支援法」が入り，ウが正解である。

小規模支援法	ランク	1回目		2回目		3回目	
	B	/		/		/	

■令和3年度　第23問（設問2）

次の文章を読んで，下記の設問に答えよ。

　身近な中小企業支援機関である商工会・商工会議所が伴走型支援を強化して，小規模事業者の経営戦略に踏み込み，経営の改善発達を支援するために，2014年に「　A　の一部を改正する法律」が制定された。具体的には，商工会・商工会議所が「　B　計画」を策定し，　C　がこれを認定する仕組を設け，商工会・商工会議所による　B　事業の実施を促すこととしている。これにより，商工会・商工会議所の業務は，これまでは経営の基盤である記帳指導・税務指導が中心であったが，今後は，経営状況の分析や市場調査，販路開拓にも力点が置かれることとなった。

（設問2）

　文中の空欄BとCに入る語句の組み合わせとして，最も適切なものはどれか。

　　ア　B：経営革新　　　　C：国

　　イ　B：経営革新　　　　C：都道府県

　　ウ　B：経営発達支援　　C：国

　　エ　B：経営発達支援　　C：都道府県

解答	ウ

■解説

「小規模支援法」（小規模事業者支援法。小規模支援法と略されることもある）に関する出題である。

今回は，2014年（平成26年）9月26日に施行された小規模支援法の改正法について取り上げられているが，この改正法は小規模企業振興基本法（小規模基本法）とともに小規模企業に焦点を当てたものとして注目された法律である。

2020年版『小規模企業白書』では，当時の改正を以下のように取り上げている。

〈2020年版『小規模企業白書』第3部第1章第2節（抜粋）〉
③小規模事業者支援法の改正（2014年）

身近な中小企業支援機関である商工会・商工会議所が伴走型支援を強化して，小規模事業者の経営戦略に踏み込み，経営の改善発達を支援する経営発達支援事業を促進する観点から，「商工会及び商工会議所による小規模事業者の支援に関する法律（小規模事業者支援法）の一部を改正する法律」が制定された。具体的には，商工会・商工会議所が「経営発達支援（空欄Bに該当）計画」を策定し，国（空欄Cに該当）がこれを認定する仕組みを設け，商工会・商工会議所による経営発達支援事業の実施を促すこととしている。

これにより，商工会・商工会議所の業務は，これまでは経営の基盤である記帳指導・税務指導が中心であったが，今後は，経営状況の分析や市場調査，販路開拓にも力点が置かれることとなった。

よって，空欄Bには「経営発達支援」，空欄Cには「国」が入り，ウが正解である。

小規模支援法	ランク	1回目		2回目		3回目	
	B	/		/		/	

■平成27年度　第14問（設問3）

次の文章を読んで，下記の設問に答えよ。

　小規模事業者は，地域の経済や雇用を支える極めて重要な存在であり，経済の好循環を全国津々浦々まで届けていくためには，その活力を最大限に発揮させることが必要不可欠である。

　平成25年の通常国会において，「　A　」が成立したが，　B　の基本理念にのっとりつつ，小規模企業に焦点を当て，「　A　」をさらに一歩進める観点から，平成26年の通常国会において「小規模企業振興基本法（小規模基本法）」および「　C　による小規模事業者の支援に関する法律の一部を改正する法律（小規模支援法）」が成立した。

（設問3）

文中の空欄Cに入る語句として，最も適切なものはどれか。

ア　商工会及び商工会議所

イ　中小企業再生支援協議会

ウ　都道府県

エ　認定支援機関

解答	ア

■解説

　商工会及び商工会議所による小規模事業者の支援に関する法律の一部を改正する法律（小規模支援法）に関する出題である。2014 年（平成 26 年）9 月 26 日に施行され，小規模企業振興基本法（小規模基本法）とともに小規模企業に焦点を当てた法律である。

　この法律により，小規模企業を支援する担い手として商工会及び商工会議所を位置づけ，商工会及び商工会議所が地域の小規模事業者の課題を自らの課題として捉え，小規模事業者による事業計画の策定を支援し，その着実なフォローアップを行う「伴走型」の支援を行う体制を，中小機構の知見も活用しながら整備することとなった。ポイントとして，以下を押さえておきたい。

〈小規模支援法　ポイント〉
　①　伴走型の事業計画策定・実施支援のための体制整備
　　　需要開拓や経営承継等の小規模事業者の課題に対し，事業計画の策定や着実な実施等を事業者に寄り添って支援する体制や能力を整えた商工会・商工会議所の支援計画（「経営発達支援計画」）を国が認定・公表する。
　②　商工会・商工会議所を中核とした連携の促進
　　　計画認定を受けた商工会・商工会議所は，市区町村や地域の金融機関，他の公的機関等と連携し，地域の小規模事業者を支援。連携主体が一般社団法人・一般財団法人（地域振興公社など）または NPO 法人の場合は，中小企業者とみなして中小企業信用保険法を適用する。
　③　独立行政法人中小企業基盤整備機構の業務追加
　　　計画認定を受けた商工会・商工会議所に対して，独立行政法人中小企業基盤整備機構が，先進事例や高度な経営支援のノウハウの情報提供等を実施する。

　よって，空欄 C には「商工会及び商工会議所」が入り，アが正解である。

経営力再構築伴走支援モデル	ランク	1回目	2回目	3回目
	C	/	/	/

■令和4年度　第31問

　中小企業庁は，経営環境の変化が激しい時代において，経営資源が限られている中小企業，小規模事業者に対して，どのような伴走支援を行えば，その成長・事業継続・復活を導くことができるかを検討すべく，「伴走支援の在り方検討会」を立ち上げ，あるべき中小企業伴走支援の姿を「経営力再構築伴走支援モデル」として整理している（「中小企業伴走支援モデルの再構築について～新型コロナ・脱炭素・DXなど環境激変下における経営者の潜在力引き出しに向けて～」令和4年3月15日）。

　この整理において示されている「経営力再構築伴走支援モデルの三要素」として，最も不適切なものはどれか。

　　ア　具体的な支援手法（ツール）は自由であり多様であるが，相手の状況や局面によって使い分ける。

　　イ　経営者の「自走化」のための内発的動機づけを行い，「潜在力」を引き出す。

　　ウ　支援に当たっては対話と傾聴を基本的な姿勢とすることが望ましい。

　　エ　不確実性が高い時代において支援者が取るべき基本的なプロセスは，課題解決策の検討を「入口」とすることである。

解答	エ

■解説

　「経営力再構築伴走支援モデル」とは，支援者が第三者として向き合い，「対話と傾聴」を通じた経営の「総点検」により，経営者を表面的な経営課題が解決されない真因への気づきへと導き，経営者の自走化への動機づけを行う支援の在り方のことである。

　背景として，環境不確実性が高まっている状況で唯一の正解がないなかで，経営者自らが，環境変化を踏まえて経営課題を冷静に見極め，迅速果敢に対応・挑戦する「自己変革力」が求められており，支援者としても企業の自走化を促し，企業の潜在力を引き出す支援が求められていることにある。そこで，国は「伴走支援の在り方検討会」を立ち上げ，2022年（令和4年）3月15日に，「経営力再構築伴走支援モデル」の考え方を整理した。そこで経営力再構築伴走支援を行ううえで踏まえるべき三要素を以下のとおり提示している。

　要素1：支援に当たっては対話と傾聴を基本的な姿勢とすることが望ましい。
　要素2：経営者の「自走化」のための内発的動機づけを行い，「潜在力」を引き出す。
　要素3：具体的な支援手法（ツール）は自由であり多様であるが，相手の状況や局面によって使い分ける。

　ア：適切である。要素3のことである。支援手法は自由であるが，状況によって最適な手法を用いることが重要であり，特定の手法に拘泥しないことが大切である。
　イ：適切である。要素2のことである。
　ウ：適切である。要素1のことである。
　エ：不適切である。「伴走支援の在り方検討会」の整理によれば，経営者とその支援者が取るべき基本的なプロセスは，「経営課題の設定→課題解決策の検討→実行→検証」であり，課題設定を「入口」として課題解決を「出口」とするとある。ただ，このプロセスは必ずしも一方向に流れるものではなく，入口と出口を行ったり来たりすることが多い，としている。

　よって，エが正解である。

中小企業政策の変遷	ランク	1 回目		2 回目		3 回目	
	C	／		／		／	

■令和 3 年度　第 21 問（設問 1）

近年の中小企業支援体制の展開などに関して，下記の設問に答えよ。

（設問 1）

経営支援の担い手の多様化・活性化のため，中小企業者などの新たなニーズに対応し，高度かつ専門的な経営支援を行う金融機関や各種士業を取り込むため，2012 年に創設された制度に基づく機関として，最も適切なものはどれか。

　　ア　地域力連携拠点

　　イ　中小企業応援センター

　　ウ　都道府県等中小企業支援センター

　　エ　認定経営革新等支援機関

　　オ　よろず支援拠点

解答	エ

■解説

　中小企業政策の変遷に関する出題である。2020年版『小規模企業白書』第3部第1章で中小企業基本法や中小企業支援体制など中小企業政策の変遷が取り上げられたことから出題されたものと思われる。あまり深入りすべき論点ではないので，本問をベースに流れと下線部を押さえておけばよい。

ア：不適切である。地域力連携拠点が整備されたのは2008年（平成20年）である。当時，都道府県商工会連合会や商工会議所等が選定されていた。しかし，2009年（平成21年）に事業仕分けによって廃止された。

イ：不適切である。地域力連携拠点の後継組織として中小企業応援センターが設置されたのは2010年（平成22年）であるが，事業仕分けによってわずか1年で廃止された。

ウ：不適切である。2000年（平成12年）に「中小企業指導法」が「中小企業支援法」に改正されたことに伴い，中小企業支援法に基づく指定法人として，都道府県と政令指定都市に都道府県等中小企業支援センターは設置された。現在も存在する支援機関である。

エ：適切である。中小企業支援を行う支援事業の担い手の多様化・活性化を図るため，2012年（平成24年）に中小企業に対して専門性の高い支援事業を行う経営革新等支援機関を認定する制度（専門的知識や支援に係る実務経験が一定レベル以上の個人，法人，中小企業支援機関等を国が認定）が創設され，現在に至っている。なお，根拠法は「中小企業等経営強化法」，主な認定支援機関は，国の認定を受けた税理士・税理士法人，公認会計士，中小企業診断士，弁護士，金融機関等である。

オ：不適切である。地域の支援機関と連携しながら中小企業・小規模事業者が抱える経営課題に対応するワンストップ相談窓口として，各都道府県に「よろず支援拠点」が2014年（平成26年）に設置され，現在に至っている。

　よって，エが正解である。

中小企業政策の変遷	ランク	1回目		2回目		3回目	
	C	/		/		/	

■**令和3年度　第21問（設問2）**
　近年の中小企業支援体制の展開などに関して，下記の設問に答えよ。

（設問2）
　2017年6月にとりまとめられた「中小企業政策審議会中小企業経営支援分科会中間整理」では，それぞれの中小企業支援機関が果たす役割として，3つのポイントが述べられている。
　そのポイントとして，<u>最も不適切なもの</u>はどれか。

　　ア　気付きやきっかけを与えること，事業者の悩みを気軽に受け付けること

　　イ　それぞれの中小企業支援機関が能力を向上すること

　　ウ　中小企業支援機関相互がネットワークを形成すること

　　エ　中小企業の視点で，ハンズオン型の支援を行うこと

<table>
<tr><td>解答</td><td>エ</td></tr>
</table>

■解説

中小企業政策の変遷に関する出題である。あまり深入りすべき論点ではないので，本問をベースに押さえておけばよい。2020年版『小規模企業白書』第3部第1章第3節では「中小企業政策審議会中小企業経営支援分科会中間整理」（以下，「中間整理」という）がまとめた「中小企業支援機関が果たす役割」として，以下の3つのポイントを挙げている。

① 気付きやきっかけを与えること，事業者の悩みを気軽に受け付けること
② 中小企業支援機関相互がネットワークを形成すること
③ それぞれの中小企業支援機関が能力を向上すること

ア：適切である。上記①について，商工会・商工会議所，士業等専門家，金融機関などの各地に存在する身近な中小企業支援機関が，様々な悩みを受け付け，時には支援を受けることを強く勧め，必要に応じて，より専門的な機関へと取り次ぐことが重要となってくるとされている。そうした専門機関と顔が見える関係を構築することの重要性や，相談対応後の積極的なフォローの重要性が「中間整理」で指摘されている。

イ：適切である。上記②について，中小企業支援機関間でネットワークを形成することで，広く面でニーズの掘り起こしや気付きの付与を行えることが効果的であるとされている。また，こうしたネットワークが形成されていれば，中小企業者などがどこの中小企業支援機関を訪れても，支援機関全体で悩みに対応することができ，また，支援策を必要な事業者に円滑に届けることもできると，その有効性が「中間整理」で指摘されている。

ウ：適切である。上記③について，特に「分野専攻型」の支援機関においては，窓口機関から取り次がれた場合も含めて，的確に経営課題に対応できるよう，自らの専門性の向上に努めることが重要であると，「中間整理」で指摘されている。

エ：不適切である。「中間整理」では指摘されていない事項である。

よって，エが正解である。

Ⅱ．中小企業経営

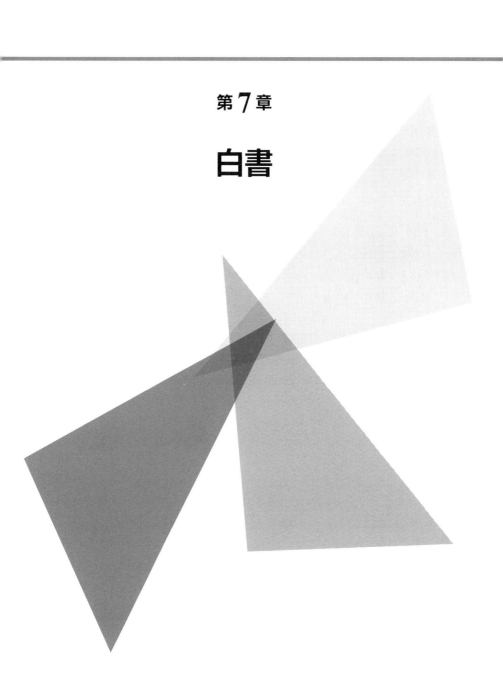

第7章

白書

▶▶ 出題項目のポイント

　中小企業経営は，中小企業白書・小規模企業白書と一般知識に出題が分類される。中小企業白書・小規模企業白書は，政府の年度報告に該当するもので，これまでの政策の成果検証と，中小企業の経営環境についての政府の問題意識・課題を表したものである。特に注目すべきは，中小企業白書巻末に「付属統計資料」という資料があり，データは更新されているが，毎年同じ統計が掲載されていることである。

　具体的には，中小企業数，従業者数，業種別の数値（販売額など），中小企業の損益・財務状況，開廃業率等である。本試験においても必ず数問はこの付属統計資料から出題されている。すべてを暗記するのは無謀であるので，学習ポイントは以下を意識するとよい。

〈学習のポイント〉

1　最上位・最下位をチェックする
2　特徴的な傾向をチェックする
3　過去と比較して新たな傾向をチェックする
4　自分の認識とのギャップをチェックする

▶▶ 出題の傾向と勉強の方向性

　まずは，中小企業白書・小規模企業白書の学習について言及したい。本試験では，試験が実施される年度の前年度の白書（例：2024年度試験であれば，2023年版白書）から多く出題される。タイミング的にその年度の白書が本試験前に発表されるが，そこからの出題はあっても1〜2題である（直近の10年間は出題すらない）。したがって，学習は必ず前年度版白書をベースにして，当年度版白書は手を出さないのが賢明である。

　そして，付属統計資料については，過去問をベースに出題パターンを見て，その出題パターンに応じて知識を補充するのが効率的である。本書は，過去問のデータを最新版にして改題しているので，参考にしていただきたい。ただ，経営指標について，2017年版中小企業白書より法人企業統計年報の掲載がなくなったので，本書では中小企業実態基本調査を元に改題できる問題については改題している。

　また，「雇用保険事業年報」の開廃業率については，付属統計資料ではなく白書本文に毎年掲載され，本試験でよく出題されるので，改題して掲載している。なお，本書掲載以外のその年の白書本文の独自論点は，他の参考書や問題集などで対策をしていただきたい。

■取組状況チェックリスト

1. 付属統計資料

経済センサス（企業数）

問題番号	ランク	1回目		2回目		3回目	
令和 5 年度 第 2 問	A	／		／		／	
令和元年度 第 1 問（設問 1）	A	／		／		／	
平成 29 年度 第 1 問（設問 1）	A	／		／		／	
平成 26 年度 第 2 問	A	／		／		／	
平成 19 年度 第 1 問	A	／		／		／	

経済センサス（従業者数）

問題番号	ランク	1回目		2回目		3回目	
平成 25 年度 第 2 問	A	／		／		／	
平成 22 年度 第 2 問（設問 1）	A	／		／		／	
平成 22 年度 第 2 問（設問 2）	A	／		／		／	

経済センサス（企業数・従業者数）

問題番号	ランク	1回目		2回目		3回目	
平成 30 年度 第 2 問（設問 1）	A	／		／		／	
平成 30 年度 第 2 問（設問 2）	A	／		／		／	

経済センサス（従業者数・付加価値額）

問題番号	ランク	1回目		2回目		3回目	
令和 4 年度 第 1 問	A	／		／		／	
令和 2 年度 第 1 問	A	／		／		／	

経済センサス（付加価値額）

問題番号	ランク	1回目		2回目		3回目	
平成 30 年度 第 4 問	B	／		／		／	

経済センサス（売上高）

問題番号	ランク	1回目		2回目		3回目	
令和 5 年度 第 1 問	B	／		／		／	

経済センサス（都道府県別中小企業構成比）						
問題番号	ランク	1回目		2回目		3回目
平成26年度 第4問 （平成23年度 第2問）	B	／		／		／

中小企業実態基本調査						
問題番号	ランク	1回目		2回目		3回目
令和5年度 第3問	A	／		／		／
令和3年度 第18問	A	／		／		／
令和元年度 第5問	A	／		／		／
平成30年度 第5問	A	／		／		／
平成28年度 第4問	A	／		／		／

金融経済統計月報						
問題番号	ランク	1回目		2回目		3回目
令和3年度 第9問	B	／		／		／
令和元年度 第11問	B	／		／		／

2. その他の資料

雇用保険事業年報（開廃業率）						
問題番号	ランク	1回目		2回目		3回目
令和5年度 第4問	A	／		／		／
令和4年度 第6問	A	／		／		／
令和2年度 第6問（設問1）	A	／		／		／
令和2年度 第6問（設問2）	A	／		／		／
平成30年度 第6問（設問1）	A	／		／		／
平成30年度 第6問（設問2）	A	／		／		／

経済センサス （企業数）	ランク	1回目		2回目		3回目	
	A	／		／		／	

■令和5年度　第2問

　総務省・経済産業省「平成28年経済センサス−活動調査」に基づき，産業別企業規模別企業数（民営，非一次産業，2016年）を見た場合の記述として，最も適切なものはどれか。

　なお，企業数は会社数と個人事業者数の合計とする。企業規模区分は中小企業基本法に準ずるものとする。小規模企業数割合は産業別の全企業数に占める割合とする。

　　ア　建設業の小規模企業数割合は，小売業を上回り，製造業を下回っている。

　　イ　建設業の中小企業数は，製造業を上回り，小売業を下回っている。

　　ウ　小売業の小規模企業数割合は，製造業を上回り，建設業を下回っている。

　　エ　製造業の中小企業数は，小売業を上回り，建設業を下回っている。

解答	イ

■解説

『2023年版中小企業白書』（以下，「白書」と略す），付属統計資料1表「産業別規模別企業数（民営，非一次産業，2016年）」(1)企業数（会社数・個人事業者数）から本問を解説する。

問題文にある各産業の企業規模別企業数と構成比（産業別の全企業数に占める割合）は以下のとおりとなる。

産業	中小企業		うち小規模企業	
	企業数	構成比(%)	企業数	構成比(%)
建設業	430,727	99.9	410,820	95.3
製造業	380,517	99.5	327,617	85.7
小売業	623,072	99.6	512,660	81.9

※ 数値は覚えなくてよい。

上記の表より，中小企業数を多い順に並べると「小売業→建設業→製造業」となり，小規模企業数割合（構成比）を高い順に並べると「建設業→製造業→小売業」となる。以上から，選択肢で該当するのは選択肢イのみとなる。

なお，全産業の中で中小企業数，小規模企業数ともに最も多い産業は「小売業」であることは押さえておきたい。

よって，イが正解である。

経済センサス （企業数）	ランク	1回目		2回目		3回目	
	A	/		/		/	

■令和元年度　第1問（設問1）　改題

次の文章を読んで，下記の設問に答えよ。

総務省「平成11年，13年，16年，18年事業所・企業統計調査」，「平成21年，26年経済センサス－基礎調査」，総務省・経済産業省「平成24年，28年経済センサス－活動調査」に基づき，1999年から2016年の期間について，わが国の企業数の推移を見た場合，減少基調で推移している。しかしながら<u>近年では，企業規模で企業数の推移には違いも見られる</u>。

なお，ここでは企業数は会社数と個人事業者数の合計とする。

（設問1）

文中の下線部に関して，総務省・経済産業省「平成24年，28年経済センサス―活動調査」に基づき，2012年と2016年について，企業規模別企業数を比較した場合の記述として，最も適切なものはどれか。

なお，ここでは中規模企業は小規模企業以外の中小企業とし，企業規模区分は中小企業基本法に準ずるものとする。

  ア 小規模企業数は減少，中規模企業数は減少，大企業数は増加している。

  イ 小規模企業数は減少，中規模企業数は増加，大企業数は減少している。

  ウ 小規模企業数は減少，中規模企業数は増加，大企業数は増加している。

  エ 小規模企業数は増加，中規模企業数は減少，大企業数は増加している。

  オ 小規模企業数は増加，中規模企業数は増加，大企業数は減少している。

	解答	ウ

■解説

　白書，付属統計資料1表「産業別規模別企業数（民営，非一次産業，2012年，2016年）」(1)企業数（会社数＋個人事業者数）から本問を解説する。

　企業規模別企業数の推移は以下のとおりとなる。

	小規模企業	中規模企業	大企業
2012	3,342,814	510,120	10,596
2016	3,048,390	529,786	11,157
傾向	減少	増加	増加

　（注）白書の付属統計資料では，中小企業数，小規模企業数，大企業数が掲載されており，中規模企業数は直接算出していない。したがって，問題文の定義から，「中規模企業＝中小企業－小規模企業」であるので，中規模企業の数値は新たに計算して本書では掲載している。

　上記の表より，小規模企業数は減少，中規模企業数は増加，大企業数は増加している（選択肢ウが該当）。なお，2012年，2014年，2016年の推移を見ると，小規模企業数は一貫して減少，大企業数は一貫して増加していることは，押さえておきたい。

　よって，ウが正解である。

　（※）出題当時は総務省「平成21年，平成26年経済センサス―基礎調査」再編加工の資料に基づいて出題されていたのを，今回対象としている白書のデータに基づいて改題している。

経済センサス （企業数）	ランク	1回目		2回目		3回目	
	A	／		／		／	

■平成 29 年度　第 1 問（設問 1）　改題

次の文章を読んで，下記の設問に答えよ。

　総務省「2014 年経済センサス－基礎調査」，総務省・経済産業省「2012 年，2016 年経済センサス－活動調査」に基づき，中小企業数の推移を，2012 年，2014 年，2016 年の 3 時点で比較した場合，一貫して　A　しており，　A　のペースは，　B　。

　なお，ここでは企業数は会社数と個人事業者数の合計とする。企業規模区分は中小企業基本法に準ずる。

（設問 1）

　文中の空欄 A と B に入る語句の組み合わせとして，最も適切なものはどれか。

　　ア　A：減少　　B：拡大している

　　イ　A：減少　　B：緩やかになっている

　　ウ　A：増加　　B：拡大している

　　エ　A：増加　　B：緩やかになっている

解答	ア

■解説

　白書，付属統計資料 1 表「産業別規模別企業数（民営，非一次産業，2012 年，2014 年，2016 年）」(1) 企業数（会社数＋個人事業者数）から本問を解説する。

　中小企業数の推移は以下のとおりとなる。

年	中小企業数（非 1 次産業計）
2012	3,852,934
2014	3,809,228
2016	3,578,176

※数値は覚えなくてよい。

　まず，2012〜2016 年にかけて一貫して中小企業数は減少している（空欄 A に該当）。また，減少のペースであるが，2012〜2014 年にかけては▲ 43,706 者，2014〜2016 年は▲ 231,052 者となり，拡大している（空欄 B に該当）。

　なお，小規模企業数についても一貫して減少していることは押さえておこう。

　よって，空欄 A には「減少」，空欄 B には「拡大している」が入り，アが正解である。

（※）出題当時は総務省「平成 21 年，平成 26 年経済センサス―基礎調査」，総務省・経済産業省「平成 24 年経済センサス―活動調査」再編加工の資料に基づいて出題されていたのを，今回対象としている白書のデータに基づいて改題している。

経済センサス （企業数）	ランク	1 回目		2 回目		3 回目	
	A	／		／		／	

■平成 26 年度　第 2 問　改題

　総務省「平成 28 年経済センサス―活動調査」に基づき，産業別に中小企業数を比較した場合，多いものから少ないものへと並べた組み合わせとして，最も適切なものを下記の解答群から選べ。

　ここで企業数は会社数と個人事業所の合計とする。

　　a　建設業

　　b　製造業

　　c　小売業

〔解答群〕

　ア　a　建設業 ― b　製造業 ― c　小売業

　イ　a　建設業 ― c　小売業 ― b　製造業

　ウ　b　製造業 ― a　建設業 ― c　小売業

　エ　b　製造業 ― c　小売業 ― a　建設業

　オ　c　小売業 ― a　建設業 ― b　製造業

解答	オ

■解説

　白書，付属統計資料1表「産業別規模別企業数（民営，非一次産業，2016年）」(1)
企業数（会社数＋個人事業者数）から本問を解説する。

　建設業，製造業，小売業の企業数を多い順にみると以下のとおりとなる。

産業	企業数
c　小売業	623,072
a　建設業	430,727
b　製造業	380,517

※数値は覚えなくてよい。

　なお，小売業は，全産業の中でも中小企業数，小規模企業数ともに最も多いことは
押さえておきたい。

　よって，「c　小売業－a　建設業－b　製造業」の並び順となり，オが正解である。

　（※）出題当時は総務省・経済産業省「平成24年経済センサス―活動調査」再編加工の資料に
　　　基づいて出題されていたのを，今回対象としている白書のデータに基づいて改題している。

経済センサス （企業数）	ランク	1回目		2回目		3回目	
	A	/		/		/	

■平成 19 年度　第 1 問　改題

　次の産業のうち，総務省「経済センサス―基礎調査」，総務省・経済産業省「経済センサス―活動調査」再編加工に基づき，2012 年から 2016 年までの期間に中小企業の数が増加した産業として，最も適切なものの組み合わせを，下記の解答群から選べ。ただし，産業区分は 2013 年 10 月改訂後の日本標準産業分類に従うものとする。

a　情報通信業　　　　b　電気・ガス・熱供給・水道業
c　医療，福祉　　　　d　教育，学習支援業

［解答群］
　ア　aとb　　　イ　aとc　　　ウ　bとc
　エ　bとd　　　オ　cとd

解答	ウ

■解説

　白書，付属統計資料1表「産業別規模別企業数（民営，非一次産業，2012年，2014年，2016年）」(1) 企業数（会社数＋個人事業者数）から本問を解説する。

　選択肢にあるそれぞれの産業の中小企業数の推移は以下のとおりである。

産業	年	中小企業数
情報通信業	2012	44,332
	2014	45,254
	2016	42,454
電気・ガス・熱供給・水道業	2012	657
	2014	1,000
	2016	975
医療，福祉	2012	195,088
	2014	210,326
	2016	207,043
教育，学習支援業	2012	103,867
	2014	107,479
	2016	101,663

※数値は覚えなくてよい。

　2012年と2016年を比較して中小企業数が増加した産業は，「電気・ガス・熱供給・水道業」と「医療，福祉」である。

　よって，bとcが正しく，ウが正解である。

(※) 出題当時は総務省「事業所・企業統計調査」の資料に基づいて出題されていたのを，今回対象としている白書のデータに基づいて改題している。また，付属統計資料の出題傾向をつかんでいただくために，平成19年度の出題であるが，特別掲載している。

経済センサス （従業者数）	ランク	1回目		2回目		3回目	
	A	／		／		／	

■平成 25 年度　第 2 問　改題

　総務省・経済産業省「平成 28 年経済センサス―活動調査」に基づき，企業ベース（会社及び個人の従業者総数）で，産業別規模別従業者総数（民営，非一次産業）を見た場合に，中小企業の構成比率が高いものから低いものへと並べた組み合わせとして，最も適切なものを下記の解答群から選べ。ここで中小企業とは中小企業基本法の定義に準ずるものとする。従業者数は会社と個人事業所の従業者総数を示す。

　　a　小　売　業

　　b　建　設　業

　　c　情報通信業

〔解答群〕

　ア　a　小　売　業 ― b　建　設　業 ― c　情報通信業

　イ　a　小　売　業 ― c　情報通信業 ― b　建　設　業

　ウ　b　建　設　業 ― a　小　売　業 ― c　情報通信業

　エ　b　建　設　業 ― c　情報通信業 ― a　小　売　業

　オ　c　情報通信業 ― a　小　売　業 ― b　建　設　業

解答	ウ

■解説

　白書，付属統計資料2表「産業別規模別従業者総数（民営，非一次産業，2016年）」⑴企業ベース（会社及び個人の従業者総数）から本問を解説する。

　小売業，建設業，情報通信業の従業者数から，中小企業の構成比率を高い順にみると以下のとおりとなる。

産業	中小企業の構成比率
b　建設業	88.6%
a　小売業	61.6%
c　情報通信業	61.5%

　　　　　※数値は覚えなくてよい。

　なお，従業者数を見た場合に，全産業の中で中小企業の構成比率が最も高い産業は「医療，福祉」（建設業は第2位），全産業の中で小規模企業の構成比率が最も高い産業は「建設業」であることも押さえておきたい。

　よって，「b　建設業－a　小売業－c　情報通信業」の並び順となり，ウが正解である。

（※）出題当時は総務省「平成21年経済センサス—基礎調査」再編加工の資料に基づいて出題されていたのを，今回対象としている白書のデータに基づいて改題している。また，付属統計資料の出題傾向をつかんでいただくために，平成25年度の出題であるが，特別掲載している。

経済センサス （従業者数）	ランク	1回目	2回目	3回目
	A	／	／	／

■平成 22 年度　第 2 問（設問 1）　改題

次の文章を読んで，下記の設問に答えよ。

　わが国経済において，中小企業は大きな役割を果たしている。総務省・経済産業省「平成 28 年経済センサス―活動調査」によれば，企業ベースで，民営非一次産業の会社と個人事業所の従業者総数約 4,679 万人のうち約 □ 割が中小企業（中小企業基本法において定義されるもの）で雇用されており，雇用機会の提供という面で中小企業は大きな役割を果たしている。

（設問 1）

　文中の空欄に入る最も適切な数値はどれか。

ア　4
イ　5
ウ　6
エ　7
オ　8

解答	エ

■解説

　白書，付属統計資料2表「産業別規模別従業者総数（民営，非一次産業，2016年）」
(1)企業ベース（会社及び個人の従業者総数）から本問を解説する。

　資料を見ると，民営非一次産業の会社と個人事業所の従業者総数約4,679万人のう
ち，<u>約7割</u>（68.8％）が中小企業（中小企業基本法に定義されているもの）で雇用さ
れている。また，約2割が小規模企業（中小企業基本法に定義されているもの）で雇
用されていることも併せて押さえておきたい。

　よって，空欄には「7」が入り，エが正解である。

　(※)出題当時は総務省「事業所・企業統計調査（2006年）」の資料に基づいて出題されていた
　　のを，今回対象としている白書のデータに基づいて改題している。また，付属統計資料の
　　出題傾向をつかんでいただくために，平成22年度の出題であるが，特別掲載している。

経済センサス （従業者数）	ランク	1回目		2回目		3回目	
	A	／		／		／	

■平成 22 年度　第 2 問（設問 2）　改題

次の文章を読んで，下記の設問に答えよ。

　わが国経済において，中小企業は大きな役割を果たしている。総務省・経済産業省「平成 28 年経済センサス―活動調査」によれば，企業ベースで，<u>民営非一次産業の会社と個人事業所の従業者総数約 4,679 万人</u>のうち約 ☐ 割が中小企業（中小企業基本法において定義されるもの）で雇用されており，雇用機会の提供という面で中小企業は大きな役割を果たしている。

（設問 2）

　文中の下線部について，総務省・経済産業省「平成 28 年経済センサス―活動調査」に基づき，企業ベースで会社と個人事業所の従業者総数を産業別規模別に見た場合，次の産業において，中小企業（中小企業基本法において定義されるもの）の構成比が高いものから低いものへ並べた組み合わせとして，最も適切なものを下記の解答群から選べ。

　　a　建設業
　　b　製造業
　　c　宿泊業，飲食サービス業

〔解答群〕

ア　a　建設業 ― b　製造業 ― c　宿泊業，飲食サービス業
イ　a　建設業 ― c　宿泊業，飲食サービス業 ― b　製造業
ウ　b　製造業 ― a　建設業 ― c　宿泊業，飲食サービス業
エ　b　製造業 ― c　宿泊業，飲食サービス業 ― a　建設業
オ　c　宿泊業，飲食サービス業 ― a　建設業 ― b　製造業

解答	イ

■解説

　白書，付属統計資料2表「産業別規模別従業者総数（民営，非一次産業，2016年）」⑴企業ベース（会社及び個人の従業者総数）から本問を解説する。

　会社と個人事業所の従業者総数を産業別規模別に見た場合に，中小企業の構成比を高い順に並べると以下のとおりとなる。

　　a　建設業（88.6％）
　　c　宿泊業，飲食サービス業（73.1％）
　　b　製造業（65.3％）

　なお，従業者数を見た場合に，全産業の中で中小企業の構成比が最も高い産業は「医療，福祉」（建設業は第2位），全産業の中で小規模企業の構成比が最も高い産業は「建設業」であることも押さえておきたい。

　よって，イが正解である。

　（※）出題当時は総務省「事業所・企業統計調査（2006年）」の資料に基づいて出題されていたのを，今回対象としている白書のデータに基づいて改題している。また，付属統計資料の出題傾向をつかんでいただくために，平成22年度の出題であるが，特別掲載している。

経済センサス （企業数・従業者数）	ランク	1回目		2回目		3回目	
	A	／		／		／	

■平成30年度　第2問（設問1）　改題

次の文章を読んで，下記の設問に答えよ。

総務省・経済産業省「平成28年経済センサス―活動調査」に基づき，<u>企業規模別（民営，非一次産業）に，企業数と会社及び個人の従業者総数を見た場合</u>（2016年），中小企業の構成比は全企業数の99.7％，従業者総数の68.8％を占めている。

また，総務省「平成26年経済センサス－基礎調査」，総務省・経済産業省「平成24年，平成28年経済センサス－活動調査」に基づき，2012年，2014年，2016年で比較すると，全企業数に占める中小企業の構成比（％）は　A　傾向，従業者総数に占める中小企業の構成比（％）は　B　傾向となっている。

なお，企業規模区分は中小企業基本法に準ずるものとする。

（設問1）

文中の下線部について，小規模企業と中規模企業の企業数と従業者総数を見た場合の記述として，最も適切なものはどれか。なお，ここでは中規模企業は小規模企業以外の中小企業とする。

ア　小規模企業の企業数と従業者総数は，ともに中規模企業とほぼ同数である。

イ　小規模企業の企業数と従業者総数は，ともに中規模企業より多い。

ウ　小規模企業の企業数と従業者総数は，ともに中規模企業より少ない。

エ　小規模企業の企業数は中規模企業より多く，従業者総数は中規模企業より少ない。

オ　小規模企業の企業数は中規模企業より少なく，従業者総数は中規模企業より多い。

	解答	エ

■解説

白書，付属統計資料1表「産業別規模別企業数（民営，非一次産業，2016年）」(1)
企業数（会社数＋個人事業者数）および白書，付属統計資料2表「産業別規模別従業
者総数（民営，非一次産業，2016年）」(1)企業ベース（会社及び個人の従業者総数）
から本問を解説する。

最新（2016年）の中小企業数と従業者総数は以下のとおりとなる。

	小規模企業	中規模企業	中小企業 （合計）
企業数	3,048,390	529,786	3,578,176
従業者数	10,437,271	21,763,761	32,201,032

（注）白書では，合計と小規模企業数のみ掲載されている。問題文の定義から，「中規模企業＝
中小企業（合計）－小規模企業」であるので，中規模企業の数値は新たに計算して本書で
は掲載している。

上記の表より，小規模企業の企業数は中規模企業より多く，従業者総数は中規模企
業より少ない（選択肢エが該当）。なお，上記の表の数値は覚えなくてよい。

よって，エが正解である。

（※）出題当時は総務省「平成21年，平成26年経済センサス―基礎調査」，総務省・経済産業
省「平成24年経済センサス―活動調査」再編加工の資料に基づいて出題されていたのを，
今回対象としている白書のデータに基づいて改題している。

経済センサス (企業数・従業者数)	ランク	1回目		2回目		3回目	
	A	/		/		/	

■平成30年度　第2問（設問2）　改題

次の文章を読んで，下記の設問に答えよ。

　総務省・経済産業省「平成28年経済センサス―活動調査」に基づき，<u>企業規模別（民営，非一次産業）に，企業数と会社及び個人の従業者総数を見た場合</u>（2016年），中小企業の構成比は全企業数の99.7%，従業者総数の68.8%を占めている。

　また，総務省「平成26年経済センサス－基礎調査」，総務省・経済産業省「平成24年，平成28年経済センサス－活動調査」に基づき，2012年，2014年，2016年で比較すると，全企業数に占める中小企業の構成比（%）は　A　傾向，従業者総数に占める中小企業の構成比（%）は　B　傾向となっている。

　なお，企業規模区分は中小企業基本法に準ずるものとする。

（設問2）

　文中の空欄AとBに入る語句の組み合わせとして，最も適切なものはどれか。

　　ア　A：減少　　　B：減少

　　イ　A：減少　　　B：増加

　　ウ　A：増加　　　B：減少

　　エ　A：増加　　　B：増加

　　オ　A：横ばい　　B：減少

	解答	オ

■解説

　白書，付属統計資料1表「産業別規模別企業数（民営，非一次産業，2012年，2014年，2016年）」(1)企業数（会社数＋個人事業者数）および白書，付属統計資料2表「産業別規模別従業者総数（民営，非一次産業，2012年，2014年，2016年）」(1)企業ベース（会社及び個人の従業者総数）から本問を解説する。

　「全企業数に占める中小企業の構成比」と「従業者総数に占める中小企業の構成比」の推移は以下のとおりとなる。

年	全企業数に占める 中小企業の構成比	従業者総数に占める 中小企業の構成比
2012年	99.7%	69.7%
2014年	99.7%	70.1%
2016年	99.7%	68.8%
傾　向	横ばい （空欄Aに該当）	減　少 （空欄Bに該当）

　よって，空欄Aには「横ばい」，空欄Bには「減少」が入り，オが正解である。

（※）出題当時は総務省「平成21年，平成26年経済センサス―基礎調査」，総務省・経済産業省「平成24年経済センサス―活動調査」再編加工の資料に基づいて出題されていたのを，今回対象としている白書のデータに基づいて改題している。

経済センサス（従業者数・付加価値額）	ランク	1回目		2回目		3回目	
	A	/		/		/	

■令和4年度　第1問

　総務省・経済産業省「平成28年経済センサス－活動調査」に基づき，企業規模別の従業者数（会社及び個人の従業者総数，2016年）と付加価値額（会社及び個人の付加価値額，2015年）を見た場合，中小企業に関する記述として，最も適切なものはどれか。

　なお，企業規模区分は中小企業基本法に準ずるものとする。

　　ア　従業者数は約2,000万人で全体の約5割，付加価値額は約100兆円で全体の
　　　　約7割を占める。

　　イ　従業者数は約2,000万人で全体の約7割，付加価値額は約135兆円で全体の
　　　　約5割を占める。

　　ウ　従業者数は約3,200万人で全体の約5割，付加価値額は約100兆円で全体の
　　　　約7割を占める。

　　エ　従業者数は約3,200万人で全体の約7割，付加価値額は約100兆円で全体の
　　　　約5割を占める。

　　オ　従業者数は約3,200万人で全体の約7割，付加価値額は約135兆円で全体の
　　　　約5割を占める。

解答	オ

■解説

　白書，付属統計資料2表「産業別規模別従業者総数（民営，非一次産業，2016年)」
(1)企業ベース（会社及び個人の従業者総数）および付属統計資料5表「産業別規模
別付加価値額（民営，非一次産業，2015年)」(1)企業ベース（会社及び個人の付加価
値額）から本問を解説する。

　従業者総数，付加価値額の実数と全体に占める中小企業の割合は，以下のとおりで
ある。

	実数（中小企業）	全体に占める中小企業の割合
従業者総数	32,201,032人 （約3,200万人）	68.8% （約7割）
付加価値額	1,351,106億円 （約135兆円）	52.9% （約5割）

　細かい数値は憶える必要はない。カッコ書きの数値を覚えることがポイントである。
特に付加価値額は「5割超」であることも併せて覚えておくと，ひっかけ問題に対応
しやすくなる。

　　ア：不適切である。実数はわからなくても中小企業の従業者総数の割合は約7割
　　　　というところから真っ先に消去したい選択肢である。
　　イ：不適切である。従業者数は約3,200万人である。
　　ウ：不適切である。選択肢アの解説を参照。
　　エ：不適切である。付加価値額は約135兆円である。
　　オ：適切である。上記の表のカッコ書きの数値を覚えておきたい。

　よって，オが正解である。

経済センサス（従業者数・付加価値額）	ランク	1回目		2回目		3回目	
	A	／		／		／	

■令和2年度　第1問

　総務省・経済産業省「平成 28 年経済センサス−活動調査」に基づき，従業者総数（会社及び個人の従業者総数，2016 年，非一次産業）と，付加価値額（会社及び個人の付加価値額，2015 年，非一次産業）について，おのおのの全体に占める中小企業の割合を見た場合の記述として，最も適切なものはどれか。

　　ア　従業者総数，付加価値額とも全体の約 50％を占めている。

　　イ　従業者総数，付加価値額とも全体の約 70％を占めている。

　　ウ　従業者総数は全体の約 50％，付加価値額は全体の約 70％を占めている。

　　エ　従業者総数は全体の約 70％，付加価値額は全体の約 50％を占めている。

解答	エ

■解説

白書，付属統計資料2表「産業別規模別従業者総数（民営，非一次産業，2016年）」
(1)企業ベース（会社及び個人の従業者総数）および付属統計資料5表「産業別規模別
付加価値額（民営，非一次産業，2015年）」(1)企業ベース（会社及び個人の付加価値
額）から本問を解説する。

従業者総数，付加価値額の全体に占める中小企業の割合は，以下のとおりである。

	全体に占める中小企業の割合
従業者総数	68.8%（約7割）
付加価値額	52.9%（約5割）

細かい数値は憶える必要はない。括弧書きの数値を覚えることがポイントである。
特に付加価値額は「5割超」であることも併せて覚えておくと，ひっかけ問題に対応
しやすくなる。

また，全体に占める中小企業の割合は他に，企業数99.7%，売上高44.1%（約4割）
は押さえておきたい。

ア：不適切である。従業者総数は約7割である。

イ：不適切である。付加価値額は約5割である。

ウ：不適切である。従業者総数は約7割，付加価値額は約5割である。

エ：適切である。ざっくりとした数値で押さえるのがポイントである。

よって，エが正解である。

経済センサス （付加価値額）	ランク	1 回目		2 回目		3 回目	
	B	/		/		/	

■平成 30 年度　第 4 問　改題

　総務省・経済産業省「平成 28 年経済センサス－活動調査」に基づき，産業別規模別付加価値額（企業ベース，民営，非一次産業）を見た場合，建設業，小売業，宿泊業・飲食サービス業，情報通信業，製造業のうち，各産業の付加価値額の総額に占める中小企業の構成比が最も高いものはどれか。

　なお，企業規模区分は中小企業基本法に準ずるものとする。

　　ア　建設業

　　イ　小売業

　　ウ　宿泊業・飲食サービス業

　　エ　情報通信業

　　オ　製造業

解答	ア

■解説

　白書，付属統計資料5表「産業別規模別付加価値額（民営，非一次産業，2015年）」(1)企業ベース（会社及び個人の付加価値額）から本問を解説する。

　問題文にある各産業の付加価値額の総額に占める中小企業の構成比は以下のとおりとなる。

選択肢	産　　業	付加価値額の総額に占める中小企業の構成比
ア	建設業	74.8%
イ	小売業	54.1%
ウ	宿泊業・飲食サービス業	69.5%
エ	情報通信業	39.1%
オ	製造業	47.5%

　　　※数値は覚えなくてよい。余裕があれば，50%を超えているかどうか区別できることが望ましい。

　上記の表より，選択肢にある5つの産業の中では，建設業が最も高い。なお，全産業の中では，中小企業の構成比は「医療，福祉」が最も高いこと，中小企業の付加価値額は「製造業」が最も多いことは押さえておきたい。

　よって，アが正解である。

　（※）出題当時は総務省・経済産業省「平成24年経済センサス―活動調査」再編加工の資料に基づいて出題されていたのを，今回対象としている白書のデータに基づいて改題している。

経済センサス (売上高)	ランク	1回目	2回目	3回目
	B	／	／	／

■令和 5 年度　第 1 問

　総務省・経済産業省「平成 28 年経済センサス – 活動調査」に基づき，建設業，小売業，製造業について，小規模企業の売上高（会社及び個人の売上高，2015 年時点）を比較した場合の記述として，最も適切なものはどれか。なお，企業規模区分は中小企業基本法に準ずるものとする。

　　　ア　建設業の売上高は，小売業よりも多く，製造業よりも少ない。

　　　イ　建設業の売上高は，製造業よりも多く，小売業よりも少ない。

　　　ウ　小売業の売上高は，建設業よりも多く，製造業よりも少ない。

　　　エ　小売業の売上高は，製造業よりも多く，建設業よりも少ない。

　　　オ　製造業の売上高は，小売業よりも多く，建設業よりも少ない。

解答	オ

■解説

　白書，付属統計資料4表「産業別規模別売上高（民営，非一次産業，2015年）」(1)
企業ベース（会社及び個人の売上高）から本問を解説する。

　問題文にある各産業の小規模企業の売上高を高い順にみると以下のとおりとなる。

（単位：億円）

産業	売上高（小規模企業）
建設業	360,908
製造業	242,408
小売業	140,078

　※　数値は覚えなくてよい。

　上記の表より，製造業の売上高は，小売業よりも多く，建設業よりも少ない（選択
肢オが該当）。

　なお，全産業の中で小規模企業の売上高が最も高い産業は「建設業」，全産業の中
で中小企業の売上高が最も高い産業は「卸売業」であることは押さえておきたい。

　よって，オが正解である。

経済センサス（都道府県別中小企業構成比）	ランク	1回目	2回目	3回目
	B	／	／	／

■平成 26 年度　第 4 問（設問 1）（※平成 23 年度　第 2 問）　改題

　総務省・経済産業省「平成 28 年経済センサス－活動調査」に基づき，都道府県別に会社と個人事業所の従業者総数に占める中小企業の割合を見た場合，高いものから低いものへと並べた組み合わせとして，最も適切なものを下記の解答群から選べ。

　　a　愛知県

　　b　大阪府

　　c　東京都

〔解答群〕

　ア　a　愛知県 ― b　大阪府 ― c　東京都

　イ　a　愛知県 ― c　東京都 ― b　大阪府

　ウ　b　大阪府 ― a　愛知県 ― c　東京都

　エ　b　大阪府 ― c　東京都 ― a　愛知県

　オ　c　東京都 ― a　愛知県 ― b　大阪府

※平成 23 年度第 2 問は改題すると平成 26 年度第 4 問と同じ問題となる。

解答	ア

■解説

　白書，付属統計資料7表「都道府県別規模別従業者総数（民営，非一次産業，2016年)」(1) 従業者総数（会社＋個人事業者）から本問を解説する。

　愛知県，大阪府，東京都の会社と個人事業所の従業者総数に占める中小企業の割合を高い順にみると以下のとおりとなる。

都道府県	従業者総数に占める中小企業の割合
a　愛知県	70.8%
b　大阪府	66.9%
c　東京都	41.3%

※数値は覚えなくてよい。

　受験対策上，この3県の並び順を覚えておけばよい。

　よって，「a　愛知県－b　大阪府－c　東京都」の並び順となり，アが正解である。

（※）出題当時は総務省・経済産業省「平成24年経済センサス―活動調査」再編加工の資料に基づいて出題されていたのを，今回対象としている白書のデータに基づいて改題している。

中小企業実態基本調査	ランク	1回目		2回目		3回目	
	A	／		／		／	

■令和5年度　第3問　改題

　中小企業庁「令和4年中小企業実態基本調査（令和3年度決算実績）」に基づき，小売業，宿泊業・飲食サービス業，製造業について，売上高経常利益率と自己資本比率を全業種平均と比較した場合の記述として，最も適切なものはどれか。

　　ア　小売業では，売上高経常利益率，自己資本比率とも全業種平均を下回っている。

　　イ　小売業では，売上高経常利益率は全業種平均を上回り，自己資本比率は全業種平均を下回っている。

　　ウ　宿泊業・飲食サービス業では，売上高経常利益率は全業種平均を上回り，自己資本比率は全業種平均を下回っている。

　　エ　製造業では，売上高経常利益率，自己資本比率とも全業種平均を下回っている。

　　オ　製造業では，売上高経常利益率は全業種平均を上回り，自己資本比率は全業種平均を下回っている。

（※）出題当時は中小企業庁「令和3年中小企業実態基本調査（令和2年度決算実績）」の資料に基づいて出題されていたのを，今回対象としている白書のデータに基づいて改題している。

解答	ア

■解説

中小企業庁「令和4年中小企業実態基本調査（令和3年度決算実績)」(白書，付属統計資料15表「中小企業（法人企業）の経営指標（2021年度)」）から本問を解説する。

小売業，宿泊業・飲食サービス業，製造業の売上高経常利益率と自己資本比率とそれぞれの指標の中小企業の全業種平均は以下のとおりとなる。

業　種	売上高経常利益率	自己資本比率
全業種平均	4.26%	40.13%
小売業	2.21%	36.64%
宿泊業・飲食サービス業	1.84%	13.93%
製造業	5.10%	44.30%

※ 数値は覚えなくてよい。高い順に並べられるようにし，全業種平均より高いか低いかを押さえておくとよい。

中小企業実態基本調査の学習では，業種は小売業，宿泊業・飲食サービス業，製造業，経営指標は売上高経常利益率，自己資本比率，付加価値比率を優先して押さえておけばよい。

ア：適切である。なお，小売業は付加価値比率においても全業種平均を下回っている。

イ：不適切である。上記の表と選択肢アの解説参照。

ウ：不適切である。宿泊業・飲食サービス業は，売上高経常利益率，自己資本比率（全11業種で最も低い）とも全業種平均を下回っている。なお，付加価値比率（全11業種で最も高い）は全業種平均を上回っている。

エ：不適切である。製造業は売上高経常利益率，自己資本比率，付加価値比率ともに全業種平均を上回っている。

オ：不適切である。選択肢エの解説参照。

よって，アが正解である。

中小企業実態 基本調査	ランク	1回目		2回目		3回目	
	A	/		/		/	

■令和3年度　第18問　改題

　中小企業庁「令和4年中小企業実態基本調査（令和3年度決算実績）」に基づき，小売業，宿泊業・飲食サービス業，製造業について，売上高経常利益率と自己資本比率をおのおの比較した場合の記述として，最も適切なものはどれか。

　ア　売上高経常利益率と自己資本比率とも，小売業が最も低い。

　イ　売上高経常利益率は小売業が最も高く，自己資本比率は宿泊業・飲食サービス業が最も低い。

　ウ　売上高経常利益率は宿泊業・飲食サービス業が最も高く，自己資本比率は小売業が最も高い。

　エ　売上高経常利益率は製造業が最も高く，自己資本比率は小売業が最も低い。

　オ　売上高経常利益率は製造業が最も高く，自己資本比率は宿泊業・飲食サービス業が最も低い。

解答	オ

■解説

　中小企業庁「令和4年中小企業実態基本調査（令和3年度決算実績)」（白書，付属統計資料15表「中小企業（法人企業）の経営指標（2021年度)」）から本問を解説する。

　小売業，宿泊業・飲食サービス業，製造業の売上高経常利益率と自己資本比率とそれぞれの指標の中小企業の全業種平均は以下のとおりとなる。

業　　種	売上高経常利益率	自己資本比率
全業種平均	4.26%	40.13%
小売業	2.21%	36.64%
宿泊業・飲食サービス業	1.84%	13.93%
製造業	5.10%	44.30%

※数値は覚えなくてよい。高い順に並べられるようにし，全業種平均より高いか低いかを押さえておくとよい。

　　ア：不適切である。売上高経常利益率，自己資本比率とも，宿泊業・飲食サービス業が最も低い（全11業種でも自己資本比率は最も低い)。
　　イ：不適切である。売上高経常利益率は製造業が最も高い。
　　ウ：不適切である。売上高経常利益率，自己資本比率とも，製造業が最も高い。
　　エ：不適切である。自己資本比率は宿泊業・飲食サービス業が最も低い（全11業種でも最も低い)
　　オ：適切である。

　よって，オが正解である。

（※）出題当時は中小企業庁「令和元年中小企業実態基本調査（平成30年度決算実績)」の資料に基づいて出題されていたのを，今回対象としている白書のデータに基づいて改題している。

中小企業実態 基本調査	ランク	1回目		2回目		3回目	
	A	/		/		/	

■令和元年度　第5問　改題

　中小企業庁「令和4年中小企業実態基本調査（令和3年度決算実績）」に基づき，次のa～cの業種別に中小企業の付加価値比率（売上高に対する付加価値額の割合）を見た場合，付加価値比率が高いものから低いものへと並べた組み合わせとして，最も適切なものを下記の解答群から選べ。

　　a：小売業

　　b：宿泊業・飲食サービス業

　　c：製造業

〔解答群〕

　ア　a：小売業　－　b：宿泊業・飲食サービス業　－　c：製造業

　イ　a：小売業　－　c：製造業　－　b：宿泊業・飲食サービス業

　ウ　b：宿泊業・飲食サービス業　－　a：小売業　－　c：製造業

　エ　b：宿泊業・飲食サービス業　－　c：製造業　－　a：小売業

　オ　c：製造業　－　a：小売業　－　b：宿泊業・飲食サービス業

解答	エ

■解説

　中小企業庁「令和4年中小企業実態基本調査（令和3年度決算実績）」（白書，付属統計資料15表「中小企業（法人企業）の経営指標（2021年度)」）から本問を解説する。

　小売業，宿泊業・飲食サービス業，製造業の付加価値比率は以下のとおりとなる。なお，平成30年度第5問のような出題も今後は考えられるので，参考までに付加価値比率の中小企業の全業種平均も掲載する。

業　種	付加価値比率
全業種平均	26.93%
小売業	20.10%
宿泊業・飲食サービス業	55.40%
製造業	31.45%

※数値は覚えなくてよい。高い順に並べられるようにし，全業種平均より高いか低いかを押さえておくとよい。

　なお，全業種の中では「宿泊業，飲食サービス業」が最も高く，「卸売業」が最も低いことも併せて押さえておきたい。

　「中小企業実態基本調査」の受験対策としては，すべてを覚えるのは非効率である。ゆえに，売上高経常利益率，自己資本比率，付加価値比率の3指標を優先し，最も高い業種と最も低い業種を押さえつつ，過去問に出た業種を中心に高い順に並べられるとよい。

　よって，「b：宿泊業・飲食サービス業　－c：製造業　－a：小売業」の並び順となり，エが正解である。

（※）出題当時は中小企業庁「平成29年中小企業実態基本調査（平成28年度決算実績）」の資料に基づいて出題されていたのを，今回対象としている白書のデータに基づいて改題している。

中小企業実態 基本調査	ランク	1 回目		2 回目		3 回目	
	A	／		／		／	

■平成 30 年度　第 5 問　改題

　中小企業庁「令和 4 年中小企業実態基本調査（令和 3 年度決算実績)」に基づき，小売業，宿泊業・飲食サービス業，製造業の売上高経常利益率と自己資本比率を見た場合，それぞれについて中小企業の全業種平均より高いものとして，最も適切なものはどれか。

　　ア　小売業の売上高経常利益率

　　イ　宿泊業・飲食サービス業の売上高経常利益率

　　ウ　製造業の売上高経常利益率

　　エ　小売業の自己資本比率

　　オ　宿泊業・飲食サービス業の自己資本比率

解答	ウ

■解説

中小企業庁「令和4年中小企業実態基本調査（令和3年度決算実績)」（白書，付属統計資料15表「中小企業（法人企業）の経営指標（2021年度)」）から本問を解説する。

小売業，宿泊業・飲食サービス業，製造業の売上高経常利益率と自己資本比率とそれぞれの指標の中小企業の全業種平均は以下のとおりとなる。

業　種	売上高経常利益率	自己資本比率
全業種平均	4.26％	40.13％
小売業	2.21％	36.64％
宿泊業・飲食サービス業	1.84％	13.93％
製造業	5.10％	44.30％

※数値は覚えなくてよい。高い順に並べられるようにし，全業種平均より高いか低いかを押さえておくとよい。

上記の表より，製造業の売上高経常利益率は中小企業の全業種平均より高い（選択肢ウに該当)。なお，製造業の自己資本比率や付加価値比率も中小企業の全業種平均より高い。小売業，宿泊業・飲食サービス業については，売上高経常利益率，自己資本比率ともに全業種平均より低い。なお，宿泊業・飲食サービス業は，全業種の中で自己資本比率は最も低く，付加価値比率は最も高い。

よって，ウが正解である。

（※）出題当時は中小企業庁「平成28年中小企業実態基本調査（平成27年度決算実績)」の資料に基づいて出題されていたのを，今回対象としている白書のデータに基づいて改題している。

中小企業実態基本調査	ランク	1 回目		2 回目		3 回目	
	A	／		／		／	

■平成 28 年度　第 4 問　改題

　中小企業庁「令和 4 年中小企業実態基本調査（令和 3 年度決算実績）」に基づき，業種別に中小企業の売上高経常利益率を比較した場合，卸売業，生活関連サービス業，娯楽業，学術研究，専門・技術サービス業，製造業のうち，最も高いものはどれか。ただし，企業規模区分は中小企業基本法に準ずるものとする。

　　ア　卸売業

　　イ　生活関連サービス業，娯楽業

　　ウ　学術研究，専門・技術サービス業

　　エ　製造業

解答	ウ

■解説

　中小企業庁「令和 4 年中小企業実態基本調査（令和 3 年度決算実績）」（白書，付属統計資料 15 表「中小企業（法人企業）の経営指標（2021 年度）」）から本問を解説する。

　まず，業種別に中小企業の売上高経常利益率を見ると，以下のとおりとなる。

業　種	売上高経常利益率
卸売業	2.59%
生活関連サービス業，娯楽業	1.63%
学術研究，専門・技術サービス業	12.27%
製造業	5.10%

※数値は覚えなくてよい。高い順に並べられるようにすること。

　上記の表から，中小企業の売上高経常利益率が最も高いのは「学術研究，専門・技術サービス業」となる。なお，全業種の中でも「学術研究，専門・技術サービス業」が最も高く，「生活関連サービス業，娯楽業」が最も低いことも併せて押さえておきたい。

　よって，ウが正解である。

（※）2017 年版白書の付属統計資料より「法人企業統計年報」の記載はなくなり，経営指標について「中小企業実態基本調査」のデータが記載されるようになったので，改題している。また，本問は元々は労働生産性について問われていたが，「中小企業実態基本調査」には労働生産性の記載がないので，従来からよく問われる指標である売上高経常利益率について問うこととした。

金融経済統計月報	ランク	1回目	2回目	3回目
	B	／	／	／

■令和 3 年度　第 9 問　改題

　日本銀行「金融経済統計月報」他より中小企業庁の調べに基づき，2017 年から 2022 年の期間について，金融機関別中小企業向け貸出残高の推移（各年 12 月末）を見た場合の記述として，最も適切なものはどれか。

　　ア　中小企業向け総貸出残高は減少基調，民間金融機関による貸出残高は増加基
　　　　調で推移している。

　　イ　中小企業向け総貸出残高は増加基調，民間金融機関による貸出残高は減少基
　　　　調で推移している。

　　ウ　中小企業向け総貸出残高，民間金融機関による貸出残高とも，減少基調で推
　　　　移している。

　　エ　中小企業向け総貸出残高，民間金融機関による貸出残高とも，増加基調で推
　　　　移している

	解答	エ

■解説

　日本銀行「金融経済統計月報」（白書，付属統計資料14表「金融機関別中小企業向け貸出残高」）から本問を解説する。

　14表は，1年を3月，6月，9月，12月に区切って中小企業向け貸出残高を示している。そこで，問題文で示された期間の12月の中小企業向け貸出残高は以下のようになる。

（単位：兆円）

	2017年12月	2022年12月	傾向
民間金融機関合計	257.2	306.3	増加
政府系金融機関合計	20.7	29.6	増加
中小企業向け総貸出残高	277.9	335.9	増加

※数値は覚えなくてよい。傾向のみ押さえること。

　ア：不適切である。中小企業向け総貸出残高は増加基調で推移している。

　イ：不適切である。民間金融機関合計（民間金融機関による貸出残高）は増加基調で推移している。

　ウ：不適切である。上記の表と選択肢アとイの解説を参照。

　エ：適切である。上記の表を参照。中小企業向けの貸出残高は，民間金融機関，政府系金融機関，総貸出残高，すべてが増加傾向にある。

よって，エが正解である。

（※）出題当時は日本銀行「金融経済統計月報」他による中小企業庁の調べ（2014～2019年の期間）の資料に基づいて出題されていたのを，今回対象としている白書のデータに基づいて改題している。

金融経済統計月報	ランク	1回目		2回目		3回目	
	B	／		／		／	

■令和元年度　第 11 問　改題

　日本銀行「金融経済統計月報」他による中小企業庁の調べに基づき，2017 年から 2022 年の期間について，金融機関別中小企業向け貸出残高の推移を見た場合の記述として，最も適切なものはどれか。

　なお，中小企業向け貸出残高は，民間金融機関と政府系金融機関の貸出残高の合計。民間金融機関のうち，信用金庫における中小企業向け貸出残高は，個人，地方公共団体，海外円借款，国内店名義現地貸を除く貸出残高。信用組合における中小企業向け貸出残高は，個人，地方公共団体などを含む貸出残高である。政府系金融機関における中小企業向け貸出残高は，商工組合中央金庫，日本政策金融公庫（中小企業事業，国民生活事業）による貸出残高である。

　　ア　民間金融機関の貸出残高，政府系金融機関の貸出残高ともに減少傾向である。

　　イ　民間金融機関の貸出残高，政府系金融機関の貸出残高ともに増加傾向である。

　　ウ　民間金融機関の貸出残高は減少傾向，政府系金融機関の貸出残高は増加傾向である。

　　エ　民間金融機関の貸出残高は増加傾向，政府系金融機関の貸出残高は減少傾向である。

解答	イ

■解説

　日本銀行「金融経済統計月報」（白書，付属統計資料 14 表「金融機関別中小企業向け貸出残高」）から本問を解説する。

　白書 14 表は，1 年を 3 月，6 月，9 月，12 月に区切って中小企業向け貸出残高を示している。そこで，問題文で示された期間の始期を 3 月，終期を 12 月にしたときに，中小企業向け貸出残高は以下のようになる。

（単位：兆円）

	2017 年 3 月	2022 年 12 月	傾向
民間金融機関合計	250.9	306.3	増加
政府系金融機関合計	21.1	29.6	増加

※数値は覚えなくてよい。傾向のみ押さえること。

　ア：不適切である。民間金融機関の貸出残高，政府系金融機関の貸出残高ともに増加傾向である。

　イ：適切である。上記の図表を参照。

　ウ：不適切である。民間金融機関の貸出残高は増加傾向である。

　エ：不適切である。政府系金融機関の貸出残高は増加傾向である。

よって，イが正解である。

（※）出題当時は日本銀行「金融経済統計月報」他による中小企業庁の調べ（2012～2017 年の期間）の資料に基づいて出題されていたのを，今回対象としている白書のデータに基づいて改題している。

雇用保険事業年報 （開廃業率）	ランク	1回目		2回目		3回目	
	A	／		／		／	

■**令和5年度　第4問　改題**

　厚生労働省「雇用保険事業年報」に基づき，小売業，宿泊業・飲食サービス業，製造業について，2021年度の開業率と廃業率を全産業平均と比較した場合の記述として，最も適切なものはどれか。

　なお，開業率は，当該年度に雇用関係が新規に成立した事業所数を前年度末の適用事業所数で除して算出する。廃業率は，当該年度に雇用関係が消滅した事業所数を前年度末の適用事業所数で除して算出する。適用事業所とは，雇用保険に係る労働保険の保険関係が成立している事業所である（雇用保険法第5条）。

　　ア　小売業は，開業率，廃業率とも全産業平均を下回っている。

　　イ　小売業は，開業率は全産業平均を上回り，廃業率は全産業平均を下回っている。

　　ウ　宿泊業・飲食サービス業は，開業率，廃業率とも全産業平均を上回っている。

　　エ　宿泊業・飲食サービス業は，開業率は全産業平均を上回り，廃業率は全産業平均を下回っている。

　　オ　製造業は，開業率，廃業率とも全産業平均を上回っている。

（※）出題当時は厚生労働省「雇用保険事業年報」（2020年度）の資料に基づいて出題されていたのを，今回対象としている白書のデータに基づいて改題している。

<table>
<tr><td>解答</td><td>ウ</td></tr>
</table>

■解説

厚生労働省「雇用保険事業年報」に基づく業種別開廃業率に関する出題である。

<table>
<tr><td>第 2-2-55 図</td><td>業種別の開廃業率（2021 年度）</td></tr>
</table>

①開業率
産業分類

| 宿泊業, 飲食サービス業 |
| 生活関連サービス業, 娯楽業 |
| 情報通信業 |
| 不動産業, 物品賃貸業 |
| 電気・ガス・熱供給・水道業 |
| 学術研究, 専門・技術サービス業 |
| 教育, 学習支援業 |
| 建設業 |
| 全産業 |
| 小売業 |
| 医療, 福祉 |
| サービス業 |
| 運輸業, 郵便業 |
| 金融業, 保険業 |
| 卸売業 |
| 製造業 |
| 鉱業, 採石業, 砂利採取業 |
| 複合サービス事業 |

5%　10%　15%

②廃業率
産業分類

| 宿泊業, 飲食サービス業 |
| 生活関連サービス業, 娯楽業 |
| 小売業 |
| 情報通信業 |
| 学術研究, 専門・技術サービス業 |
| 金融業, 保険業 |
| 建設業 |
| 全産業 |
| 不動産業, 物品賃貸業 |
| サービス業 |
| 卸売業 |
| 鉱業, 採石業, 砂利採取業 |
| 製造業 |
| 電気・ガス・熱供給・水道業 |
| 教育, 学習支援業 |
| 運輸業, 郵便業 |
| 医療, 福祉 |
| 複合サービス事業 |

0%　2%　4%　6%

資料：厚生労働省「雇用保険事業年報」のデータを基に中小企業庁が算出
(注)1. 開業率は, 当該年度に雇用関係が新規に成立した事業所数／前年度末の適用事業所数である。
2. 廃業率は, 当該年度に雇用関係が消滅した事業所数／前年度末の適用事業所数である。
3. 適用事業所とは, 雇用保険に係る労働保険の保険関係が成立している事業所数である
（雇用保険法第 5 条）。

　宿泊業・飲食サービス業は開業率・廃業率とも全業種平均より高い一方, 製造業は開業率・廃業率とも全業種平均より低い。小売業では開業率は全業種平均より低く, 廃業率は全業種平均より高い。

　なお, 宿泊業・飲食サービス業は, 開業率・廃業率ともに最も高いことは押さえておきたい。

　よって, ウが正解である。

雇用保険事業年報 （開廃業率）	ランク	1回目		2回目		3回目	
	A	／		／		／	

■令和4年度　第6問　改題

　厚生労働省「雇用保険事業年報」に基づき，2000年度から2021年度の期間について，わが国の開業率と廃業率の推移を見た場合の記述として，最も適切なものはどれか。

　なお，ここでは事業所における雇用関係の成立を開業，消滅を廃業とみなしている。開業率は当該年度に雇用関係が新規に成立した事業所数を前年度末の適用事業所数で除して算出する。廃業率は当該年度に雇用関係が消滅した事業所数を前年度末の適用事業所数で除して算出する。適用事業所とは，雇用保険に係る労働保険の保険関係が成立している事業所である（雇用保険法第5条）。

ア　開業率は，2000年度以降，廃業率を一貫して上回っている。

イ　開業率は，2000年度から2009年度まで廃業率を一貫して上回り，2010年度から2020年度まで廃業率を一貫して下回っている。

ウ　開業率は，2000年度から2009年度まで廃業率を一貫して下回り，2010年度から2020年度まで廃業率を一貫して上回っている。

エ　開業率は，2010年度から2021年度まで一貫して低下している。

オ　廃業率は，2010年度から2021年度まで低下傾向で推移している。

解答	オ

■解説

　厚生労働省「雇用保険事業年報」に基づく開廃業率の推移に関する出題である。

　開廃業率については，付属統計資料の「経済センサス」と白書本文の「雇用保険事業年報」の２つのデータがある。開廃業率の問題を解く際は，どの資料に基づいて作問されているかを必ず確認すること。

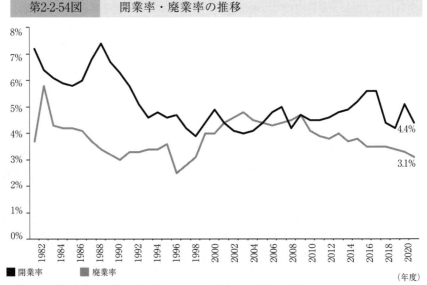

第2-2-54図　開業率・廃業率の推移

■開業率　■廃業率

（年度）

資料：厚生労働省「雇用保険事業年報」のデータを基に中小企業庁が算出
（注）1.開業率は，当該年度に雇用関係が新規に成立した事業所数／前年度末の適用事業所数である。
2.廃業率は，当該年度に雇用関係が消滅した事業所数／前年度末の適用事業所数である。
3.適用事業所とは，雇用保険に係る労働保険の保険関係が成立している事業所数である
（雇用保険法第5条）。

　　ア：不適切である。2010 年度より前は，廃業率が開業率を上回る年もあった。
　　イ：不適切である。2010 年度以降は開業率が廃業率を一貫して上回っているが，2000 年度から 2009 年度までは，廃業率が開業率を上回る年もあった。
　　ウ：不適切である。2000 年度から 2009 年度までは，開業率が廃業率を上回る年もあった。
　　エ：不適切である。2000 年代を通じて緩やかな上昇傾向で推移してきたが，2018 年度に再び低下傾向に転じ，足元では 4.4％となっている。
　　オ：適切である。
　よって，オが正解である。

雇用保険事業年報 （開廃業率）	ランク	1回目	2回目	3回目
	A	／	／	／

■令和2年度　第6問（設問1）　改題

次の文章を読んで，下記の設問に答えよ。

　厚生労働省「雇用保険事業年報」に基づき，1982年度から2021年度の期間について，わが国の開業率と廃業率の推移を見る。開業率は2000年代には緩やかな　A　傾向で推移してきたが，直近の2021年度は4.4％となった。廃業率は1996年度以降　B　傾向が続いたが，2010年度以降は　C　傾向で推移している。

　もっとも，業種別開廃業率の分布状況を見ると，ばらつきが見られることにも留意する必要がある。

　なお，雇用保険事業年報による開業率は，当該年度に雇用関係が新規に成立した事業所数を前年度末の適用事業所数で除して算出している。雇用保険事業年報による廃業率は，当該年度に雇用関係が消滅した事業所数を前年度末の適用事業所数で除して算出している。適用事業所数とは，雇用保険に係る労働保険の保険関係が成立している事業所数である。

（設問1）

文中の空欄AとBに入る語句の組み合わせとして，最も適切なものはどれか。

　　ア　A：減少　　B：増加　　C：減少
　　イ　A：減少　　B：減少　　C：増加
　　ウ　A：上昇　　B：増加　　C：減少
　　エ　A：上昇　　B：減少　　C：増加

（※）出題当時は厚生労働省「雇用保険事業年報」（1981～2017年度の期間）の資料に基づいて出題されていたのを，今回対象としている白書のデータに基づいて改題している。

解答	ウ

■解説

　厚生労働省「雇用保険事業年報」に基づく開廃業率の推移に関する出題である。

　付属統計資料では「経済センサス」に基づく開廃業率が掲載されているが，最近では「雇用保険事業年報」に基づく開廃業率について問われる傾向にある。また，「雇用保険事業年報」の開廃業率は，白書本文でも毎年データが更新されて掲載されているため，対策が必要である。

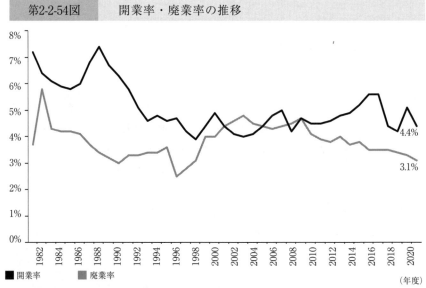

第2-2-54図　　開業率・廃業率の推移

　資料：厚生労働省「雇用保険事業年報」のデータを基に中小企業庁が算出
　(注) 1.開業率は，当該年度に雇用関係が新規に成立した事業所数／前年度末の適用事業所数である。
　2.廃業率は，当該年度に雇用関係が消滅した事業所数／前年度末の適用事業所数である。
　3.適用事業所とは，雇用保険に係る労働保険の保険関係が成立している事業所数である
　（雇用保険法第5条）。

　上記のグラフを見ると，開業率は2000年代には緩やかな上昇傾向（空欄Aに該当）で推移したが，直近では低下している。廃業率は1996年度以降増加傾向（空欄Bに該当）が続いたが，2010年度以降は減少傾向（空欄Cに該当）で推移している。

　よって，空欄Aには「上昇」，空欄Bには「増加」，空欄Cは「減少」が入り，ウが正解である。

雇用保険事業年報 （開廃業率）	ランク	1回目	2回目	3回目
	A	／	／	／

■令和2年度 第6問（設問2） 改題

次の文章を読んで，下記の設問に答えよ。

厚生労働省「雇用保険事業年報」に基づき，1982年度から2021年度の期間について，わが国の開業率と廃業率の推移を見る。開業率は2000年代には緩やかな　A　傾向で推移してきたが，直近の2021年度は4.4％となった。廃業率は1996年度以降　B　傾向が続いたが，2010年度以降は　C　傾向で推移している。

もっとも，業種別開廃業率の分布状況を見ると，ばらつきが見られることにも留意する必要がある。

なお，雇用保険事業年報による開業率は，当該年度に雇用関係が新規に成立した事業所数を前年度末の適用事業所数で除して算出している。雇用保険事業年報による廃業率は，当該年度に雇用関係が消滅した事業所数を前年度末の適用事業所数で除して算出している。適用事業所数とは，雇用保険に係る労働保険の保険関係が成立している事業所数である。

（設問2）

文中の下線部について，厚生労働省「雇用保険事業年報」に基づき，製造業，建設業，宿泊業・飲食サービス業の業種別開廃業率（2021年度）を比較した場合の記述として，最も適切なものはどれか。

ア　開業率は建設業が最も高く，廃業率は建設業が最も高い。

イ　開業率は建設業が最も高く，廃業率は製造業が最も高い。

ウ　開業率は宿泊業・飲食サービス業が最も高く，廃業率は宿泊業・飲食サービス業が最も高い。

エ　開業率は宿泊業・飲食サービス業が最も高く，廃業率は製造業が最も高い。

解答	ウ

■解説

厚生労働省「雇用保険事業年報」に基づく業種別開廃業率に関する出題である。

「雇用保険事業年報」の業種別開廃業率は，白書本文でも毎年データが更新されて掲載されているため，対策が必要である。

第2-2-55図	業種別の開廃業率（2021年度）

①開業率

産業分類

②廃業率

産業分類

資料：厚生労働省「雇用保険事業年報」のデータを基に中小企業庁が算出
(注)1.開業率は，当該年度に雇用関係が新規に成立した事業所数／前年度末の適用事業所数である。
2.廃業率は，当該年度に雇用関係が消滅した事業所数／前年度末の適用事業所数である。
3.適用事業所とは，雇用保険に係る労働保険の保険関係が成立している事業所数である
（雇用保険法第5条）。

上記のグラフを見ると，開業率，廃業率ともに最も高いのは「宿泊業・飲食サービス業」である。

よって，ウが正解である。

（※）出題当時は厚生労働省「雇用保険事業年報」（1981～2017年度の期間）の資料に基づいて出題されていたのを，今回対象としている白書のデータに基づいて改題している。

雇用保険事業年報 （開廃業率）	ランク	1回目		2回目		3回目	
	A	／		／		／	

■平成 30 年度　第 6 問（設問 1）　改題

次の文章を読んで，下記の設問に答えよ。

　わが国の開業率と廃業率の推移を，厚生労働省「雇用保険事業年報」に基づき見た場合，2010 年度から 2021 年度の期間，開業率が廃業率を上回っている。

　もっとも，開業・廃業の動向は業種によっても異なる。建設業，宿泊業・飲食サービス業，製造業の開業率と廃業率について全業種平均と比較すると（2021 年度），　A　は開業率・廃業率とも全業種平均より高い一方，　B　は開業率・廃業率とも全業種平均より低い。　C　では開業率は全業種平均より高く，廃業率は全業種平均より低い。

　なお，雇用保険事業年報による開業率は，当該年度に雇用関係が新規に成立した事業所数を前年度末の適用事業所数で除して算出したものである。同じく廃業率は，当該年度に雇用関係が消滅した事業所数を前年度末の適用事業所数で除して算出したものである。

（設問 1）

　文中の下線部について，わが国の開業率と廃業率を，厚生労働省「雇用保険事業年報」に基づき，2010 年度と 2021 年度について比較した場合の記述として，最も適切なものはどれか。

　　ア　開業率と廃業率は，ともに減少している。

　　イ　開業率と廃業率は，ともに増加している。

　　ウ　開業率は減少，廃業率は増加している。

　　エ　開業率は増加，廃業率は減少している。

	解答	ア

■**解説**

　厚生労働省「雇用保険事業年報」に基づく開廃業率の推移に関する出題である。

　「雇用保険事業年報」の開廃業率は，白書本文でも毎年データが更新されて掲載されているため，対策が必要である。

　2010 年度と 2021 年度の開業率と廃業率は以下のとおりである。

	2010 年度	2021 年度	傾向
開業率	4.5%	4.4%	減少
廃業率	4.1%	3.1%	減少

　上記の表より，開業率と廃業率は，ともに減少している。なお，傾向を優先して押さえ，上記の表の数値は無理に覚えなくてよい。

　よって，アが正解である。

（※）出題当時は厚生労働省「雇用保険事業年報」（2010〜2015 年度の期間）の資料に基づいて出題されていたのを，今回対象としている白書のデータに基づいて改題している。

雇用保険事業年報 （開廃業率）	ランク	1回目		2回目		3回目	
	A	／		／		／	

■平成30年度　第6問（設問2）　改題

次の文章を読んで，下記の設問に答えよ。

わが国の開業率と廃業率の推移を，厚生労働省「雇用保険事業年報」に基づき見た場合，2010年度から2021年度の期間，開業率が廃業率を上回っている。

もっとも，開業・廃業の動向は業種によっても異なる。建設業，宿泊業・飲食サービス業，製造業の開業率と廃業率について全業種平均と比較すると（2021年度），　　A　　は開業率・廃業率とも全業種平均より高い一方，　　B　　は開業率・廃業率とも全業種平均より低い。　　C　　では開業率は全業種平均より低く，廃業率は全業種平均より高い。

なお，雇用保険事業年報による開業率は，当該年度に雇用関係が新規に成立した事業所数を前年度末の適用事業所数で除して算出したものである。同じく廃業率は，当該年度に雇用関係が消滅した事業所数を前年度末の適用事業所数で除して算出したものである。

（設問2）

文中の空欄A～Cに入る語句の組み合わせとして，最も適切なものはどれか。

ア　A：建設業　　　　　　　　　　B：宿泊業・飲食サービス業
　　C：製造業

イ　A：建設業　　　　　　　　　　B：製造業
　　C：宿泊業・飲食サービス業

ウ　A：宿泊業・飲食サービス業　　B：製造業
　　C：小売業

エ　A：宿泊業・飲食サービス業　　B：建設業
　　C：製造業

オ　A：製造業　　　　　　　　　　B：建設業
　　C：小売業

解答	ウ

■解説

厚生労働省「雇用保険事業年報」に基づく業種別開廃業率に関する出題である。

第2-2-55図	業種別の開廃業率（2021年度）

①開業率
産業分類

- 宿泊業，飲食サービス業
- 生活関連サービス業，娯楽業
- 情報通信業
- 不動産業，物品賃貸業
- 電気・ガス・熱供給・水道業
- 学術研究，専門・技術サービス業
- 教育，学習支援業
- 建設業
- 全産業
- 小売業
- 医療，福祉
- サービス業
- 運輸業，郵便業
- 金融業，保険業
- 卸売業
- 製造業
- 鉱業，採石業，砂利採取業
- 複合サービス事業

5% 10% 15%

②廃業率
産業分類

- 宿泊業，飲食サービス業
- 生活関連サービス業，娯楽業
- 小売業
- 情報通信業
- 学術研究，専門・技術サービス業
- 金融業，保険業
- 建設業
- 全産業
- 不動産業，物品賃貸業
- サービス業
- 卸売業
- 鉱業，採石業，砂利採取業
- 製造業
- 電気・ガス・熱供給・水道業
- 教育，学習支援業
- 運輸業，郵便業
- 医療，福祉
- 複合サービス事業

0% 2% 4% 6%

資料：厚生労働省「雇用保険事業年報」のデータを基に中小企業庁が算出
(注)1.開業率は，当該年度に雇用関係が新規に成立した事業所数／前年度末の適用事業所数である。
2.廃業率は，当該年度に雇用関係が消滅した事業所数／前年度末の適用事業所数である。
3.適用事業所とは，雇用保険に係る労働保険の保険関係が成立している事業所数である（雇用保険法第5条）。

宿泊業・飲食サービス業（空欄Aに該当），建設業は開業率・廃業率とも全業種平均より高い一方，製造業（空欄Bに該当）は開業率・廃業率とも全業種平均より低い。小売業（空欄Cに該当）では開業率は全業種平均より低く，廃業率は全業種平均より高い。

よって，空欄Aには「宿泊業・飲食サービス業」，空欄Bには「製造業」，空欄Cは「小売業」が入り，ウが正解である。

（※）出題当時は厚生労働省「雇用保険事業年報」（2010～2015年度の期間）の資料に基づいて出題されていたのを，今回対象としている白書のデータに基づいて改題している。

第**8**章

一般常識

▶▶ 出題項目のポイント

　「一般常識」と銘打っているが，決して「一般常識」ではなく，企業経営理論や経済学などの専門知識が問われることもある。また，試験委員の著作や著名な学者の理論から出題されることもある。

　学習のポイントとしては，他の科目で学習した知識や考え方を応用して問題を解くことである。つまり，この分野に関しては対策というものはあまり意味がなく，ご自身のこれまでの学習と経験から解答していくことが，ポイントである。

▶▶ 出題の傾向と勉強の方向性

　出題傾向としては，用語の説明と試験委員の著作，著名学者の理論からの出題が多い。出題数としては，まったく問われない年もあるなどバラツキがあり，出題されても数問である。また，問われても「常識」で解けることも多いので，いたずらに恐れる必要はない。

　用語の説明は，知っているか知らないかというレベルであり，これまでの知識を総動員して解くことが求められるが，前年度版白書で取り上げられた用語が問われることもあるので，前年度版白書の注記やコラムなどで経営用語の説明があった場合は，チェックしておくとよいであろう。

　試験委員の著作や著名学者の理論については，過去問と企業経営理論等での学習でカバーすればよく，わざわざ試験委員の著作や著名学者の本などを読むことは，時間に余裕がない限りは，非効率な学習方法である。

　勉強の方向性としては，ここに力点は置かず，他の勉強に注力することである。知らないことを問われることの不安もあろうが，確実に得点できる論点の学習をすることで最終的に合格すればいいという割り切りも必要である。

■取組状況チェックリスト

1.　一般常識						
一般知識						
問題番号	ランク	1回目		2回目		3回目
平成30年度 第15問（設問1）	B	／		／		／
平成29年度 第12問	B	／		／		／
平成27年度 第9問（設問1）	C*	／		／		／
平成27年度 第11問	B	／		／		／
平成26年度 第5問	C*	／		／		／
平成26年度 第7問	B	／		／		／
平成25年度 第12問（設問2）	B	／		／		／
平成25年度 第12問（設問3）	B	／		／		／
平成24年度 第11問	B	／		／		／
中小企業経営論						
問題番号	ランク	1回目		2回目		3回目
平成25年度 第3問	B	／		／		／

＊印の問題と解説は，「過去問完全マスター」のHP（URL：https://jissen-c.jp/）よりダウンロードできます。

一般知識	ランク	1 回目	2 回目	3 回目
	B	／	／	／

■平成 30 年度　第 15 問（設問 1）

次の文章を読んで，下記の設問に答えよ。

　中小企業診断士の X 氏は，食品小売業を営む Y 氏から，「親族や従業員など身近な
ところに後継者が見つからないため，社外に後継者を求めることを検討したい」との
相談を受けた。そこで，X 氏は Y 氏に，中小企業政策を活用した事業承継について
説明を行った。

　以下は，X 氏と Y 氏との会話の一部である。

X 氏：「以上が事業承継の大まかなプロセスです。」

Y 氏：「ありがとうございます。ところで，今の説明に出てきたデューデリジェンス
　　　　とは，どのようなことなのでしょうか。」

X 氏：「説明が足りずにすみません。ここでデューデリジェンスとは　 A 　」

Y 氏：「分かりました。」

X 氏：「詳細は，各都道府県に設置されている　 B 　に相談をしてみてはいかがでし
　　　　ょうか。ここでは，事業承継に関わる幅広い相談を受け付けているほか，
　　　　 C 　を行う後継者人材バンクなどを利用することができますよ。」

Y 氏：「ぜひ，検討をしてみます。」

（設問 1）

　文中の空欄 A に入る記述として，最も適切なものはどれか。

　　ア　M&A などの取引の際に行われる会社の価値の調査のことを言います。

　　イ　会社名が特定されないように概要を簡単に要約することを言います。

　　ウ　会社を M&A によって外部の会社に譲渡することを言います。

　　エ　当事者以外の「意見」や「意見を求める行為」のことを言います。

解答	ア

■解説

　事業承継の用語に関する出題である。一般知識として押さえておきたい事項である。

　事業承継については，中小企業庁のパンフレットである「事業引継ぎハンドブック」（以下，ハンドブック）が参考になる。ハンドブックでは，親族内や役員，従業員など身近なところに後継者が見つからない場合，すぐに廃業を決めるのではなく，社外に後継者を求めること（事業引継ぎ）を提唱している。

　事業引継ぎには大きく2種類あり，① 会社を他社へ譲渡すること（M&A）と，② 起業を志す個人へ譲渡すること，がある。その中で，デューデリジェンスは重要なプロセスの1つとなっている。

　ア：適切である。デューデリジェンスとはM&Aなどの取引の際に行われる会社の価値の調査のことをいう。M&Aの最終契約を結ぶ前に，譲渡する側の企業の価値の調査を譲り受け側が行う。実際は譲り受け側から依頼された専門家が，譲渡する側の提供してきた財務・法務・不動産・事業の資料を見ながら，基本合意書の前提となった情報が本当に正しいかを確認する。

　イ：不適切である。「ノンネーム情報」の内容である。M&Aの仲介者等が事業の譲り受けを希望する者に対して，譲渡側の会社の概要を「ノンネーム情報」として提供する。

　ウ：不適切である。「事業引継ぎ」の内容である（解説は前述のとおり）。後継者のいない中小企業・小規模事業者の「事業引継ぎ」を支援する機関として，「事業引継ぎ支援センター」が各都道府県に設置されている。

　エ：不適切である。「セカンド・オピニオン」の内容である。M&Aを取り扱う仲介者等を選ぶ際や，M&Aを具体的に進めるとき，金額の妥当性や他の選択肢の可能性などを，当事者以外の専門的な意見を持った第三者の意見を聞くことは非常に参考になる。

　よって，アが正解である。

一般知識	ランク	1回目		2回目		3回目	
	B	／		／		／	

■平成 29 年度　第 12 問

　中小企業の資金調達の多様化の1つとして ABL の利用が考えられる。ABL に関する記述として，最も適切なものはどれか。

　　ア　インターネットを利用して行う不特定多数からの資金調達手法

　　イ　企業が保有する在庫や売掛債権，機械設備等を担保とする融資手法

　　ウ　公募債以外の少数の投資家が直接引き受ける債券発行による資金調達手法

　　エ　政府系金融機関の行う無担保無保証の融資手法

解答	イ

■解説

　企業の資金調達方法のうち，ABL に関する出題である。流動資産担保融資保証制度を思い出せば解答できるであろう。中小企業金融に関する用語は本試験でよく出題されるので要注意である。

　ア：不適切である。「クラウドファンディング」のことである。クラウドファンディングは，資金調達を検討している者が，インターネット上の資金調達サイトを利用して資金募集を行い，その資金募集ページを見た不特定多数の人々から出資を受けることで資金調達を可能とする仕組みである。

　イ：適切である。ABL とは，「Asset Based Lending」 の略で，企業が保有する「在庫」や「売掛債権」，「機械設備」等を担保とする融資手法である。旧来金融機関の融資の担保は「不動産担保」が中心であったが，不動産価値の下落に伴う担保価値の低下を受け，不動産に過度に依存した融資からの脱却が金融機関に求められている。こうした流れを受け，近年 ABL が推進されている。

　ウ：不適切である。「少人数私募債」のことである。公募債が社債市場を介して投資家の引受が行われるのに対して，少人数私募債は，投資家と企業が直接相対して引受がなされる。「顔の見える」関係を前提とした少人数私募債は，通常の制度金融では「情報の非対称性」の問題が生じがちな中小企業が円滑な資金調達を受けるための一助となる制度である。

　エ：不適切である。選択肢イの解説のとおり，ABL は担保を取るので，無担保の融資手法とはいえない。また，政府系金融機関に限った融資手法でもない。

　よって，イが正解である。

一般知識	ランク	1回目	2回目	3回目
	B	/	/	/

■平成 27 年度　第 11 問

　経営者保証は，経営者への規律付けや信用補完として資金調達の円滑化に寄与する面がある一方で，経営者による思い切った事業展開や，早期の事業再生等を阻害する要因となる等，保証契約時・履行時等において様々な課題を有している。このため「経営者保証に関するガイドライン」が策定され，平成 26 年から適用されている。

　「経営者保証に関するガイドライン」に関する記述として，<u>最も不適切なものはどれか</u>。

　　ア　ガイドラインは法的拘束力を有していない。

　　イ　早期に事業再生や廃業を決断した際に，一定の生活費等を残すことや「華美でない」自宅に住み続けられることなどを検討する。

　　ウ　法人と個人が明確に分離されている場合などに，経営者の個人保証を求めない。

　　エ　保証債務の履行時に返済しきれない債務残額は，原則として分割弁済が認められる。

解答	エ

■解説

　経営者保証に関するガイドラインに関する一般知識問題である。中小企業政策でも出題される可能性はあるため，今後も注意していきたい。

　経営者保証には経営者への規律付けや信用補完として資金調達の円滑化に寄与する面がある一方，経営者による思い切った事業展開や，早期の事業再生等を阻害する要因となっているなど，保証契約時・履行時等においてさまざまな課題が存在する。

　これらの課題を解消し中小企業の活力を引き出すため，中小企業，経営者，金融機関共通の自主的なルールとして「経営者保証に関するガイドライン」が策定され，2014年（平成26年）2月1日から適用が開始された。ポイントとして以下を押さえておきたい。

〈経営者保証に関するガイドラインのポイント〉

1　法人と個人が明確に分離されている場合などに，経営者の個人保証を求めないこと
2　多額の個人保証を行っていても，早期に事業再生や廃業を決断した際に一定の生活費等（従来の自由財産99万円に加え，年齢等に応じて100万円～360万円）を残すことや，「華美でない」自宅に住み続けられることなどを検討すること
3　保証債務の履行時に返済しきれない債務残額は原則として免除すること

　ア：適切である。ガイドラインは「自主的なルール」であり，法的拘束力は有していない。なお，本ガイドライン適用にあたっては，債務者が金融機関等の求めに応じて財産状況等を適時適切に開示する，経営者と法人の関係の区分・分離がされていることなど，要件がある。簡単にいうと，金融機関等との信頼関係をベースとして，経営者保証を求めるかどうかを金融機関が判断しており，誰でも本ガイドラインが適用されるわけではない。

　イ：適切である。上記2の内容である。

　ウ：適切である。上記1の内容である。

　エ：不適切である。上記3より，保証債務の履行時に返済しきれない債務残額は原則として免除することを規定している。

　よって，エが正解である。

一般知識	ランク	1回目		2回目		3回目	
	B	／		／		／	

■**平成 26 年度　第 7 問**

　企業の資金調達方法は，企業の外部から資金を調達する外部金融と，企業の内部資金を活用する内部金融に大別できる。外部金融として，<u>最も不適切なもの</u>はどれか。

ア　買掛金

イ　株式

ウ　減価償却費

エ　支払手形

オ　社債

解答	ウ

■解説

　企業の資金調達方法に関する問題である。財務会計の知識があれば解答はしやすい問題である。中小企業金融に関する用語は本試験でよく出題されるので要注意である。

　ア：適切である。外部金融は，さらに間接金融（例：銀行からの借入金），直接金融（例：株式発行・社債発行），企業間信用（例：支払手形・買掛金）に分類される。買掛金は，商品を仕入れたとき等に代金を支払う義務で手形が存在しないものをいい，企業間信用に該当する。つまり，仕入代金分を仕入先から資金調達したことに等しいので，外部金融として位置づけられる。

　イ：適切である。外部金融のうち直接金融に該当する。つまり，投資家から資金を調達することになるので，外部金融として位置づけられる。

　ウ：不適切である。内部金融は，内部留保や減価償却によって企業の内部から資金を調達することをいい，自己金融と呼ばれることもある。内部留保はこれまでの利益の蓄積であり，減価償却は資金流出を伴わない費用であるので，減価償却費を計上することによってその分の資金が留保される。

　エ：適切である。外部金融のうち企業間信用に該当する。支払手形は，商品を仕入れたとき等に代金を支払う義務で手形が存在するものをいう。買掛金と同じく，仕入代金分を仕入先から資金調達したことに等しいので，外部金融として位置づけられる。

　オ：適切である。外部金融のうち直接金融に該当する。つまり，投資家から資金を調達することになるので，外部金融として位置づけられる。株式との違いは返済義務の有無であり，社債は返済義務があり，株式は返済義務がない資金調達方法である。

　よって，ウが正解である。

一般知識	ランク	1回目	2回目	3回目
	B	/	/	/

■平成 25 年度　第 12 問（設問 2）

次の文章を読んで，下記の設問に答えよ。

　中小企業の財務構造を大企業と比較した場合，①金融機関借入比率は高く，自己資本比率は低いことが指摘できる。この要因のひとつとして，②情報の非対称性が大きく，信用力の乏しい中小企業にとっては，③資本市場からの資金調達が容易でないことがあげられる。

（設問 2）

　文中の下線部②について，情報の非対称性からは様々な問題が発生する。このうち金融機関が，融資後に発生が懸念される融資先のモラルハザードを防ぐために行っている方法として，最も不適切なものはどれか。

　　ア　クレジットスコアリングモデルの利用

　　イ　経営財務情報提供の義務付け

　　ウ　資金使途の制限

　　エ　不動産担保の徴求

解答	ア

■解説

　金融機関における融資後に発生が懸念される融資先のモラルハザードを防ぐために行っている方法に関する問題である。内容を理解しておくことは試験対策としても有用と考えるため，平成25年度の出題であるが，特別に掲載した。

　本問でいうモラルハザードとは，銀行融資後に中小企業が返済条件を守らない（要は「借りた金を返さない」「返済期限を守らない」といったことをイメージするとよい），銀行に説明した資金使途とは異なることに調達資金（借りたお金）を流用する，といったことを指すと考えるとよい。白書に記載がない事項であるが，企業経営理論や経済学などこれまで勉強した知識を関連づけて解答していただきたい問題である。

　　ア：不適切である。クレジットスコアリングモデルとは，企業の財務データなどを活用して，統計的モデルに基づいて，企業の信用度を点数化して，与信判断を迅速かつ中立的に判断するシステムのことをいう。特に日本のスコアリングモデル型融資は，原則無担保，第三者保証が不要な商品スキームとなっており，担保不足等のために融資を受けられなかった企業でも融資を受けられる可能性がある（2005年版白書）。ただ，中小企業の財務諸表はそもそも信頼性が低いといった問題もあり，さらに無担保，無保証となった結果，「借りた金を返さない」といったことも多く発生している。したがって，モラルハザード防止の方法としては他の選択肢と比較すると効果は低いといえる。

　　イ：適切である。企業に報告を義務付けることで，企業に対して牽制する効果が期待できる。

　　ウ：適切である。資金使途を制限し，約束を反故にした場合はペナルティを課すことで企業を牽制する効果が期待できる。

　　エ：適切である。「借りた金を返さない」と土地や建物などの資産を差し押さえられるとしたら，企業としても滞りなく返済をしようとするであろう。その意味で企業を牽制する効果が期待できる。

　よって，アが正解である。

一般知識	ランク	1回目	2回目	3回目
	B	/	/	/

■平成25年度　第12問（設問3）
次の文章を読んで，下記の設問に答えよ。

　中小企業の財務構造を大企業と比較した場合，①金融機関借入比率は高く，自己資本比率は低いことが指摘できる。この要因のひとつとして，②情報の非対称性が大きく，信用力の乏しい中小企業にとっては，③資本市場からの資金調達が容易でないことがあげられる。

（設問3）
　文中の下線部③について，直接金融による資金調達手法として，最も適切なものはどれか。

　　ア　売掛債権担保付借入

　　イ　社債の発行

　　ウ　当座借越（貸越）契約の締結

　　エ　動産担保付借入

解答	イ

■解説

　直接金融による資金調達手法に関する問題である。内容を理解しておくことは試験対策としても有用と考えるため，平成25年度の出題であるが，特別に掲載した。

　直接金融とは，企業が市場から直接資金を調達することをいい，企業は，社債，株式などを発行して資金調達する。対比される言葉として「間接金融」があるが，その名のとおり，投資家から直接資金を調達せず，金融機関から融資という形で資金調達をすることをいう。白書に記載がない事項であるが，企業経営理論や財務会計などこれまで勉強した知識を関連づけて解答していただきたい問題である。

ア：不適切である。売掛債権を担保として金融機関から「借入」を行うものであり，間接金融による資金調達手法である。

イ：適切である。その企業の名前で社債を発行して市場（投資家）から直接資金調達を行う。

ウ：不適切である。当座借越契約とは，当座預金残高が不足した場合であっても一定額まで銀行が融資する契約である。つまり，金融機関から「借入」を行うものであり，間接金融による資金調達手法である。

エ：不適切である。不動産担保が主流であるが，これは動産（設備など）を担保にして金融機関から「借入」を行うものであり，間接金融による資金調達手法である。

　よって，イが正解である。

一般知識	ランク	1回目		2回目		3回目	
	B	/		/		/	

■平成 24 年度　第 11 問

　わが国の中小企業金融の特徴として，金融機関からの借入金でありながら継続的な借換え等により，中小企業にとって事実上資本的性格を有すると認識されている資金の存在が指摘される。こうした資金を何と呼ぶか。最も適切なものを選べ。

ア　運転資本

イ　擬似資本

ウ　固定資本

エ　他人資本

オ　長期資本

解答	イ

■解説

　中小企業金融に関する用語の問題である。用語の意味を押さえていただきたいため，平成24年度の出題であるが，特別に掲載した。

　「金融機関からの借入金でありながら継続的な借換え等により，中小企業にとって事実上資本的性格を有すると認識されている資金」とは，擬似資本のことをいい，モラルハザード的な行為および急激な業績悪化がない限りは金融機関から融資が反復されるため，実質長期資金としての意義が認められる。

　　ア：不適切である。運転資本は，原材料や商品を仕入れてから加工・販売し，現
　　　　金収入を得るまでに時間的なズレがある場合に，それを補うために必要な資
　　　　金のことである。「売上債権＋棚卸資産−仕入債務」「現金預金を除く流動資
　　　　産−流動負債」など，いくつかの定義がある。

　　イ：適切である。上記解説を参照。

　　ウ：不適切である。固定資本は機械や建物など長期間にわたって「価値」の生産
　　　　に用いられるものをいう。

　　エ：不適切である。他人資本は返済を必要とする資金のことである。貸借対照表
　　　　上の負債をイメージするとよい。なお，返済を必要としない資金を自己資本
　　　　という。

　　オ：不適切である。長期資本は自己資本と固定負債を足し合わせたものをいい，
　　　　長期の資金調達を意味する。固定長期適合率は，固定資産を長期資本でカバ
　　　　ーできているかを見ていることを思い出していただきたい。

　よって，イが正解である。

中小企業経営論	ランク	1回目		2回目		3回目	
	B	／		／		／	

■平成25年度　第3問

次の文章の空欄 A と B に入る語句の組み合わせとして，最も適切なものを下記の解答群から選べ。

中小企業の経営は実に多様である。経営者や家族の生計の維持を主な目的とする　A　を行う企業もあれば，成長志向・利益志向の強い　B　を行う企業もある。企業診断を行うに当たっては，こうした経営の特徴を踏まえることも重要である。

〔解答群〕

ア　A：生業的経営　　　　　　B：家業的経営

イ　A：生業的経営　　　　　　B：ベンチャー的経営

ウ　A：専業的経営　　　　　　B：多角的経営

エ　A：ファミリー・ビジネス　B：コミュニティ・ビジネス

オ　A：ファミリー・ビジネス　B：ソーシャル・ビジネス

解答	イ

■解説

中小企業経営に特徴に関する問題である。内容を理解しておくことは試験対策としても有用と考えるため，平成25年度の出題であるが，特別に掲載した。

白書に記載がない事項であるが，企業経営理論などこれまで勉強した知識を関連づけて解答していただきたい問題である。また，基本委員である小川正博氏の共著『21世紀中小企業論』（有斐閣）においても言及がある。

『21世紀中小企業論』（有斐閣）では，企業経営を「事業主の生活を優先する生業的なものか，それともリスクにも挑戦しながら収益を求める事業的な経営か」という視点で分類できる，と述べられている。このことから，中小企業経営者や家族の生計の維持を主な目的とする類型として，「生業的経営」（空欄A）という語句が最も適切といえる。

一方，成長志向・利益志向の強い企業に当てはまる語句を空欄Bの選択肢から選ぶとすると，「ベンチャー的経営」か「多角的経営」の二者択一となる（他の語句は，社会性を重視するなど成長志向・利益志向が強いとは言いにくい）。しかし，空欄Aを確定できれば，空欄Bは「ベンチャー的経営」を導き出せる。『21世紀中小企業論』（有斐閣）においても，「ベンチャー型経営は企業を成長させることが志向される」と述べられている。

よって，空欄Aには「生業的経営」，空欄Bには「ベンチャー的経営」が入り，イが正解である。

■中小企業経営・中小企業政策　出題範囲と過去問題の出題実績対比

大分類	中分類	ページ	H26	H27	H28
中小企業基本法	基本理念・基本方針	13～34	第14問（設問1）,（設問2）		第14問（設問2）,（設問3）
	小規模企業活性化法	35～42	第15問	第14問（設問1）	
	中小企業者の範囲	43～66	第13問	第13問	第14問（設問1）
	用語の定義	67～68			
主な中小企業関連法規	中小企業等経営強化法（法体系）	73～76			
	中小企業等経営強化法（創業）	電子版			
	中小企業等経営強化法（経営革新）	77～92	第27問		第29問
	中小企業等経営強化法（経営力向上）	93～102			
	中小企業等経営強化法（事業継続力強化）	103～108			
	中小企業等経営強化法（先端設備等導入）	109～112			
	中小企業等経営強化法（ものづくり基盤技術）	電子版			
	農商工等連携促進法	113～116			第20問（設問1）,（設問2）
	地域未来投資促進法	117～120			
	中心市街地活性化法	電子版			
	地域商店街活性化法	電子版			
	中小企業組合	127～134		第26問	第19問
	有限責任事業組合（LLP）	135～138	第24問	第21問	
	合同会社（LLC）	139～140			
	技術研究組合	141～144	第26問		第17問
	下請代金支払遅延等防止法	145～164	第20問（設問1）,（設問2）	第22問	第15問
	下請かけこみ寺事業	165～166			第18問
	下請中小企業振興法	167～172			
	中小企業活性化協議会	173～174			
	事業承継・引継ぎ支援センター	175～178			第28問
	事業承継ガイドライン	179～182			
	中小M&Aガイドライン	183～184			

※電子版とは，PDFで提供しているランクCの問題のことです。

462

H29	H30	R1	R2	R3	R4	R5
	第14問（設問2）,（設問3）	第13問（設問2）	第14問（設問2）	第20問（設問1）,（設問2）	第18問（設問3）	
			第14問（設問3）			第19問（設問3）
第13問	第14問（設問1）	第13問（設問1）	第14問（設問1）	第19問（設問1）,（設問2）	第18問（設問1）,（設問2）	第19問（設問1）
						第19問（設問2）
	第16問（設問1）					
	第16問（設問2）,（設問3）	第14問（設問1）,（設問2）			第20問（設問1）,（設問2）	
第15問（設問1）,（設問2）,（設問3）		第23問	第21問		第24問	
			第15問（設問1）,（設問2）,（設問3）			
						第24問（設問1）,（設問2）
				第22問（設問2）		
		第24問（設問1）,（設問2）				
			第18問（設問1）,（設問2）			
	第18問（設問1）,（設問2）		第16問（設問1）,（設問2）		第21問（設問1）,（設問2）	
第16問（設問1）,（設問2）,（設問3）						
	第15問（設問2）					
第18問			第7問（設問2）			
				第17問		

大分類	中分類	ページ	H26	H27	H28
経営支援	中小 PMI 支援メニュー	185〜188			
	模倣品対策支援事業	電子版			
	生産性向上ガイドライン	電子版			
	ものづくり補助金	189〜200		第 28 問（設問 1），（設問 2）	
	成長型中小企業等研究開発支援事業	201〜204			
	小規模事業者持続化補助金	205〜212			
	IT 導入補助金	213〜216			
	伝統的工芸品産業支援補助金	電子版			
	事業再構築補助金	217〜224			
	事業継続計画（BCP）	電子版			
	地域団体商標	225〜228			
金融・財務支援	セーフティネット貸付制度	電子版		第 20 問	
	新創業融資制度	235〜244	第 23 問		
	小規模事業者経営改善資金融資制度	245〜256		第 15 問（設問 1），（設問 2）	
	高度化事業	257〜266	第 16 問		第 23 問（設問 1），（設問 2）
	女性，若者／シニア起業家支援資金	267〜270		第 19 問	
	再チャレンジ支援融資制度	電子版	第 18 問		
	BCP 融資	271〜274			
	信用補完制度	275〜276			
	セーフティネット保証制度	277〜278			
	予約保証制度	電子版			第 22 問
	中小企業税制	279〜310		第 18 問，第 23 問	
	事業承継円滑化のための税制	311〜322	第 28 問	第 24 問（設問 1），（設問 2）	
	中小企業投資育成株式会社	電子版			
	小規模企業共済制度	327〜340	第 17 問（設問 1），（設問 2）		第 16 問

※令和元年度第 15 問（設問 1），令和 3 年度第 25 問（設問 2）は，施策の改正によって成立しなくなった

464

H29	H30	R1	R2	R3	R4	R5
					第30問	第13問
		第20問（設問1）,（設問2）				
第17問（設問1）,（設問2）						
第19問（設問1）,（設問2）		第15問（設問1）,（設問2）			第28問	
		第22問			第29問	
		第17問（設問1）,（設問2）		第25問（設問1）,（設問2）	第22問	
						第25問（設問1）,（設問2）
		第21問（設問1）,（設問2）				
				第24問（設問1）,（設問2）		第28問（設問1）,（設問2）
				第29問（設問1）,（設問2）		
		第18問（設問1）,（設問2）				第20問（設問1）,（設問2）
	第17問（設問1）,（設問2）			第26問（設問1）,（設問2）		
						第22問（設問1）,（設問2）
					第26問	
						第23問（設問1）,（設問2）
第23問（設問1）,（設問2）	第22問（設問1）,（設問2）		第20問（設問1）,（設問2）	第27問（設問1）,（設問2）	第19問, 第25問（設問1）,（設問2）	第26問（設問1）,（設問2）
			第17問			第27問（設問1）,（設問2）
			第19問（設問1）,（設問2）			第21問（設問1）,（設問2）

ので問題を掲載していない。

大分類	中分類	ページ	H26	H27	H28
共済制度	中小企業倒産防止共済制度	341〜350			
	中小企業退職金共済制度	351〜356		第17問	
その他	小規模基本法	361〜366		第14問（設問2）	
	小規模支援法	367〜372		第14問（設問3）	
	中小企業憲章	電子版			
	経営力再構築伴走支援モデル	373〜374			
	雇用調整助成金	電子版		第25問	
	中小企業政策の変遷	375〜378	第21問		
廃止	JAPANブランド育成支援等事業			第16問	
	中途採用等支援助成金				
	中小企業等経営強化法（新連携）				第21問
	中小企業地域資源活用促進法		第22問（設問1），（設問2）		
	小規模事業者経営発達支援融資制度				第27問
	中小ものづくり高度化法				
	スマートものづくり応援隊事業				第25問
	地域まちなか活性化・魅力創出支援事業				
	地域中核企業創出・支援事業				
	創業補助金		第25問		
	海外ビジネス戦略推進支援事業		第29問		第24問（設問1），（設問2）
	グローバルニッチトップ支援貸付			第27問	
	地域商店街活性化事業		第19問		
白書	経済センサス（企業数）	385〜394	第2問		
	経済センサス（従業者数）	395〜400			
	経済センサス（企業数・従業者数）	401〜404			
	経済センサス（従業者数・付加価値額）	405〜408			
	経済センサス（付加価値額）	409〜410			

H29	H30	R1	R2	R3	R4	R5
第22問（設問1）,（設問2）		第19問			第23問（設問1）,（設問2）	
	第23問			第28問		
第14問（設問1）,（設問2）						
				第23問（設問1）,（設問2）		
					第31問	
				第21問（設問1）,（設問2）		
第21問（設問1）,（設問2）		第16問（設問1）,（設問2）			第27問（設問1）,（設問2）	
	第20問					
第20問						
			第22問（設問1）,（設問2）,（設問3）			
			第23問（設問1）,（設問2）			
	第13問（設問1）,（設問2）	第22問				
	第19問（設問1）,（設問2）					
	第21問					
第1問（設問1）		第1問（設問1）				第2問
	第2問（設問1）,（設問2）					
			第1問		第1問	
	第4問					

467

大分類	中分類	ページ	H26	H27	H28
	経済センサス(売上高)	411〜412			
	経済センサス(都道府県別中小企業構成比)	413〜414	第4問		
	中小企業実態基本調査	415〜424			第4問
	金融経済統計月報	425〜428			
	雇用保険事業年報(開廃業率)	429〜440			
一般常識	一般知識	445〜458	第5問, 第7問	第9問(設問1), 第11問	
	中小企業経営論	459〜460			

H29	H30	R1	R2	R3	R4	R5
						第 1 問
	第 5 問	第 5 問		第 18 問		第 3 問
		第 11 問		第 9 問		
	第 6 問（設問 1），（設問 2）		第 6 問（設問 1），（設問 2）		第 6 問	第 4 問
第 12 問	第 15 問（設問 1）					

参考文献

〈中小企業経営〉
・中小企業庁編『中小企業白書』
・中小企業庁編『小規模企業白書』
・渡辺幸男他編『21世紀中小企業論（新版)』　有斐閣

〈中小企業政策〉
・中小企業庁『中小企業施策利用ガイドブック』
・中小企業庁編『新中小企業基本法』同友館
・中小企業庁『今すぐやる経営革新』（パンフレット）
・中小企業庁『中小企業の再生を支援します』（パンフレット）
・中小企業庁『中小企業事業承継ハンドブック』（パンフレット）
・中小企業庁『事業承継にオススメ』（パンフレット）
・中小企業庁『事業引継ぎハンドブック』（パンフレット）
・中小企業庁『中小 M&A ハンドブック』（パンフレット）
・中小企業庁『中小企業税制』（パンフレット）
・経済産業省『中小企業向け賃上げ促進税制ご利用ガイドブック』（パンフレット）
・経済産業省，中小企業庁『中小企業海外展開支援施策集』（パンフレット）
・中小企業庁『新会社法』（パンフレット）
・公正取引委員会・中小企業庁編『ポイント解説　下請法』
・全国中小企業団体中央会『中小企業組合ガイドブック』（パンフレット）
・中小企業庁「事業承継ガイドライン」令和4年3月
・中小企業庁「中小 M&A ガイドライン」令和2年3月
・中小企業庁「中小 PMI ガイドライン」令和4年3月
・経済産業省「中小サービス事業者の生産性向上のためのガイドライン」平成27年1月
・中小企業庁「経営力向上計画策定の手引き」
・中小企業庁「事業継続力強化計画策定の手引き」
・中小企業庁「先端設備等導入計画策定の手引き」
・中小企業庁「中小企業経営力強化支援法について」平成24年8月（発表資料）

・経済産業省，中小企業庁「日本の中小企業・小規模事業者政策」2013 年 8 月（発表資料）

・経済産業省「小規模企業振興基本計画（第Ⅱ期）」2019 年 6 月

・中小企業庁「事業継続力強化計画認定制度の概要」2019 年 9 月

・経済産業省「予算案の事業概要」

・中小企業庁「補正予算の事業概要（PR 資料)」

・財務省「税制改正大綱」

・中小企業庁「事業再構築指針」

・経済産業省，中小企業庁「事業再構築指針の手引き」

・各種補助金の公募要領

・中小企業庁 HP

・経済産業省 HP

・国土交通省 HP

・国税庁 HP

・特許庁 HP

・九州知的財産戦略協議会事務局 HP

・政府公報 HP

・中小企業基盤整備機構 HP

・勤労者退職金共済機構 HP

・工業所有権情報・研修館 HP

・日本政策金融公庫 HP

・商工組合中央金庫 HP

・全国信用保証協会 HP

・福島県信用保証協会 HP

・全国中小企業振興機関協会 HP

・J-Net21

・ミラサポ plus

■編著者

過去問完全マスター製作委員会

中小企業診断士試験第1次試験対策として，複数年度分の過去問題を
論点別に整理して複数回解くことで不得意論点を把握・克服し，効率
的に合格を目指す勉強法を推奨する中小企業診断士が集まった会。

「過去問完全マスター」ホームページ

https://jissen-c.jp/

頻出度ランクCの問題と解説は，ホームページから
ダウンロードできます（最初に，簡単なアンケートがあります）。
また，本書出版後の訂正（正誤表），重要な法改正等も
こちらでお知らせします。
誤植・正誤に関するご質問もこちらにお願いいたします。ただし，
それ以外のご質問に対しては回答しかねます。

2024年4月5日　第1刷発行

2024年版　中小企業診断士試験
過去問完全マスター　7 中小企業経営・政策

編著者　過去問完全マスター製作委員会
発行者　脇　坂　康　弘

発行所　株式会社　同友館

東京都文京区本郷2-29-1
郵便番号　113-0033
電話　03(3813)3966
FAX　03(3818)2774
https://www.doyukan.co.jp/

落丁・乱丁本はお取替えいたします。　　　　　藤原印刷
ISBN978-4-496-05688-8　　　　　　　　Printed in Japan

同友館 中小企業診断士試験の参考書・問題集

2024年版 ニュー・クイックマスターシリーズ

1 経済学・経済政策	定価 2,200円	(税込)
2 財務・会計	定価 2,200円	(税込)
3 企業経営理論	定価 2,310円	(税込)
4 運営管理	定価 2,310円	(税込)
5 経営法務	定価 2,200円	(税込)
6 経営情報システム	定価 2,200円	(税込)
7 中小企業経営・政策	定価 2,310円	(税込)

2024年版 過去問完全マスターシリーズ

1 経済学・経済政策	定価 3,300円	(税込)
2 財務・会計	定価 3,300円	(税込)
3 企業経営理論	定価 3,850円	(税込)
4 運営管理	定価 3,850円	(税込)
5 経営法務	定価 3,300円	(税込)
6 経営情報システム	定価 3,300円	(税込)
7 中小企業経営・政策	定価 3,300円	(税込)

中小企業診断士試験1次試験過去問題集	定価 3,740円	(税込)
中小企業診断士試験2次試験過去問題集	定価 3,630円	(税込)
新版「財務・会計」速答テクニック	定価 2,420円	(税込)
診断士2次試験 事例Ⅳの全知識&全ノウハウ	定価 3,520円	(税込)
診断士2次試験 事例Ⅳ合格点突破 計算問題集 (改訂新版)	定価 2,860円	(税込)
診断士2次試験 ふぞろいな合格答案10年データブック	定価 4,950円	(税込)
診断士2次試験 ふぞろいな答案分析7 (2022〜2023年版)	5月発売	
診断士2次試験 ふぞろいな再現答案7 (2022〜2023年版)	5月発売	
診断士2次試験 ふぞろいな合格答案エピソード17	7月発売	
2次試験合格者の頭の中にあった全知識	7月発売	
2次試験合格者の頭の中にあった全ノウハウ	7月発売	

https://www.doyukan.co.jp/

〒113-0033 東京都文京区本郷 2-29-1
Tel. 03-3813-3966　Fax. 03-3818-2774